# 法律体系与实务研究

金 磊 董秀丽 冯 敏 著

中国出版集团 中国民主法制出版社

全国百佳图书出版单位

**图书在版编目（CIP）数据**

法律体系与实务研究 / 金磊，董秀丽，冯敏著.
北京: 中国民主法制出版社，2024.9. — ISBN 978-7
-5162-3760-1

Ⅰ. D90

中国国家版本馆 CIP 数据核字第 202415RT63 号

**图书出品人**：刘海涛
**出版统筹**：石　松
**责任编辑**：刘险涛　吴若楠

**书　　名** / 法律体系与实务研究
**作　　者** / 金　磊　董秀丽　冯　敏　著

**出版·发行** / 中国民主法制出版社
**地址** / 北京市丰台区右安门外玉林里 7 号（100069）
**电话** /（010）63055259（总编室）　63058068　63057714（营销中心）
**传真** /（010）63055259
**http:** // www.npcpub.com
**E-mail:** mzfz@npcpub.com
**经销** / 新华书店
**开本** / 16 开　710 毫米 × 1000 毫米
**印张** / 12　　**字数** / 330 千字
**版本** / 2025 年 2 月第 1 版　　2025 年 2 月第 1 次印刷
**印刷** / 山东蓝彩天下教育科技有限公司

**书号** / ISBN 978-7-5162-3760-1
**定价** / 72.00 元

# 前言

　　法律体系涵盖法律理论、法律制度以及法律实践方面。它不仅包括法律条文的制定，也包括法律实施的过程，以及法律如何影响社会生活的方方面面。

　　法律体系是社会秩序的基石，它通过一系列的法律规则和原则，保护公民的权利，维护社会的公平正义。法律体系的构建过程，既是一个严谨的理论研究过程，也是一个复杂的实践过程。首先，法律体系的构建需要基于深入的理论研究。法律理论家通过对各种法律现象进行深入的分析和研究，提出法律原则和规则，为法律体系的构建提供理论基础。这些原则和规则既要符合社会发展的需要，又要符合公平正义的原则。其次，法律体系的构建还需要实践经验的积累。法律制定者通过长期的法律实践，不断总结经验，修正和完善法律条文，使法律体系更加符合实际需要。同时，司法实践也是检验法律体系是否合理有效的关键环节。

　　法律实务是法律体系在实践中的具体应用。它涉及从案件的立案、调查、取证、审理到判决的整个过程。在这个过程中，律师、法官、检察官等法律职业者起着至关重要的作用。然而，法律实务也面临着诸多挑战。首先，法律实务要求从业人员具备深厚的法律知识和实践经验，这需要大量的时间和精力投入。其次，法律实务还涉及人际关系的处理，如与当事人、证人、其他相关人员的沟通交流，这需要良好的人际交往能力和情绪管理能力。最后，法律实务还受到社会环境、政治环境、经济环境等多种因素的影响，这使得法律实务充满了不确定性和复杂性。

　　面对法律体系和实务的挑战，我们需要寻找一种平衡策略。首先，我们需要提高法律的普及度，让更多的人了解和掌握法律知识，以便在实际生活中更好地应用法律。其次，我们需要提高法律从业者的专业素质和职业素养，让他们更好地应对复杂的法律问题和人际关系问题。最后，我们需要建立一个更加公正、透明、稳定的法治环境，以便让法律更好地服务于社会和人民。

　　总的来说，法律体系和实务是相辅相成的。一方面，完善的法律体系可以为实务提供坚实的制度基础；另一方面，实务的发展又可以推动法律体系的完善。因此，我们需要不断探索和实践，以寻求法律体系和实务之间的最佳平衡点。只有这样，我们才能更好地实现法律的公平、正义和价值，为社会和人民创造一个更加美好的法治环境。

　　本书由金磊﹝国浩律师（合肥）事务所﹞；董秀丽（日照市公共法律服务中心）；冯敏（中

共南阳市委党校）；谢天（成都理工大学文法学院）；杨月（沈阳工业大学）；许光苏（上海兰迪（温州）律师事务所）；徐小安（广东中亿律师事务所）共同撰写。

本书围绕"法律体系与实务"这一主题，由浅入深地阐述了法律体系及其特性、法律体系构成的根本——宪法、乡村法律体系的建设，系统地论述了行政法及基本原则、行政法法典化的模式选择，深入探究了建设工程全过程法律风险防控实务、建设工程质量纠纷裁判实务、建设工程实际施工人权益保护实务，以期为读者理解与践行法律体系与实务提供有价值的参考和借鉴。本书内容翔实、条理清晰、逻辑合理，在写作的过程中注重理论与实践的有机结合，适用于从事法学研究的专业人员，也适用于从事与法律相关工作的专业人士。

# 目录

**第一章　法律体系及其特性**·····················································01
  第一节　作为法律体系的法律制度·······································02
  第二节　法律体系的特性·················································06

**第二章　法律体系构成的根本——宪法**·····························09
  第一节　宪法的逻辑·······················································10
  第二节　宪法的实施·······················································43

**第三章　乡村法律体系的建设**·········································59
  第一节　乡村法律服务体系建设·········································60
  第二节　乡村振兴视域下乡村治理法律规范体系的完善·········69

**第四章　行政法及基本原则**···········································75
  第一节　行政·······························································76
  第二节　行政法···························································77
  第三节　行政法基本原则·················································81

**第五章　行政法法典化的模式选择**···································89
  第一节　行政法法典化模式的相关概念与特征·······················90
  第二节　我国行政法法典化的模式选择·································93

**第六章　建设工程全过程法律风险防控实务**·····················97
  第一节　建设工程招标投标法律风险防控·····························98
  第二节　建设工程施工合同法律风险防控····························102
  第三节　建设工程工期法律风险防控·································112

**第七章　建设工程质量纠纷裁判实务**······························117
  第一节　建设工程质量概述············································118
  第二节　建设工程质量标准及质量评价·······························125
  第三节　建设工程质量的举证和查明·································142

**第八章 建设工程实际施工人权益保护实务** ⋯⋯⋯⋯⋯⋯⋯⋯173

　　第一节 实际施工人的法律界定 ⋯⋯⋯⋯⋯⋯⋯⋯⋯⋯⋯174

　　第二节 实际施工人的工程价款债权保护 ⋯⋯⋯⋯⋯⋯⋯179

**参考文献** ⋯⋯⋯⋯⋯⋯⋯⋯⋯⋯⋯⋯⋯⋯⋯⋯⋯⋯⋯⋯⋯⋯⋯183

# 第一章  法律体系及其特性

# 第一节  作为法律体系的法律制度

## 一、法律体系的概念

法律体系是一国现行的全部法律规范按照一定的标准和原则分类组合而形成的系统。它由多个子系统构成，且每个子系统内部还要进一步细分。法律体系是一个国家或地区依法制定的各种法律法规、规章等，按照其内容和功能所形成的相互衔接、相互协调的统一整体。

## 二、法律体系的重要性

在人类社会的众多规则中，法律体系无疑是最重要、最核心的部分。它犹如社会的基石，为我们的生活提供了秩序和安全，保障了公平正义，促进了经济发展，推动了法治建设。

### （一）维护社会秩序

法律体系是社会秩序的基石。它规定了人们的行为准则，明确了权利和义务，为社会的运行提供了规则和框架。无论是公共秩序的维护，还是个人权益的保护，都需要法律的保障。法律体系通过惩罚违法行为，维护了社会的稳定和和谐。

### （二）保障公平正义

法律体系是公平正义的体现。它以公正、公平、公开的原则为基础，为每个人提供了平等的权利和机会。无论贫富、强弱、性别、种族，只要遵守法律，都应享有同等的权利和机会。法律体系的存在，使得公平正义得以在全社会范围内得到实现。

### （三）促进经济发展

法律体系是经济发展的有效保障。它为市场提供了公平竞争的环境，保护了企业的合法权益，促进了资源的合理配置。同时，法律体系也为消费者提供了有力保护，保证了市场的公平交易。法律体系的完善，有助于经济的稳定发展，推动社会的繁荣进步。

### （四）推动法治建设

法律体系是法治建设的基础。它不仅是法治的产物，还是法治建设的重要推动力量。通过法律体系的建立和完善，我们可以培养人们的法治观念，提高人们的法律意识，推动社会的法治化进程。法律体系不仅是社会秩序的维护者，还是公平正义的捍卫者，是经济

发展的保障者，更是法治建设的推动者。

总结来说，法律体系的重要性不言而喻。它是社会秩序的基石，公平正义的保障，经济发展的推动者，更是法治建设的核心。因此，我们必须重视法律体系的建设和完善，以实现社会的公正、公平和和谐。

## 三、构建公正、公平和有效的法律体系

法律体系是社会秩序的基石，它为人们提供了行为规范，保护了公民的权利，维护了社会的公平正义。构建这样一个体系，需要从基础性的立法工作开始，确保司法独立，加强法律教育，并培养法治文化。

### （一）立法：立法是构建法律体系的基础

立法是构建法律体系的基础，它规定了人们的行为准则，为司法提供了依据。立法的质量直接影响到法律体系的公正性和有效性。因此，在立法过程中，需要确保信息的公开透明，广泛听取各方面的意见，并遵循科学的方法和程序。此外，立法还需要与现实情况相适应，具有一定的前瞻性，以应对社会变迁和科技进步带来的挑战。

### （二）司法独立：司法独立是法律体系的核心

司法独立是法律体系的核心，它确保了法律的公正执行。实现司法独立需要确保司法机关的独立性，不受任何外部力量的干预。同时，还需要加强对司法机关的监督，确保其公正、公平地行使职权。此外，还需要提高司法人员的专业素质和道德水平，确保他们能够公正、准确地适用法律。

### （三）法律教育：加强法律教育是构建有效法律体系的关键

加强法律教育是构建有效法律体系的关键。我们需要培养更多的法律专业人才，提高他们的专业素质和道德水平。同时，我们还需要加强对公众的法律教育，提高公众的法律意识和法律素养，使他们能够更好地理解和遵守法律。此外，我们还需要加强对法律从业者的培训和教育，提高他们的专业能力和服务水平。

### （四）法治文化：法治文化是构建公正、公平和有效的法律体系的支撑

法治文化是构建公正、公平和有效的法律体系的支撑。我们需要通过各种途径和手段，加强法治宣传和教育，提高公众对法治的认识和理解。同时，我们还需要建立健全的法治制度和文化环境，使人们更加尊重和遵守法律，形成一种法治文化氛围。这种文化氛围不仅能够促进法律的公正和公平执行，还能够促进社会的和谐与稳定。

构建公正、公平和有效的法律体系需要从多个方面入手。立法工作需要确保立法的质量和公正性；司法独立是保障司法公正的关键；加强法律教育是提高法律体系有效性的重要途径；而法治文化则是支撑法律体系的重要支柱。通过这些努力，我们相信能够建立一个公正、公平和有效的法律体系，为社会的和谐与稳定提供坚实的保障。

## 四、作为法律体系的法律制度——构建法治社会的基石

作为法律体系的法律制度是构建法治社会的基石，它包括法律原则、法律规则、法律程序、法律责任以及司法制度等各个方面的内容。这些法律制度对于保障公民权利、维护社会秩序、保障公平正义等方面起着至关重要的作用。

法律制度是一个国家法律体系的核心组成部分，它规定了社会生活中各种行为的规范和准则。这些规范和准则通过立法、执法、司法等手段得以实施，确保了社会秩序的稳定和公正。

法律制度，作为社会秩序的基石，为我们的生活提供了稳定和安全。它是由一系列规则、原则、程序和标准组成的，旨在保护我们的权利，惩罚违法行为，以及引导和规范我们的行为。法律制度的构成可以从不同的角度来理解，包括宪法、法律法规、司法解释、判例法等。

### （一）宪法

宪法是国家的根本大法，它规定了国家的根本制度和根本任务、公民的基本权利和义务，以及国家机关的组织和活动等重要事项。在法律体系中，宪法具有最高的法律效力，一切法律法规都不得同宪法相抵触。

宪法的核心价值在于保障公民的基本权利和自由，维护国家的基本制度和秩序。宪法的制定和修改必须遵循一定的程序，确保其合法性和公正性。同时，宪法的实施也需要建立相应的监督机制，保障宪法的有效执行。

### （二）法律

法律是法律体系的核心，是规范社会行为、维护社会秩序、保障公民权利的重要工具。法律是由国家制定或认可并具有普遍约束力的规范，它通过规定权利和义务，以及明确法律责任，来调整各种社会关系，从而实现国家意志。

法律的制定需要经过严格的程序，包括立法计划、起草、审查、审议、表决等环节。法律的内容必须具有明确性、清晰性和可预测性，以保障公民的合法权益。法律的执行则需要建立一套完善的执法机制，包括执法机构、执法人员、执法程序等，以确保法律的公正实施。

法律的作用是多方面的。首先，法律是社会秩序的基石，它可以明确规定社会成员的行为准则，防止违法行为的发生。其次，法律是保障公民权利的重要手段，通过保护公民的各项权利，如人身自由、财产权、言论自由等，来维护社会的公平正义。最后，法律也是社会发展的推动力，它为经济发展和社会进步提供了法制保障，促进了社会的和谐发展。

## （三）法规

法规是法律体系的重要组成部分，它是对法律的具体化，是对法律原则和规则的具体解释和应用。法规通常是由政府或相关机构制定，并具有约束力和执行力，其目的是解决具体的社会问题，填补法律的空白，或者对法律的具体实施进行规范和指导。

法规的制定也需要经过一定的程序，包括调研、起草、审查、表决等环节。法规的内容必须具有明确性和可操作性，以确保其执行的效果。法规的执行也需要建立一套完善的执法机制，包括执法机构、执法人员、执法程序等，以确保法规的公正实施。

法规的作用也是多方面的。首先，法规可以弥补法律的不足，解决法律无法覆盖的问题。其次，法规可以对法律的原则和规则进行具体化，使其更具可操作性。最后，法规还可以对公民的行为进行引导和规范，促进社会的和谐发展。

## （四）司法解释

司法解释是法律体系中重要的一部分，它是由最高法院或其所属部门对法律进行解释和说明，以解决法律适用中的具体问题。司法解释的主要目的是确保法律的准确适用，避免因法律解释不同而产生的争议。它通常涉及法律的适用范围、法律条文的含义、法律原则的解释等方面。

司法解释在法律体系中具有重要的作用。首先，它有助于统一法律适用的标准，避免因不同法院或不同法官对法律的理解和适用不同而产生分歧。其次，它有助于提高法律的透明度和可预见性，使公众更容易理解和遵守法律。最后，司法解释还可以为司法实践提供指导，帮助法官更好地理解和适用法律。

然而，司法解释也存在一些问题。首先，由于司法解释是由最高法院或其所属部门制定的，可能会受到政治、经济、社会等因素的影响，导致其公正性和客观性受到质疑。其次，司法解释可能会过于强调法律条文的字面含义，而忽略了法律背后的原则和精神，导致法律的适用过于僵化。

为了解决这些问题，我们需要加强司法解释的透明度和公正性，提高其可预测性和可接受性。同时，我们也需要加强司法解释与其他法律渊源之间的协调和配合，以确保法律的统一适用。

## （五）判例法

判例法是法律体系中另一种重要的法律制度，它是指由法院判决中形成的法律原则和规则。判例法的主要特点是通过对先前的案件进行裁决，为后来的类似案件提供法律依据。

判例法在法律体系中具有重要的作用。首先，它有助于统一法律的适用标准，避免因不同法院或不同法官对法律的理解和适用不同而产生分歧。其次，它有助于提高法律的灵活性和适应性，可以根据实际情况进行适当地调整和修改。最后，判例法还可以为公众提供明确的法律预期和指导，帮助他们更好地理解和遵守法律。

然而，判例法也存在一些问题。首先，由于判例法是基于法院的判决形成的，因此可能会受到政治、经济、社会等因素的影响，导致其公正性和客观性受到质疑。其次，由于判例法具有滞后性，可能会在新的案件中出现不适应的情况。因此，需要法官对判例进行审查和修改以适应新的情况。

为了解决这些问题，我们需要加强判例法的透明度和公正性，提高其可预测性和可接受性。同时，我们也需要加强判例法与其他法律渊源之间的协调和配合，以确保法律的统一适用和适应新的情况。此外，我们还需要加强公众对判例法的了解和认同，帮助他们更好地理解和遵守判例法。

总之，法律制度是一个多元化的体系，它由宪法、法律法规、司法解释和判例法等多个层面构成。这些层面各自发挥着不同的作用，共同构成了社会秩序的保障体系。作为法律体系的法律制度是构建一个法治社会的基础。这些制度为公民提供了基本的权利和义务，确保了社会的秩序和公正。在制定和完善法律制度时，我们必须充分考虑各个方面的因素，确保其科学合理、公正公平。只有这样，我们才能建立一个真正法治的社会，使公民在公平、正义、安全和尊严的基础上过上更好的生活。

# 第二节　法律体系的特性

法律体系是社会体系中不可或缺的一部分，它是由一系列法律规则和原则组成的系统，旨在为社会提供公平、公正和稳定的秩序。一个健全的法律体系具有以下特性。

## 一、系统性

法律体系是系统性的一部分，它由一系列相互关联、相互依赖的法律规则和原则组成。这些规则和原则按照一定的逻辑顺序排列，形成一个有机的整体，确保法律的实施和适用。法律体系中的每个部分都与其他部分相互作用，共同维护社会的稳定和公正。

## 二、普遍性

法律体系具有普遍性，它适用于所有社会成员，无论其性别、种族、宗教、职业、社会地位等。法律体系的目标是确保所有社会成员在法律面前一律平等，不受任何歧视。法律体系通过明确规定权利和义务，为所有社会成员提供公平的竞争环境，促进社会的发展和进步。

## 三、稳定性

法律体系具有稳定性，它不会轻易改变。法律的制定和修改需要经过严格的程序和审查，以确保其合法性和合理性。法律的稳定性有助于维护社会秩序的稳定，减少不确定性，降低社会成本。同时，法律的稳定性也使得人们能够预测未来的行为后果，从而作出合理的决策。

## 四、可预测性

法律体系具有可预测性，它为人们提供了一种可以预测的行为模式。人们可以根据法律规定预测自己的行为后果，从而作出合理的决策。法律的明确性和可预测性有助于减少不确定性，降低风险，提高社会的效率。

## 五、灵活性

法律体系具有一定的灵活性，它可以根据社会的发展和变化进行调整。法律的制定和修改需要考虑到社会的实际情况和需要，以适应不断变化的社会环境。法律的灵活性有助于应对社会中的新问题和新挑战，确保法律的适应性和有效性。

## 六、道德性

法律体系具有道德性，它必须符合一定的道德标准。法律的制定和实施必须遵循道德原则和价值观，以确保法律的公正性和合理性。法律的道德性有助于维护社会的道德秩序，促进社会的和谐与稳定。

综上所述，法律体系是一个具有系统性、普遍性、稳定性、可预测性、灵活性和道德性的系统。它为社会提供了公平、公正和稳定的秩序，保障了人们的权利和自由，促进了社会的进步和发展。而构建一个健全的法律体系，我们需要不断地完善法律制度，提高法律的实施效果，以确保社会的公平和正义。

# 第二章　法律体系构成的根本——宪法

# 第一节 宪法的逻辑

## 一、宪法的逻辑学：审视应然性

我们凭什么说"应该"[①]？自休谟提出事实与价值之间的关系后，这个问题便一直困扰着人类[②]。千百年来，形形色色的法学理论都在自觉或不自觉地尝试着给这个问题以圆满的解答，或者是寻找一条可行的解题思路。不过，结果却并不乐观。可以说，直到今天，以"应该"判断为核心的"应然性"并没有获得有效的证明方式，对应然性所进行的建构和解构的学术努力，尚不能通过具有确定性的逻辑形式表现出来。

"应然性"[③][ought to be（英）、wollen（德）]作为与"实然性"[to be（英）、sein（德）]相对应的范畴，目前已经成为中外法哲学研究中的一个基本术语，围绕着应然性已经形成了一整套比较成熟的话语体系。应然性已经不自觉地被用来指代法律的基本价值所在，并且成为法改革的价值依据。

但是，在应然性范畴不断影响着我们对法律的基本价值的判断时，我们是否依靠应然性作出了什么革命性的变革？应然性是否一个可靠的法哲学范畴？如何获得法律的应然性？究竟是否存在着应然性与实然性的价值区分？截至目前，还没有多少论著来自觉地讨论这些问题。

一个不可忽视的问题是，应然性正在将我们的法哲学思维引向一个过度随意的价值空间，以至于应然性的价值明显优于实然性。在法哲学研究领域，法律的应然性似乎比法律的"实然性"更可靠，更容易与真理范畴联系起来。

而问题在于，如果应然性作为现代法哲学的基本范畴不具有基本的确定性，不能通过一定的逻辑形式表达出来，成为一种可以适用于各种情形的普遍公式。那么，应然性带给我们的绝对不可能是理性，而只不过是披着理性外衣的"非理性"。

---

① 笔者以为，"应该"与"正义"是等范畴的，相对于正义来说，应该更具有指引行为的精确性。而正义所展示的内涵过于道德化。容易受评价主体观念的影响。为了严格地构建本体论、认识论和价值论哲学三论，应当对传统的哲学范畴加以梳理和清算，将一些含义相近的范畴加以合并，将一些无确定"所指"的范畴予以抛弃。否则，在逻辑混乱的哲学范畴中辨析理性的思路只能徒做无用功。

② 休谟在《人性论》中认为，在以往的道德学体系中，普遍存在着一种思想跃进。即从"是"或"不是"为连系词的事实命题，向以"应该"或"不应该"为连系词的伦理命题（价值命题）的跃进，而且这种跃进是在不知不觉中发生的，既缺少相应的说明，也缺少逻辑上的根据和论证。这就是著名的"休谟问题"。参见[英]休谟.人性论（下册）[M].关文运译，北京：商务印书馆，1980：509—510.

③ 在法文中，"应该"一般表述为"il faut que"，"是"表述为"il est"。"il faut que"具有客观性，不完全受主体意志的支配，在英文中没有完全的对应形式。而"devoir"则相当于英文中的"should"或"ought to"。

由于在法的体系中，一般的法律形式可以理所当然地从作为基本法律规范的宪法中获得自己合法性的依据，因此，对法律的应然性的考察实质上集中在对宪法的应然性的考察上。

宪法作为根本法没有与其他法形式在历史上同时产生，其根本的原因就在于作为限制国家权力、保证公民权利的宪法理念是在追求法的应然性基础上产生的。从"人治"到"法治"的历史演变，反映的是法的应然性逻辑内涵的历史发展。宪法是作为应然法的逻辑形式出现的。作为"应然法"，宪法的产生是对传统法律的辩证否定，反映了法律发生、发展的必然规律。

## （一）由应然性产生的逻辑困惑

不可否认，"假设"问题一直是作为法律的应然性证据而存在的，特别是在盛行假设传统的英美法哲学界，对假设条件下所推导出的应然性一直推崇备至。但是近年来，严肃的法理学者们开始意识到假设问题给法律的应然性所带来的巨大危害。因此，摆脱假设的逻辑束缚，成为现代法哲学的一项核心使命。"现代法学理论的最核心的问题是如何在不求助于神圣假设条件下实现法的正当性。"[①]

以假设逻辑为基础的自然法学说曾经推动近代以来的法律思想领域的革命，具有一定的历史功绩。但是，因假设所造成的逻辑障碍却没有得到很好地克服，以致当人们在全球化的背景下要寻求一条普遍主义规则时，不得不重新反思假设逻辑的合理性。

中世纪的托马斯·阿奎那在《神学大全·论法》中提出了法的四种类型说，即永恒法、自然法、人法和神法。在阿奎那看来，人法来源于自然法。人法由两部分构成，即万民法和市民法。万民法来源于自然法的方式是，由前提推导出结论。市民法则通过依据一般原理作出决定的方式来源于自然法，因为每一个国家自己决定什么是对它最好的东西[②]。

资产阶级启蒙思想家虽然抛弃了在自然法之上的永恒法、上帝法等"神法"的概念，但是，世俗社会的法律的正当性并不是来源于世俗社会本身，而是"自然法"。古典自然法学派的著名人物胡果·格劳秀斯曾经有一句至理名言："上帝不存在，自然法仍将存在。"格劳秀斯在吸收斯多葛学派和西塞罗的思想基础之上，给自然法下了一个定义："正确理性的启示。"[③]显然，在古典自然法学理论中，理性是法律的"应然性"基础。

应然性在自由主义的理论传统中一直获得推崇。功利主义者边沁用"最大多数人的最

---

① 季卫东."应然"与"实然"的制度性结合（代译序）[M].周叶谦，译.北京：中国政法大学出版社，1994.

② 张乃根.西方法哲学史纲 [M].北京：中国政法大学出版社，1993：84.

③ 张乃根.西方法哲学史纲 [M].北京：中国政法大学出版社，1993：92.

大利益"①来解释法律的应然性。凡是符合这个原则的都理应得到法律的尊重和肯定。罗尔斯的正义论也是建立在"社会上最不利者的最大利益"②的基础之上。在自由主义的理论传统中，正义与应然性很难被精确地区分开来，凡正义者一般皆为应然者。不过，从逻辑上看，自由主义理论对应然性的解释并不具有周延性。因为"最大多数人的最大利益"忽视了"少数人"的利益，所以当多数人与少数人发生价值冲突时，多数人的应然性就会受到挑战。即使"社会上最不利者的最大利益"也存在着致命性的逻辑问题，即如何证明谁是"社会上最不利者"，并且能根据该命题寻找到确定的人群。当"社会上最不利者"的所指不能被自发地接受时，就会发生认定者与被认定者之间的价值冲突。

近年来，在西方盛行的"论辩伦理学"将研究问题的重心集中到对"正当—不正当"的论证上。论辩伦理学对正当的论证方式主要是以论辩的形式规则作为标准的。以正当为主要内涵的应然性在论辩伦理学得到不同的体现，包括阿佩尔（Apel）的"一个理想的沟通群体"、哈贝马斯（Habermas）的"理想的对话情景"以及佩雷尔曼（Perelman）的"包罗众生的讲堂"等①。不过，正如阿图尔·考夫曼（Arthur Kaufman）一针见血指出的那样：论辩伦理学存在的致命的逻辑问题是，"不论这合意的内容如何，即使它是就一种彻头彻尾的邪恶达成了一致"④。

不难看出，应然性给法哲学带来的后遗症有多重。在西方法哲学所勾画的应然性逻辑漏洞百出的情形下，对应然性提出不屑一顾挑战的后现代法哲学获得了越来越广泛的学术市场。卡尔·卢埃林（Karl N.Llewellyn）在《现实主义的一些现实主义——答庞德院长》这一论文中，对应然性的价值稳定性产生怀疑，他认为，为研究起见，可暂时划分"现实"和"应当"，意思是在确定研究目标时，必须诉诸价值判断，但在研究"现实"本身时，对有关事物关系的观察、说明和确立应尽可能不受观察者意愿或伦理观念所支配⑤。

总之，尽管应然性作为法哲学的基本范畴已经具有悠久的历史渊源，但是，真正能够被普遍接受的应然性却很难获得，特别是尚未对求证应然性的方法达成基本共识前提下。近现代西方法哲学并没有跳出"假设"的自然主义思想的框架，应然性的形式逻辑特征没有获得应有的关注。

---

① 边沁的《道德与立法原理导论》一书详细论述了功利主义原则，认为人类行为的最终目的就是使善最大限度地超过恶。像边沁一样，密尔也认为，任何有助于最大多数人幸福的个人或集体行为都是正义的。参见俞可平. 社群主义 [M]. 北京：中国社会科学出版社，1998：7-11.

② 罗尔斯在《正义论》中提出两大原则：一是作为公平的正义原则；二是差异原则。罗尔斯的正义原则是依靠"假设"逻辑来支撑的，很难获得实证性的证据。

① [德] 阿图尔·考夫曼. 后现代法哲学——告别演讲 [M]. 米健译. 北京：法律出版社，2000：60.

④ [德] 阿图尔·考夫曼. 后现代法哲学——告别演讲 [M]. 米健译. 北京：法律出版社，2000：60.

⑤ 沈宗灵. 现代西方法理学 [M]. 北京：北京大学出版社，1992：314.

### （二）应然性的性质

毋庸置疑，在应然性的实体内涵不能通过固定的逻辑形式表述出来的情形下，回到求证应然性的方法上，成为揭示应然性本质所绕不开的课题。而要获得可靠的求证应然性的方法，必须以弄清楚应然性的性质为前提；也就是说，我们准备证明什么。

首先，必须研究应然性究竟是一种什么样的属性，这种属性到底要表达什么样的一种判断。显然，应然性的核心概念是"应该"，而"应该"的本质是对某种事件发生原因或发展结果的带有肯定性的逻辑判断[①]。在原因与结果之间，"应该"建立的是一种肯定性的逻辑联系，具有逻辑上的"决定"意义。应然性属于一种确定性，这种确定性是针对因果关系的。故简言之，应然性是指因果关系的确定性。

其次，作为因果关系的确定性，应然性的表现形式是由因果关系的紧密程度所决定的，应然性所依赖的因果联系主要包括必然性、可能性等属性范畴。必然性具有较强的决定力量，它可以从现在推及未来，具有沟通"过去""现在""未来"三个时间段的作用。因此，在必然性世界中，"现在"是"过去"的应然性的产物，"现在"又是"未来"的应然性的依据。但是，必然性中隐藏着的"无限性"会从根本上否定应然性的存在，因为对于不能证明的无限性只能保持沉默。可能性与应然性具有紧密的逻辑联系，应然性只有在可能的世界中去寻找，而不能在不可能的世界中获得。当然，这丝毫不意味着可能＝应该[②]。在可能的世界里，"应该"是现实的可能性，而不是逻辑的可能性。

最后，应然性不是一种客观属性，而是一种价值属性。对于在人类产生之前已经存在的自然之间的因果关系，不存在"应该"的判断，而只存在客观性。作为价值属性，应然性不可能离开价值主体属性的影响。所以，应然性服从于价值主体的属性，即作为因果关系的确定性，应然性实质上是受作出应然性价值判断的主体意志属性和利益属性支配的。尽管这种支配关系具有某种客观性，但是，应然性不可能超越主体性。所以，应然性是主观性与客观性的统一体，由应然性所支撑的因果关系不可能是本体论意义上的"规律"，而只是基于主体性建立起来的"规范"。"应然判断"是一种价值意义上的规范判断。

### （三）应然性的证明路径

由于应然性以应然判断为基础，所以，应然性的逻辑结构必然包含着判断主体、判断

---

① 拉斐尔在谈论"应该"的性质时指出："如果你说应该引起 X，应该做 X，那你的意思是 X 现在还不是事实；你正在谈的是使某种事情成为事实的可能性和迫切性。如果你说应该消除 Y，你正在谈论的是使一个存在的事实不再存在的可能性。"参见 [ 英 ]D.D. 拉斐尔 . 道德哲学 [M]. 邱仁宗译 . 沈阳：辽宁教育出版社，1998:36.

② 康德在《实践理性批判》中指出："如果我们该行某事，我们就能行某事。"在此，康德提出的是"应该"的实践意义，而不是"如果我们能行某事，我们就该行某事"。"应该"与"可能"没有直接的逻辑联系。

对象、判断形式、判断结论等逻辑要素。这些要素对构成应然性都是不可缺少的。基于判断对象与判断主体之间的关系、判断主体对判断形式的运用能力、判断结论对判断主体的意义的不同，可以从本体论、认识论和价值论三个不同的层次来获得应然性的判断形式和有关的判断结论。

1. 应然性的本体论证明

应然性作为一种价值属性，体现了应然判断逻辑过程中的主观性与客观性之间的辩证统一。如果在作出的应然判断逻辑形式中，被判断对象根本不受判断主体的影响，那么，判断主体对被判断对象所作出的任何逻辑判断都带有不确定性，只能产生事实判断，即什么是"是"的判断，而不可能产生什么是"应该是"的判断。而从"是"的判断很难推导出"应该是"的结论，只可能产生"肯定是"或"可能是"的逻辑判断。

值得一提的是，由于本体论的证明方法主要以事实判断为核心，所以，在事实确定的前提下，本体论必然要支持寻找构成某事实的原因。也就是说，肯定某种"之所以如此"的前提条件的存在。本体论存在的意义就是以果推因，并以此来建立事实之间的逻辑关系。

鉴于本体论对"原因"的高度关注，从本体论出发对应然性的把握，实质上突出事物的正当性或合法性的特征。正当的、合法的往往也就是"应该的"。不过，由于正当性存在着一个确定性的问题，带有无限性特征的正当性显然不能很好地建构应然性的基本逻辑框架。在事实与价值之间必然会有一个实践和认识的问题。

2. 应然性的认识论证明

由于本体论对应然性的解释不能很好地解决无限性对应然性的影响，要获得一种可靠的应然性，首先必须斩断无限性的逻辑根基，将应然性限制在有限性的幅度内讨论。

要解决有限性的逻辑形式问题，必然会涉及判断主体与判断对象之间的逻辑关系。作为判断对象的自然，其无限性是不受判断主体判断能力的影响的，因此判断主体在认识判断对象时，对判断对象的无限性的认识能力是有限的，这样，本体论意义上的无限性就受到认识论意义上的有限性的限制。也就是说，超越认识论意义上的有限性来谈论本体论意义上的无限性对于判断主体是无意义的，尽管这种无限性可能是一种事实，具有客观性。

由此不难发现，在事实判断与价值判断之间存在着一个非常重要的逻辑桥梁，即不完全受事实客观性和价值主观性支配的主体认识能力的有限性。这就是为传统法哲学所忽视的"不得不"的能力判断。由于"不得不"能力判断的存在，使得以"应该"为核心的价值判断形式获得了基本的逻辑前提条件，即"不得不"可以被视为最低限度的"应该"。

虽然"不得不"在连接事实与价值方面的意义还没有完全获得法哲学的高度重视，但是至少有一点是很明显的，"不得不"可以在本体论方法与价值论方法之间实现比较平稳的逻辑过渡，从而避免直接通过本体论方法来证明价值论的逻辑弊端的产生。所谓"天赋人权""神授人权"等命题都包含了用无限性来论证应然性的逻辑弊端。"天"在何处？

"神"从何来？资产阶级革命以来的自然法学说确实让我们陷入一条求证应然性逻辑方法的死胡同。所谓人权是"人作为人应该享有的"这样一种价值论表述，如果替换成"人作为人不得不享有的"认识论和实践论的表述，人权理念的逻辑基础就是不可动摇的，人权的内容也就具有了逻辑意义上的确定性。

3. 应然性的价值论证明

相对于本体论和认识论对应然性论证较弱的逻辑势态，价值论的核心就是应然性。价值论是受主体性控制的基本属性，是主体的主观愿望与选择能力高度合一的产物。以主体对应然性的要求为基础，价值论的逻辑基础就是道德哲学。在价值论中，应然性的存在既具有客观性，又具有主观性，但是相对于客观性来说，主观性显得更加主动和积极。

在价值论下，由于应然性对主体性的过度依赖，应然性的逻辑结构比较难以确立。哈贝马斯主张以"合意性"来构造"主体间性"，并以合意作为真实性和正当性的判断标准。不过，这种程序理想受到不少学者的批评。阿图尔·考夫曼在《后现代法哲学——告别演讲》中不客气地指出："除非人们真的愚鲁到如此地步，以至于承认只要是形式上正确的合意（如合宪颁布的可耻的法律），其本身就不能够错误、恶意和不公正（想象的出路，即仅仅是所有人的合意才有产生真理的力量，实际上是毫无用处的，因为这样一种全面的合意并不存在，而且永远不会存在）。"[①] 看来，从主体性的角度来寻求价值论意义上的应然性的确定性困难不小。麦考密克和魏因贝格尔在批判规范主义的道德强制主义和现实主义的缩小主义[②] 的基础上，提出了制度应然性理论。魏因贝格尔认为，制度事实——例如法律制度——是一种以特殊方式出现的复杂的事实：它们是有重要意义的规范的构成物，而且与此同时，它们作为社会现实的因素存在。麦考密克强调，在"实际是这样"与"应当是这样"之间并不存在固定的界限，而是会随着背景的变化发生相应的变化。因此，关于任何调查研究的根本问题就是：什么是为了进行这一调查研究而应当被采纳的"事实"。不过，继承了哈特实证主义法学传统的制度法理论，并没有在实体上找到多少有说服力的价值证据来保证应然性不受主体性的控制而具有普遍意义上的逻辑结构形式。

在寻求价值论意义上的应然性的确定性的过程中，"合并同类项"与"排除法"是在逻辑上可以采用的两种有效的求证路径。合并同类项，意指寻找最低限度的相似性；排除法，即寻找与"应该"相斥的逻辑对应项，即对应然性的否定程度。前者表现为通过价值论体现出来的"不得不"。呼吸、吃饭、喝水、睡觉对于自然人而言是"不得不"为的，

---

① [德] 阿图尔·考夫曼. 后现代法哲学——告别演讲 [M]. 北京：法律出版社，2000：27-28.

② 规范主义的特征是以"根本规范"作为一切法律规范的正当性来源，而"根本规范"的正当性却没有受到应有的质疑，所以，依据规范主义确立的"应然性"必然是强迫适用的；现实主义将一切法律问题都转化为社会学问题，法学成了缩小的社会学。规范主义和现实主义都没有给"应然性"以准确的解释。参见 [英] 麦考密克，[奥] 魏因贝格尔. 制度法论 [M]. 周叶谦译. 北京：中国政法大学出版社，1994.

这些行为超越主体性，因此构成了价值判断上的"应该"。人应该呼吸、吃饭、喝水、睡觉，是作为主体的自然人的最低限度的应然性，也是人权理念的逻辑基础。也就是说，"不得不"是超越主体性的，是主体对应然性的最低限度的选择。后者的逻辑形式是"不应该"。拉斐尔曾对"不应该"的意义作了充分的说明。他指出，道德哲学事实上不可能对"我们应该如何生活"作出确定性的结论。但是，哲学争论可能达到可靠的否定性结论。结论是否定性的，仅向我们表明不接受什么。它没有向我们表明应该合乎理性地持有什么样的正面信念。否定性结论具有实际用途，它缩小了我们必须从中作出抉择的可行选择范围。

在"不得不"与"不应该"之间存在着随着主体性强弱而相应变化的"应该"。这种"应该"是随着价值判断主体自身的喜好、愿望而变化的，但是并没有确定的表现形式。因此，在价值论意义上的应然性的确定性，表现为两个不同的价值判断区域，一部分是清晰明了的，不随价值判断主体自身喜好和愿望的变化而随意加以改变；另一部分是模糊易变的，受价值判断主体的喜好、愿望的支配。但是，不论是"不得不""不应该"，还是"应该"，逻辑判断的焦点都在于使判断主体获得最低限度的区别于判断对象的独立性。没有这种最低要求的主体的独立性，主体与客体之间的对应性就无法产生。

值得注意的是，价值论意义上的"不得不""不应该"并不能依靠价值论自身的预设得到证明，而是价值实践的结果。黑格尔曾经天才般地指出：行动、实践是逻辑的"推理"，是逻辑的"格"。实践性相对于主体性来说，可以更持久地肯定价值判断的意义，而以"评价判断"作为应然性的逻辑前提还不可能真正地摆脱主体性的意志性和利益性的左右[①]。由"好的"导致"应该"或者由"不好的"导致"不应该"的价值判断，仍然没有解决不同主体所作出的"好的"与"不好的"的评价判断之间的"同一性"；也就是说，在这种情形下的应然性仍旧是附属于主体性的一种价值属性，自身不具有独立性。只有基于主体的实践，以认识论为基础而产生的"不得不""不应该"的价值判断才是具有独立内涵、不受主体性随意支配的价值属性。在此意义上可以发现，价值论意义的应然性的确定性是由认识论和实践论决定的，离开了以"能力判断"为基础而产生的"不得不""不应该"不可能超越价值判断主体的喜好、愿望的限制，能力判断是"事实判断"与"价值判断"之间的逻辑桥梁。

---

① 孙伟平提出以"评价判断"推导出"价值判断"，笔者认为，这种连接"事实"与"价值"的逻辑方法仍然是失败的。最主要的逻辑问题就是，"评价判断"与"价值判断"都属于主体性的领域，只是正面回答了"应该"判断的逻辑判定过程，但是没有很好地证明"应该"判断所具有的确定性。"事实"的客观性仍然没有在"价值"中得到准确的反映。只有基于认识论和实践论，将客观性限制在认识论和实践论的范围内，才能产生具有确定性意义的"应然性"结论。参见孙伟平. 事实与价值 [M]. 北京：中国社会科学出版社，2000：214-231.

## （四）"应然"的宪法与宪法的"应然性"

按照传统法哲学的分析方式，法被划分为"实然"的法和"应然"的法，实然的法是现实中存在的法，而应然的法是现实中不存在、但是应该存在的法。所以，"应然"的法在逻辑上对应于"未来"的法，这种"未来"的法应当在否定现实的法的合理性基础上产生。受这种实然法与应然法分类形式的影响，在宪法学研究领域，也出现了"宪法原型""模范宪法"等范畴[①]。所谓宪法原型，是指作为源头的宪法，是现实宪法的历史渊源；所谓模范宪法，是指现实宪法的发展前景，代表未来应该出现的宪法。不过，从逻辑上看，即便是公元604年日本圣德太子颁布的《十七条宪法》、1215年英国制定的《自由大宪章》、1230年阿拉贡国王詹姆斯一世制定的《人民宪章》、1579年荷兰北方诸行省缔结的《乌特勒支同盟》、1639年北美康涅狄格沿河各镇制定的《康涅狄格基本法》等，被一些学者考证为现代宪法的源头[②]，这些宪法原型本身也不是"实然"的。因为这些宪法原型不会自行产生，而是某种应然性的结果。1787年美国《联邦宪法》、1919年德国《魏玛宪法》、1936年《苏联宪法》等都被一些宪法学者认定为某种意义上的模范宪法。但是，这种模范宪法也没有解决"发展问题"。因为模范宪法自身也有应然性的问题。所以，从宪法原型、模范宪法等范畴可以看到，传统的宪法学在考虑宪法的运动规律时并没有将"实然"和"应然"很好地区分开来，"实然"中包含有"应然"，"应然"又没有彻底摆脱"现实"的影响。由此可以发现，宪法作为一种"价值现象"，始终是受应然性支配的，现实的宪法也是应然的宪法的产物，即便是宪法原型，也有决定宪法原型之所以是宪法原型的应然性规则。而发展意义上的宪法只不过是在寻求应然的宪法的合理性、有效性，而不是在欠缺应然性的基础上来重新发现和构造现实宪法的应然性。将现实的宪法与理想的宪法、实然的宪法与应然的宪法作为相互对立的范畴加以区分，不可能真正地把握宪法运动的逻辑规律；相反，只能陷入价值循环的逻辑困境。

1.前宪法现象的应然性基础

如果以作为价值现象的宪法的"有"和"无"为逻辑分界，我们可以把支配宪法存在的应然性因素称为"前宪法现象"，而把由宪法所支配的应然性因素称为"宪法现象"。在逻辑时序上，"前宪法现象"在前，"宪法"在后。在因果关系上，没有前宪法现象就没有宪法。民主、权利、人权、权力、主权等价值观念都属于前宪法现象，因为不论是从历史形态来看，还是从逻辑形态来看，这些前宪法现象都是先于和优于宪法的。制定宪法这种行为是前宪法现象，因为宪法在未制定之前是不可能获得独立形式的，所以，制定宪

---

① ［荷］亨利·范·马尔赛文，格尔·范·德·唐.成文宪法的比较研究[M].陈云生译.北京：华夏出版社，1987：335-344.

② ［荷］亨利·范·马尔赛文，格尔·范·德·唐.成文宪法的比较研究[M].陈云生译.北京：华夏出版社，1987：335.

法在逻辑时序上只能在宪法之前，而不能在宪法之后①。如果制定宪法成为一种宪法现象，那么，就无法解决"应然"的宪法这一逻辑问题。

将前宪法现象从宪法现象中分离出来意义非常重大。区分前宪法现象与宪法现象，以宪法为逻辑形式的基本联结项，可以建立一整套关于宪法的价值体系，这种宪法价值体系获得逻辑上的因果关系链，具有普遍意义上的判断功能，使宪法价值获得时序、空间上的连续性和统一性。基于宪法价值的逻辑体系，可以防止在建构宪法价值观念之间的逻辑联系时犯循环往复、错位判断的逻辑错误。如，将民主价值视为"前宪法现象"就可以避免民主价值与宪法价值的逻辑错位，民主是一种"应然"的宪法成分，而不是宪法产生民主。因为在直接民主的逻辑下，宪法价值的意义是遭到否定的；只有在间接民主应然性的推动下，宪法才成为逻辑上的必要。再如，人权的观念也应当是一种"应然"的宪法成分，决定了宪法价值的基本走向。人权的价值应当高于宪法。人权并不是一个非经宪法予以肯定而不能客观化的权利，人权可以得到民主形式的肯定，既可以是直接民主形式，也可以是间接民主形式。

值得注意的是，前宪法现象自身也存在着应然性的问题。毫无疑问，仅仅依靠假设逻辑来解决前宪法现象的应然性并由此将应然性传递到宪法价值之中，这种传统的假设思路实际上没有认真区分本体论、认识论和价值论在方法论上的关联性。假设逻辑的弊端就是将本体论与价值论直接结合起来，缺少认识论的逻辑过渡。"不得不"的意义被忽视，能力判断被轻易地跳跃过去，由此造成的对假设逻辑合理性的批判不能不陷入"五十步笑百步"的恶性逻辑之中。

假设问题在逻辑上重大的缺陷在于，将对"事实""真"的属性的逻辑假定作为"价值""真"的充分必要条件，将需要通过科学验证来解决假设问题"真"与"假"的事实判断方式直接套用到价值判断领域，但是又无法给予假设问题任何经验的证明。所以，将假设问题移植到价值判断领域属于逻辑形式运用错误。

在前宪法现象领域，运用假设逻辑来构建宪法的正当性往往会遇到许多无法被有效证明的逻辑命题。如，人民主权说就会涉及事实判断与价值判断的混用问题。如果将人民主权视为一种事实命题，这就意味着作为现代宪法正当性的人民主权直接决定着宪法的价值属性。宪法正当性中的所有问题都应该通过人民主权来加以解决。但是在实践中，人民主权却无法完全予以客观化。这就对宪法的正当性问题提出挑战，因为宪法的正当性无法通过人民主权获得确证。如果将人民主权视为一种价值命题，宪法的正当性就可以通过人民主权的实践性来加以论证；也就是说，人民主权是宪法"不得不"依据的正当性来源。因为如果宪法的正当性源于国家机关、组织或个人，那么，宪法所确立的限制国家权力、保

---

① 在法国大革命时期，西耶斯（Sieyès）主张必须在原理上将"制定宪法的权力"与"被宪法制定的权力"区分开来，前者是后者的依据，而后者则是前者的派生，是一种第二位阶上的权力。参见 [法] 西耶斯 . 论特权：第三等级是什么？[M]. 冯棠，译 . 北京：商务印书馆，1990：56.

障人权、实现平等和法治的基本理念就不可能获得价值上的证据，就无法克服自身不可解决的逻辑矛盾。至于说人民主权在实践中表现为何种形式，这个问题必须由实践的具体情况来回答。所以，人民主权是宪法"不得不"具有的正当性前提，而不是宪法当然的、事先已经客观存在或者以"假设"状态存在的正当性依据。人民主权应该是一个价值命题，而不是以假设逻辑存在的事实命题。以人民主权说不能予以实证从而否定人民主权说的正当性和合理性的观点，实质上是没有区分认识人民主权说的逻辑方法，往往片面地将人民主权说作为一种"假设的事实命题"来处理，犯了逻辑形式混用的错误。当然，在逻辑形式上也存在"假如应该有"的逻辑问题，不过，"假如应该有"是一个虚假的逻辑命题，因为这个问题可以被"应该有"的合理性予以摄涵。

总之，前宪法现象都是作为价值现象而存在的，当这些价值现象出现逻辑矛盾时，就会严重地影响宪法的正当性基础。如，以民主价值作为宪法的正当性基础为例，法理上存在着"不经过民主程序产生的宪法不具有正当性"的命题。但是，当民主价值在实践中不能通过具体的制度表现出来的时候，就会引发宪法危机。

就民主价值而言，它是"人民主权"的一种价值存在形式。在消除了受到主体性制约的道德上的善恶之后，民主在实现人民主权价值最大化的过程中必然依赖于工程学的操作技术。因此，通过工程学上的精细运算成为现代民主制度正当性的主要来源。它充分反映了以"多数人统治"为基本内涵的传统民主价值，在当今社会已经完全变成一个需要由实践来决定、由技术来支撑的客观性的制度行为。

由于现代民主必须通过工程学上的技术手段来判断最后的结果；也就是说，民主在定性方面的认定标准最终直接依赖于定量分析。这就要求民主必须面对定量化以后可能出现的绝对相等的问题①。在绝对相等的情况下，民主这种价值就会暂时失去价值上的判断意义。民主作为其他宪法价值正当性的依据就会受到挑战。所以，因为定量原则的介入，民主价值在实践中的产生就必须考虑极点值的正当性救济问题。2000年美国大选，共和党候选人布什与民主党候选人戈尔选票如此相近在美国总统选举史上是罕见的，尤其双方在决定命运的佛罗里达州的争夺更是到了白热化的程度。布什在佛罗里达州的选票领先数量一路下滑，从最初领先1200票，到领先930票、703票、537票，到后来只领先154票。如果任由民主党人通过人工计票方式清点下去，最后戈尔有可能反超出去。两党关于选票之争都是围绕着"奇点"进行的，不论最后谁赢得佛罗里达州25张选票，都只是非常细微的差异。而且戈尔不论当选与否，他已经赢得了选民的多数票，而布什则赢得了多数州的支持。

---

① 事实上绝对相等的情况只是一个理论上的值，即便在民主实践中真的出现绝对相等的情形，也不能说明这种绝对相等是完全真实的，而应当视为特定技术下的结果。因为采用电脑计票或人工计票都存在一个允许误差的统计范围问题。但尽管如此，当绝对相等的情形出现时，必须考虑如何摆脱这种价值困境的问题。此时更多的是应当采取补救性手段，而不是按照绝对民主的思路重新投票。在这种情况下，次要性的民主原则、法治原则都是可以考虑的。当然，应该坚持民主原则优先的思路。

所以，从 2000 年美国总统大选可以看到，现代宪法理念的基本价值趋向是价值的互补，而不是绝对价值主义。民主价值的复合也不是线性的，而是立体组合式的。美国总统选举中的选举人团制度就是将两种最大化的价值组合起来并形成一种新的民主意义上的价值。尽管选举人团制度在此次美国总统大选中已经暴露出许多问题，但是，要全面否定选举人团制度的价值是比较困难的。一系列道德意义上的善性价值最终都必须由客观化的制度来加以解决。作为宪法正当性基础的民主价值自身在实践中也必须加以不断地修正。民主绝对不是以事实形态出现的，更不是以"假设"的形式而存在。作为"应然"的宪法，民主是一种价值现象。"人民主权"是通过民主价值在各个层面的相互协调和统一来得到实现的，并以此构成宪法的正当性基础。

2. 宪法现象的应然性基础

宪法现象与宪法在逻辑上的时序关系是，宪法现象是宪法逻辑运动的表象，宪法是宪法现象之因。与前宪法现象不同的是，宪法现象必须受到宪法客观性的制约。法治、合宪性等价值观念都属于宪法现象。就法治而言，只有将为立法者立法的法律包括在法律的内涵中，才能实现逻辑意义上的"法治"，而这样的为立法者而立的法非"宪法"莫属。因此，在宪法产生之前，不可能存在逻辑上内涵和外延都十分周延的"法治"观念。法治在逻辑上是宪法之后的现象。"合宪性"以宪法作为应然性的起点，所以，离开宪法，也就不存在什么"合宪"的问题。从行为上看，制定法律、实施和适用宪法与法律等活动都属于宪法现象，它们都以宪法作为自身存在的应然性基础。

在传统的宪法学理论视野中，"合法性"这种价值属性并没有完全纳入宪法现象的范畴。因为"合法性"具有推动宪法改革的应然性力量，"合法性"不完全服从于"合宪性"，"合宪性"不能成为"合法性"严格意义上的应然性基础。特别是在法律制度转型时期，法律在适应社会现实方面比起宪法更具有灵活性，"合法性"常常能够超越宪法的形式意义，从前宪法现象获得直接的应然性基础。但是从逻辑形态上看，"合法性"不能优于"合宪性"，否则"应然"宪法的逻辑基础就会受到破坏，宪法现象的存在就会丧失自身的逻辑根据。严格地说，一个国家的宪法所具有的正当性必须是完全的、充分的，依据宪法所制定的法律只应该从宪法中获取"正当性"，而不应该从其他的应然性中获取正当性。否则，这个国家的宪法自身就不具有充分的正当性。因此，"违法不违宪""良性违宪"等观点对于维护宪法的根本法权威来说都是非常有害的。

解释宪法可以通过前宪法现象所建立的应然性成为宪法现象，即制定宪法的主体通过宪法授权某些特定的主体来解释宪法。但是，依据宪法授权可以解释宪法的主体绝对不能否定宪法制定主体自身解释宪法的应然性。值得注意的是，修改宪法与制定宪法在逻辑上基本上是等范畴的，原则上，修改宪法不得成为宪法现象；也就是说，修改宪法只能由制定宪法的主体来完成。否则，一旦修改宪法的主体过于实体化，必然会使制定宪法的主体

的应然性丧失殆尽。因此，修改宪法的活动应当在宪法之外寻找"应然性"的依据，而不是在宪法之内寻找应然性的依据。修改宪法可以视为制定宪法的一种逻辑形式，或者说，制定宪法在发展的意义上包含了修改宪法。

修改宪法与监督宪法作为宪法的应然性之外的活动，其自身的应然性不可能从宪法中去寻找，而是应该从前宪法现象中去寻找，或者说是从"应然"的宪法中去寻找自身的逻辑依据。解释宪法作为可以宪法化的活动，在修改宪法与监督宪法两个方面的逻辑压迫下，不得不约束在宪法的范围内。因此，一旦解释宪法超越了"应该"的范围，修改宪法和监督宪法就可以很好地控制解释宪法的活动，防止解释宪法离开宪法应然性的逻辑轨道。

当然，从实践的角度来考察宪法的应然性也是非常有意义的。荷兰学者亨利·范·马尔赛文和格尔·范·德·唐指出："对于每一个国家来说，宪法也面临着一个体现国际政治法律标准的问题，以及'各文明国家所承认的一般的法律原则'。"①通过比较研究，他们认为，至少下列几方面属于宪法"不得不"有的内容：①一些全世界都信仰的价值观念和规范；②关于国家组织和正式授权的大部分可靠的情报；③比较政治制度的方便手段。而下列几方面则"不应该"包含在宪法的内容之中：①一个国家的政治现实或者政治权力实际上是怎样行使的；②关于管理人民的法律制度的情报等②。由此可见，宪法的应然性可以获得价值证据和制定宪法实践经验两个方面的证明。其中，依据宪法来行使国家权力和享有公民权利并妥善地处理国家权力与公民权利之间的关系，是宪法应然性的主要内容。

3. 宪法逻辑学在分析宪法价值逻辑运动特征中的作用

宪法逻辑学是以最有效的方法（逻辑方法）来研究最复杂的问题（宪法问题）的科学③。但它却被传统的宪法学理论研究所忽视。应然性作为因果关系的确定性特征，是宪法逻辑学分析宪法价值逻辑运动特征的基本工具。运用逻辑的方法将宪法置于应然性的范畴中予以全面考察，其根本目的就是要解决"什么是宪法"以及"什么是宪法的"这两个最基本的宪法问题。

对于"什么是宪法"问题的解答，运用历史资料和比较法资料只能说明宪法在现实中的某些表象特征，而不能回答决定现实宪法"之所以如此"的逻辑力量是什么。或者可以说，离开对"应然"宪法的逻辑把握，不能有效地解释宪法表象之间的逻辑联系和矛盾，因而也就不可能给出一个具有普遍意义的答案。只有回答了"应然"的宪法是什么才能真正地解决"什么是宪法"的问题，所以，"什么是宪法"这个事实问题在逻辑上从属于"什

---

① [荷] 亨利·范·马尔赛文，格尔·范·德·唐. 成文宪法的比较研究 [M]. 陈云生译. 北京：华夏出版社，1987：371.

② [荷] 亨利·范·马尔赛文，格尔·范·德·唐. 成文宪法的比较研究 [M]. 陈云生译. 北京：华夏出版社，1987：375-376.

③ 在笔者看来，宪法逻辑学不能完全纳入道义逻辑学的范围。宪法逻辑学所采取的方法是本体论、认识论和价值论三论一体的，缺少哪个方面都可能影响对宪法这一价值现象所具有的逻辑特征的把握。宪法逻辑学是一门需要引起宪法学者关注并认真加以发展的宪法方法论。

么应该是宪法"这个价值问题；同样的道理，"什么是宪法的"这个事实问题如果要在逻辑上获得彻底的解决，必须转换成"什么应该是宪法的"这一价值问题。

宪法现象是一种价值现象，价值现象的逻辑依据的核心是"应该"。那么，"应该"的宪法是怎样获得的呢？如果从历史学的维度来看，宪法现象只是法现象发展到一定历史阶段的产物。以目前宪法学界比较认同的作为宪法源头的 1215 年《自由大宪章》为例，它的最根本"法特征"就是第一次用法的形式限制了"王权"，而在此之前的任何形式的法都没有做到这一点。1789 年法国《人权和公民权利宣言》第 16 条确立了宪法"有"与"无"的标准，"凡权利无保障和分权未确立的社会，就没有宪法"。不难看出，在一些被视为"宪法原型"的宪法中，"限制王权""保障权利""确立分权"等理念是"应然"的宪法。这是应然宪法的历史证据。从逻辑的维度来看，在宪法理念产生之前，所有的法理念，不论它们承担了什么样的逻辑功能和社会功能，都没有获得超越公共权力价值之上的权威，即法在"人治"之下，不在"人治"之上。只有为立法者所立的法才能真正地防止法律异化为特权的工具。而要替立法者立法，就必须实行法的主观性与客观性的分离，即为立法者所立的法是一种价值意义上的法，是不受具体的立法者控制的"应然"法，它是通过制度手段产生的（如制宪会议、全民公决等）①，而不是通过某种具体的立法活动产生的。只有这种不受任何具体的立法者控制的法，才能具有超越于"人治"之上的权威。这样的法就是宪法。因此，宪法是一种主观化的法，是"应然"的法，而不是完全客观化的法。"应然"的宪法，其逻辑内涵就是"法治法"。作为"法治法"，宪法"不得不"具有超越于一切其他法律形式之上的逻辑力量。这种"不得不"同时具有认识论和价值论上的双重含义。

宪法作为"法治法"除了是合理逻辑的要求之外，也通过宪法发生的历史证据获得客观性。作为"法治法"，宪法中的所有规范设计，宪法的应然性都是围绕着"法治"这一应然性而展开的。因此，宪法中的权利和

权力，其本质的特征就是"法治"下的权利和权力。这样的权利、权力与宪法之外的其他价值意义上的应然性所支撑的权利、权力，其逻辑上的特征迥然不同。作为"法治"下的权利，宪法权利是指公民所享有的防止国家权力向人治方向异化的权利，这些宪法权利包括抵抗权、请愿权、知情权、诉权、表达自由权等。这些权利的最大特征就是，任何国家权力不能随意侵犯，其权势在国家权力之上，而不在国家权力之下。当这些宪法权利与国家权力发生冲突时，二者在宪法仲裁机制面前具有平等的法律地位，受同等的宪法保

---

① 值得注意的是，通过制宪会议、全民公决等制度化的手段创制的宪法是人民主权价值形态的体现，它实现了"宪法是由人民制定的"这一价值目标。由于"人民"本身是一个价值概念，因此，由人民产生的"宪法"也具有主观性。

护①。作为"法治"下的权力，宪法权力的最根本特征是"权力权"。也就是说，任何国家机关都必须依据宪法的规定获得相应的国家权力，只有国家机关享有行使某种国家权力的资格，才能行使某种国家权力。国家机关不能自行创造国家权力。所以，在宪法的指引下，不管是"权利"，还是"权力"，都必须在"法治"的应然性要求下才能存在。宪法权利、宪法权力"不应该"破坏宪法所具有的"法治"功能。这是宪法的应然性的核心所在，也是"什么应该是宪法的"问题的逻辑解答。

总之，围绕着"应然"的法所产生的一系列逻辑问题，其实质是要求我们运用一套逻辑上自洽的分析方法来解释现代宪法的确定性。应然的宪法与宪法的应然性这两个基本的逻辑范畴在分析宪法的确定性中具有不可或缺的作用。传统的宪法学理论没有自觉地讨论这样的逻辑问题，因此，也无法在这两个问题上形成有效的对话体系。在应然性问题上，传统宪法学的态度基本上是以价值判断主体自身的喜好、愿望、知识来做出取舍的，具有明显的强迫逻辑的价值倾向。"不得不""不应该"在认识"应然性"中的意义没有得到应有的揭示。大量的宪法问题被掩盖在价值判断主体过于执着的强迫逻辑定式下而无法受到宪法学理论必要的关注。在宪法逻辑学的视野中，"应然性"具有十分清晰的逻辑特征，但它却被传统的宪法学分析方法掩盖得太久了。现在必须正本清源，认真地对待"应然性"。

## 二、宪法制度构造的逻辑起点：反对特权现象

毋庸置疑，宪法原则是宪法学最重要的基本范畴，作为宪法制度的基础和前提，它构成了现代宪法制度的逻辑起点。但是，不论是在宪政实践中，还是在宪法学理论研究中，宪法原则都是一个被随意使用的概念。迄今为止，对宪法原则的正当性、确定性和有效性还缺少逻辑上比较严密的论证。现有的宪法原则一般是基于经验式的列举和道德化的认定而产生的，很难获得普遍性的认同。所以，要建立科学的宪法学研究体系和健全的宪法制度，必须要在法理上解决宪法原则的正当性、确定性以及有效性问题。

### （一）宪法原则概念的法理考察

宪法原则是什么？回答这个问题之前首先应当从逻辑上对与宪法原则含义相近的几个概念加以区分，如宪政原则、宪法解释的原则、宪法规范（或宪法规则）等。宪法原则与

---

① 宪法权利是相对于宪法权力而言的，因此，只有国家机关才有可能侵犯公民的宪法权利。普通公民之间不存在彼此侵犯宪法权利的问题，因为普通公民缺少保障宪法权利得到实现的法律责任能力。所以，宪法权利的性质与一般民事权利的性质完全不同。公民拥有的民事权利可以用来对抗其他公民，而公民的宪法权利则可以用来对抗国家机关。

宪政原则从逻辑上看内涵是不同的①，因为宪政具有比宪法更广的内涵，它是建立在宪法基础之上的民主政治制度。宪法解释的原则与宪法原则的内涵最接近，因为宪法原则是解释宪法最重要的依据。但是，这两者之间也存在性质的差别，宪法原则是不依赖于宪法而存在的，从逻辑时序上看，应当是先有宪法原则，后有宪法，宪法原则不受形式宪法的左右。宪法解释的原则则是发生在宪法产生之后的解释宪法的依据，作为宪法产生依据的宪法原则显然是解释宪法的根据，但是对宪法所进行的解释在实践中还会受到各种价值的影响。宪法原则与宪法规范也是两个不同的宪法学范畴，美国法学家罗纳德·德沃金曾对法律原则与法律规范之间的不同作了明确的阐述。在德沃金看来，"当法学家们理解或者争论关于法律上的权利和义务问题的时候，特别是在疑难案件中，当我们与这些概念有关的问题看起来极其尖锐时，他们使用的不是作为规则发挥作用的标准，而是作为原则、政策和其他各种准则而发挥作用的标准。"②在探讨宪法原则与宪法规范的关系时，最常见的逻辑问题就是宪法原则被简单地理解成宪法规范自身所具有的"原则性"。

在区分了宪法原则与内涵相近的几个宪法学概念后，关于宪法原则最重要的问题就是宪法原则有什么用。这个问题在以往的宪法学理论研究中并没有认真地加以探讨，以致宪法原则成为与宪法规范相脱节的单纯的价值概念。近年来，周叶中教授在研究中已经注意到这个问题。他在《现代宪法学基本原理》第八章"宪法原则"中指出，宪法原则具有极为重要而独特的功能，包括宏观指导功能、稳定功能和整体覆盖功能等。周叶中教授认为，"宪法原则直接决定着宪法的性质、内容和价值倾向，因而不仅是宪政制度内部协调统一的重要保障，对宪政改革具有导向作用，而且对于宪法解释、补充宪法漏洞，以及强化宪法的调控能力等都具有非常重要的作用。"③在周叶中教授主编的全国高等学校法学专业核心课程教材《宪法》中，更是明确地指出："宪法基本原则是指人们在制定和实施宪法过程中必须遵循的最基本的准则，是贯穿立宪和行宪的基本精神。"④从周叶中教授对宪法原则作用的见解来看，显然，周叶中教授是跳出了形式宪法自身的局限性来看待宪法原则的作用的，是宪法原则决定了宪法，而不是宪法决定宪法原则。周叶中教授对宪法原则作用的分析方法为我国宪法学理论研究解决宪法原则这一概念的科学性提供了一个非常好的思路。

---

① 《美国宪法概论》一书中将美国宪政原则分为两个大的方面，即权力分立与制衡、限权政府与保障人权。这种分类方式没有很好地说明宪法原则与宪政原则的区别，美国宪政原则实际上是一种政治制度原则。参见 [美] 杰罗姆·巴伦，托马斯·迪恩斯. 美国宪法概论 [M]. 刘瑞祥等译. 北京：中国社会科学出版社，1995：4.

② [美] 罗纳德·德沃金. 认真对待权利 [M]. 信春鹰，吴玉章译. 北京：中国大百科全书出版社，1998：40.

③ 徐秀义，韩大元. 现代宪法学基本原理 [M]. 北京：中国人民公安大学出版社，2001：184.

④ 周叶中. 宪法 [M]. 北京：高等教育出版社、北京大学出版社，2000：93.

### （二）宪法原则的基本属性

从宪法逻辑学的角度出发来研究宪法原则，主要的法理问题应当有以下三方面，即宪法原则的正当性、宪法原则的确定性和宪法原则的有效性。这三个问题构成了逻辑上相互递进的问题体系，可以比较全面地把握宪法原则的性质及其作用。

在传统的宪法学研究中，对宪法原则的把握主要是从列举宪法原则的内容出发的，作为宪法学基本范畴条件之一的宪法原则的概念却很少涉及，这就使得宪法原则无法在同一个理论平台上来吸引学者们参与讨论。这种研究方式中外宪法学著作中都不鲜见。如，A.W.布莱德利和K.D.尤因合著的《宪法和行政法》一书中第一章就探讨了宪法的一般原则，包括君主立宪原则、议会至上原则、权力分立和制衡原则、法治原则、责任政府等，但该书却没有回答什么是宪法原则以及宪法原则的作用等问题。这种研究方式并没有摆脱在宪法原则问题上经验主义的思路。早期国内宪法学著作在探讨宪法原则问题时也只满足于对宪法原则事项的列举，如许崇德教授主编的《中国宪法》一书就将宪法原则列举为人民主权原则、基本人权原则、法治原则、三权分立原则和议行合一原则等①，对与宪法原则性质和作用有关的问题概无涉及。稍后由张庆福教授主编的《宪法学基本理论》②一书对宪法原则的阐述也存在同样的问题。

在宪法原则内容不断扩展的过程中，一个令人难以理解的现象就是宪法原则并没有获得逻辑上的精确定义，宪法学对宪法原则的研究通常表现出与对其他宪法学范畴不一致的研究倾向，即一般很少从概念或者是定义入手来解释宪法原则。逻辑上看，传统宪法学对宪法原则的研究只满足了"宪法原则有哪些"的问题，而没有解决"宪法原则是什么"的问题，至于说"宪法原则应该是什么"以及"宪法原则为什么应该如此""宪法原则有什么用"等这些深层次的宪法问题更难进入宪法学者的研究视野。这里的原因很复杂，有宪法学理论研究水准不高、学科研究规范性不够的问题，也有方法落后、确实无法解决宪法原则的精确定义问题等。依作者"管见"，用传统的概念分析方法来研究宪法原则确实存在许多理论障碍，原因之一就是宪法原则并没有以对应的客观社会现象而存在，而是一种纯粹的价值设计，依靠特征描述确实无法准确地表现宪法原则的内涵。宪法原则实质上是一种价值现象，而不是可以脱离价值构造而存在的客观事实，因此对作为以价值形态存在的宪法原则的解释必须要运用有效的价值分析手段，而不能依靠简单的概念判断推理的逻辑论证方式。

作者认为，解释以价值形态存在的宪法原则首先要回答的问题应当是"宪法原则应该是什么"，而不是"宪法原则是什么"。而在解释以事实形态存在的宪法时首要的问题则应当是"宪法是什么"，然后才能够依照逻辑递进关系来回答"宪法应当是什么"的问题。

---

① 许崇德.中国宪法[M].北京：中国人民大学出版社，1989.
② 张庆福.宪法学基本理论[M].北京：社会科学文献出版社，1999.

这种分析方法应当是区分价值问题与事实问题最重要的尺度。

"宪法原则应该是什么"实质上解决的是作为价值现象而存在的宪法原则的确定性问题。而要科学地回答"宪法原则应该是什么"的问题必须解决宪法原则的正当性问题，也就是说"宪法原则为什么应该如此"。在解决了宪法原则确定性、正当性的基础上，宪法原则作为一种价值设计的效用问题也是至关重要的，因为一种缺少效用的价值设计必然不具有存在的合理性，所以宪法原则的有效性，即"宪法原则有什么用"也是研究宪法原则时不得不涉及的问题。

### （三）宪法原则概念的表现形式

宪法原则应该是什么呢？"如何回答这个问题"，首先就是一个方法论上的难题。这两个问题虽然性质不一样，前者是价值判断问题，后者是方法论问题，但两者之间却存在着紧密的逻辑联系。也就是说，回答"宪法原则应该是什么"这个问题的方法直接影响到问题的答案。

在解析"宪法原则应该是什么"这一问题时，逻辑上的核心问题在于怎样寻找"应该"。很显然，在法学研究中，"应该"问题通常是被作为"应然性"问题来看待的。但是，在传统法哲学中，尽管"应然"被看成与"实然"相对应的范畴，却没有区分"应然"与"实然"两个范畴可以适用的问题领域。其实，"应然"与"实然"如果同时对一个被评价对象适用，那么这个被评价对象必然是实际中存在的客观社会现象，因为"实然"是对一种事实作出的肯定性判断。当然，这种实际存在着的客观社会现象也存在着一个理想形式问题，因此在逻辑上就产生了"应然"价值判断问题。如，对宪法和法律就可以产生如下的事实判断和价值判断，即"实然的宪法"与"应然的宪法""实然的法律"与"应然的法律"。但对于价值现象，则不存在"实然性判断"问题。因为价值现象是主观的，不存在确定性的结构，只能依赖于价值上的构造，只能产生"应然的宪法原则"这样的价值判断，而不可能存在"实然的宪法原则"这样的事实判断，其中最根本的原因是价值现象是一个自相矛盾的价值体，如果"实然的宪法原则"这样的判断能存在。就意味着宪法原则的价值构造是无矛盾的，这样的结论显然是不符合价值论的。对于"应然的宪法原则"这样的价值判断在逻辑上当然存在着一个正当性的问题；也就是说，必须回答"应然的宪法原则"这样的价值判断的根据，即"宪法原则为什么如此"。

在回答"宪法原则应该是什么"这一价值问题时，在逻辑上存在着多种角度的解题方式，如主体的道德倾向、社会行为习惯、主体之间的合意等。主体的道德倾向是最容易影响该问题答案的，即回答问题者根据自己的利益、知识结构和兴趣爱好对宪法原则的内容做出自由选择，这是"宪法原则应该是什么"这一问题的道德解答。社会行为习惯是依据经验来归纳宪法原则的"应然性"的，回答问题的逻辑形式一般是"已经如此当继续如此"。

主体之间的合意是从回答问题者主体自身的正当性来考虑的，即特定的主体形式就是价值判断上的"应该"产生机制。如，民主程序决策的结果往往会成为宪法原则的"应然性"。所以说，"宪法原则应该是什么"这个问题有多种答案。但是，如果要寻找逻辑上相互关联、依据可靠的因果关系来解答"宪法原则应该是什么"的确定性答案时，上述几种解题方式都不是最优的。

逻辑上看，在"宪法原则应该是什么"这个问题上通过上述解题方式无法获得确定性解答的情形下，逻辑上的排除法以及认识论上的可能性判断是比较好的解题路径。用逻辑上的排除法来解答"宪法原则应该是什么"这个问题时可以借助于"宪法原则不应该是什么"来获得反证[①]。通过列举"不应该"的范围可以获得最广义的"应该"的内涵。认识论上的可能性判断是将价值论上的"应该"转换成认识论上的"不得不"[②]，依靠对"不得不"的逻辑论证来获得最狭义的"应该"的内涵。

从对"宪法原则应该是什么"的回答方式可以发现，对回答方式的确定性选择通常就构成了宪法原则的正当性基础；也就是说，解决了"宪法原则为什么应该如此"的问题。当然，宪法原则的有效性问题往往会与宪法原则的正当性相互渗透；也就是说，宪法原则的效用也是证明"宪法原则应该是什么"的解题证据。不过，宪法原则的有效性是从宪法原则的客观表现来认定宪法原则的正当性的，是一种"以果证因"的解题方式，特别是在正当性与有效性之间存在互补性的逻辑关系时，宪法原则的有效性在解释宪法原则的正当性问题时就显得特别重要。

### （四）宪法原则的概念及其功能

在描述了以上对宪法原则进行解析的逻辑线索后，作者就宪法原则的确定性、正当性和有效性问题阐述以下个人之见。

作者认为，宪法原则应该是"决定'形式宪法'形式和内容的基本价值准则"[③]宪法原则的功能在于"反对特权现象"，宪法原则源于立宪主义的实践和对宪法功能与普通法律功能的区分。

---

① D.D.拉斐尔在《道德哲学》一书中对"不应该"的意义作了充分的说明，他指出，道德哲学事实上不可能对"我们应该如何生活"作出确定性的结论。但是，哲学争论可能达到可靠的否定性结论。结论是否定性的。仅向我们表明不接受什么。它没有向我们表明应该合乎理性地持有什么样的正面信念。否定性结论具有实际用途，它缩小了我们必须从中作出抉择的可行选择范围。参见 D.D.拉斐尔.道德哲学 [M].邱仁宗译.沈阳：辽宁教育出版社，1998：11-12.

② "不得不"的价值判断是可以通过能力来检验的，所以，它实际上属于一种能力判断。其主要的逻辑结构是通过对必要条件的否定来否定依靠必要条件而存在的结果的确定性。其逻辑表现形式一般是"如果不，则不"。因此，"如果不，则不"成为价值判断的最基础的逻辑命题手段。

③ 作者在本书中所使用的"形式宪法"是指作为法律形式意义上的宪法。如宪法典、宪法修正案。而"形式宪法"的"形式"是指宪法典、宪法修正案自身的形式结构。为了避免产生"宪法形式"的"形式"的困难表述，作者没有使用内涵并不非常清晰的"宪法形式"概念。

宪法原则，在逻辑时序上必然先于"形式宪法"而存在；也就是说，关于宪法的价值观念在逻辑上应当先于"形式宪法"自身而存在。因为在没有宪法这一特殊的法律形式之前必须有宪法观念的存在，否则，"形式宪法"就无法进行设计。因此，相对于"形式宪法"来说，宪法原则是宪法的实质渊源，是决定"形式宪法"形式和内容的基本价值准则。"形式宪法"不论其形式还是内容，都不过是宪法的形式渊源。所以，判断一个国家宪法存在的状况，应当从以宪法原则而存在的价值宪法和以"形式宪法"而存在的"事实宪法"两个角度来综合考量。仅有形式发达的形式宪法，而没有逻辑上自成一体的宪法原则，无法作出该国具有健全的宪法制度的判断结论；同样，只有宪法原则，而没有固定的"形式宪法"，也不能认为该国的宪法制度完备。当然，如果考虑到宪法与宪制的关系，那么在逻辑上也会出现依据宪法原则而建立起实质性的宪制的情形。宪法原则作为宪法的实质渊源，它决定了"形式宪法"的制定、解释、适用与修改，是"宪法的灵魂"。

宪法原则不仅决定"形式宪法"的内容，即"形式宪法"所确立的各个具体的宪法规范都是宪法原则在逻辑上的合理延伸，而且影响着"形式宪法"的形式。如，宪法原则强调保障人权、限制政府权力，那么，在"形式宪法"的章节设计中就必然会将人权保障放在"形式宪法"中核心的章节位置。所以，宪法原则的确定性来源于"形式宪法"的客观存在，没有"形式宪法"作为过去时、现在时以及未来时形态上的确定性的存在，要从逻辑上来判断宪法原则是确定的，但显然是困难的。因此，在不成文宪法制度中，宪法原则就更容易处于不确定的状态，如果宪法原则能在实际生活中发生作用的话，就必须有将宪法原则积淀为惯例的社会文化传统；否则，宪法原则只能处于各种不特定的道德构造之中。

究竟人们依据什么创造了宪法呢？怎样来解答这个问题呢？用以因得果的逻辑推导方式来解题是很困难的。但是，从实践论以及功能论的角度来回答这个问题就显得比较得心应手。从实践论的性质来看，在解决宪法原则的正当性和确定性时，至少可以回答宪法原则"不应该"是什么的问题；而从功能论出发，则可以从逻辑上发现构造宪法原则"不得不"加以选择的价值标准。

从实践论角度来看，不成文宪法的历史源头是 1215 年英国的《自由大宪章》。其产生的历史背景是，1066 年，法兰西封建主诺曼底威廉公爵渡海征服英格兰，并在伦敦加冕为王，称威廉一世。金雀花王朝的君主约翰统治时期（1199—1216 年），农民反抗封建主的斗争和封建统治内部纷争日趋激化。约翰在大贵族的武力威逼下，于 1215 年 6 月签署了《大宪章》（大贵族提出的 61 条要求）。英国历史上把这 61 条要求称为《自由大宪章》，它是英国最早的不成文宪法。《自由大宪章》确认封建贵族和教会僧侣的特权，限制了国王的权力。它规定，国王课征超过惯例的赋税必须召集大议会，征求"全国公意"；除按照旧贵族集体的合法审判和国家的法律规定外，国王不得无理逮捕或者监禁自由民及

剥夺其私人财产；不得无故杀害自由民或者制造借口把他们流放国外 [1]。因此，"王权应当受到法律的限制"是《自由大宪章》的核心精神。

成文宪法的历史源头是 1787 年制定的美国《联邦宪法》。其产生的历史背景是，美国独立战争胜利后，根据《邦联条例》由 13 个州组成的邦联是一个松散的国家联盟。这种邦联既不足以巩固独立战争的胜利成果和解决严重的经济、财政困难，也不利于资本主义经济的顺利发展。同时在对外关系上，也需要一个有力的中央政权缔结各种对外条约，并组织共同防务以防御外敌。当时，各州之间矛盾重重，各州的"友谊同盟"几乎成了"争论同盟"，宾夕法尼亚州与特拉华州为了边界问题甚至发生了械斗。国内的阶级矛盾也日益激化，农民运动风起云涌，此起彼伏。1786 年秋，马萨诸塞州的 600 名武装农民、手工业者和退伍军人，在丹尼尔·谢司的领导下，正式发动了起义。这场威震全国的谢司起义，坚持了 5 个月之久，虽然最后失败了，但对于美国人民反对阶级压迫，争取民主和自由的斗争产生了巨大的影响。为了解决各种矛盾，1787 年由各州选出的 55 名代表汇集在费城，召开了制宪会议。最后于 1787 年 9 月 17 日产生了宪法的正式文本。与会代表 39 人在正式文本上签了字。制宪会议闭幕 10 天后，邦联国会就把宪法草案文本交由各州批准。直到 1790 年 5 月 29 日，13 个州中的最后一个州——罗得岛州才以 34 票对 32 票批准了宪法。关于美国《联邦宪法》制定的目的，美国学者将其总结为 6 点：增进联邦团结，建立司法正义，维护国家治安、国防自卫、公众幸福，争取当时和未来的自由、幸福。美国《联邦宪法》是世界上第一部成文宪法，制定时有序言和正文 7 条，全文不超过 7000 字，美国官方文件称之"简单明了又富有弹性"。但是，由于反联邦党人极力宣扬托马斯·潘恩的理论，"管得最少的政府是最好的政府"，因此，1789 年召集的第一届国会第一次会议上，麦迪逊起草了权利法案。在以杰斐逊为首的资产阶级民主派的要求下，1791 年通过了宪法的前十条修正案——《权利法案》。《权利法案》的特色是规定了国会的立法权界限，即国会不得制定法律确立国教或禁止宗教活动自由；限制言论自由或出版自由；或剥夺人民和平集会和向政府请愿申冤的权利。宪法未规定的权力归州和人民行使 [2]。由此，"权力制约与平衡"和"保障公民基本自由"成为《美国宪法》的合法性基础。

总之，从实践论角度来看，宪法是限制国家权力、保障公民权利的产物。宪法并不是单纯地依靠自身的立法权威来获得根本法的法律地位的。

从功能论角度来看，宪法作为一种特殊形式的法律规范，它并没有随着法的产生而一道出现。从发生学上来看，宪法的历史是滞后于一般的法律形式的。为什么会出现这种历史现象呢？从功能论的角度来看，宪法至少承担了宪法产生之前其他各种法律形式所不具有的社会功能。宪法的这种特殊的功能可以从宪法产生之前的其他法律形式的自身功能缺

---

① 姜士林 . 世界宪法大全（上卷）[M]. 北京：中国广播电视出版社，1989：1122-1123.

② 赵宝云 . 西方五国宪法通论 [M]. 北京：中国人民公安大学出版社，1994：1-37.

陷中被发现。在宪法产生之前，不管法以何种形式出现，法在调整社会关系、设立行为规范时，唯一不能实现的就是对最终的立法者立法。由于这一逻辑缺陷的存在，就使得立法者自身的公正性不能通过法的公正性来保证，通过法所确立的社会制度就无法防止立法者特权意识的产生。宪法的出现正好弥补了这一逻辑缺陷。宪法观念通过虚化制定宪法的主体的正当性来为立法者自身立法。宪法不完全是一种客观法，宪法自身的正当性不是由某个具体的立法者的主体正当性来解决的，而是依靠宪法所承担的特殊的社会功能来支撑的。从这一点上看，宪法自身的有效性是宪法正当性的一个直接证据。

### （五）宪法原则的逻辑体系

据上分析，宪法原则来自反对特权的观念。那么，反对特权的观念在构建宪法原则时到底存在哪些逻辑上的对应关系呢？这个问题在传统的宪法学中被简单化地处理了。如一些宪法学著作热衷于列举宪法原则，包括人民主权原则、权力制约原则、保障权利原则、尊重法治原则和宪法至上原则等。但是，这些宪法原则之间存在着怎样的逻辑联系，以及不同的宪法原则所承担的功能是否在价值上具有一致性并没有得到很好的讨论。因此，也直接地影响到宪法原则的正当性。

作者认为，从逻辑上重新建构宪法原则，必须从宪法制度的作用入手。现代宪法在发生学上的主要社会意义就是要反对特权，这是宪法的目的所在，而要从制度上来保证这个目的的实现就必须采取相应的制度性手段，这一系列制度性手段必须指向反对特权这个目的。

特权现象在以往的宪法学研究中仅仅被理解成政府官员通过制度措施来获得不正当的利益，这种定义方法不符合宪法作为一个根本法律规范所具有的规范功能的要求。现代宪法在调整国家权力与公民权利之间关系时必须反对三种形态的特权，即特殊的权力、特殊的权利和特殊的权势。特殊的权力是国家机关通过制度设计可能获得的，特殊的权利是对公民的利益在制度上存在不平等的保护措施，特殊的权势意味着国家权力相对于公民权利的优位；也就是说，在制度上存在着公民权利无法有效对抗国家权力正当性的领域。所以，宪法制度就必须以"反对特权"为目的来设计相应的手段性措施。这是宪法制度构造的逻辑起点。由此可以产生"目的性宪法原则"与"手段性宪法原则"两类互为因果的宪法原则体系。

作为"目的性宪法原则"，毫无疑问，它要求所有的宪法制度设计必须服务于"反对特殊的权力原则""反对特殊的权利原则""反对特殊的权势原则"。只要是不符合这三个目的性宪法原则要求的宪法制度都不具有正当性。

作为"手段性宪法原则"，它要求在设计国家权力体系、公民权利体系以及国家权力与公民权利之间的关系体系时至少从逻辑上应该解决防止各种特权现象产生的制度可能性

问题。笔者认为，可以分两个层次来设计"手段性宪法原则"，即首要性宪法原则和辅助性宪法原则。

首要性宪法原则是以突出宪法的权威为核心的，包括人民主权原则、宪法至上原则、剩余权力原则和剩余权利原则。人民主权原则强调了法治原则本身的正当性，可以解决立法行为的正当性，防止立法特权现象的发生。宪法至上原则突出宪法在其他形式的法律规范面前的至高无上的地位；也就是说，宪法统治着其他形式的法律规范。剩余权力原则主张宪法对宪法之外国家权力正当性的否定性，即对于履行公共服务职能的国家机关来说，凡宪法没有规定的，都是禁止的，这里突出了国家权力正当性的法律界限。剩余权利原则承认宪法之外自由的正当性，即对于公民而言，凡宪法没有禁止的，都是允许的，这里明确了个人自由受到法律限制的范围。首要性宪法原则都是以强调宪法在"治"的关系的支配地位与主导地位为标志的，又可称为"宪治原则"。所以，现代法治首先是"宪治"。

辅助性宪法原则以突出立法机关制定的法律的权威为核心，包括法律优先原则、法律保留原则、依宪授权原则、依法行政原则和人权的司法最终性救济原则。法律优先原则强调立法机关制定的法律规范在与其他国家机关制定的法律规范发生冲突时的优先适用性，突出了法律背后民意基础的优先。法律保留原则强调了法律背后民意的正当性基础，防止法律规范朝着过于行政化或实用化的技术化方向发展。依宪授权原则突出了国家权力传递的正当性，指出在现代民主法治社会中，宪法是一切法律规范、行为正当性的逻辑大前提。依法行政原则突出强调公共服务的有限责任性；也就是说，政府责任应建立在以民意为基础的法律之上，政府在从事公共服务的过程中绝对不应该以履行超越于法律规定之外的责任为由去进行非法的权力寻租活动。因此，在比较依法行政原则与行政为人民服务原则价值优劣的时候，依法行政原则更符合现代法治理念的要求。政府超越法律规定之外的公共服务可能会构成实质上的对个人自由的侵犯。以政府保障责任为基础的法律上的公民权利并不总是与个人自由成正比例关系。在法律面前，自由与权利有时是一对不可调和的矛盾。人权的司法救济最终性原则意味着，在现代法治社会中，公民的诉权是第一制度性的人权。如果说立法的功能反映了民意，行政的作用体现了法治与秩序，那么在现代法治社会中，司法则构成了市民的权利基础。因为在宪法面前，公民个人面对国家权力获得自身权利正当性的唯一途径就是司法的保护。司法使得公民个人具有与立法机关、行政机关对抗合宪性、合法性的现实的法律权能，如果公民个人不能穷尽司法救济手段，就意味着国家权力在合宪性、合法性面前享有特权，作为现代民主政治基石的"人民主权原则"就会受到挑战和动摇。所以，不建立宪法诉讼制度，不能对国家权力实行有效的控制，政府所从事的公共服务可能就会脱离有效需求而存在，甚至会成为一种政策性的强制性资源配置。

上述各项"手段性宪法原则"是可以独立存在的，贯穿于宪法现象运动的整个过程之中，是动态的。对"手段性宪法原则"的适用必须是无条件的。否则，宪法制度就不可能

有效地防范特权现象的产生。

### 三、根本大法与基本法律的逻辑关系

宪法既是我国的根本法，也是中国特色社会主义法律体系的核心。宪法具有最高法律效力，是一切法律法规和规章的依据，是一切国家机关、社会组织和公民个人的基本行为准则。关于我国宪法的法律特性的表述，已经得到了我国法学理论界的公认，同时，也有着非常明确的法律文本依据。现行《宪法》序言规定："本宪法以法律的形式确认了中国各族人民奋斗的成果，规定了国家的根本制度和根本任务，是国家的根本法，具有最高的法律效力。"全国各族人民、一切国家机关和武装力量、各政党和各社会团体、各企业事业组织，都必须以宪法为根本的活动准则，并且负有维护宪法尊严、保证宪法实施的职责。

但是应当指出的是，由于我国法学界和法律实务部门长期以来对作为根本法的宪法的关注焦点只在于宪法所具有的"特性"，而没有认真地从法理上去研究作为根本法的宪法与其他法律形式之间的具体逻辑关系和法律事实关系，在制度上也没有建立起准确界定宪法与其他法律形式关系的法律程序，所以在确立宪法作为中国特色社会主义法律体系的核心地位时，必然会遇到许多与宪法的法律地位相关的需要在理论上进一步加以研究和在逻辑上给予自洽性说明的理论问题和实践问题[1]。其中，宪法与全国人民代表大会制定的"基本法律"之间的效力关系在法理上最为复杂，而理顺这一关系对于建立和健全中国特色社会主义法律体系至关重要。本书以现行《宪法》文本和《立法法》文本为分析对象，通过对宪法和法律文本的研究，旨在揭示目前在制度设计中存在的法理问题，同时结合形成中国特色社会主义法律体系的具体要求，提出若干解决中国特色社会主义法律体系中法律形式效力之间所存在的逻辑矛盾的学术建议。

### （一）宪法与基本法律之间效力关系的表面特征

作为根本法的宪法与作为全国人民代表大会制定的基本法律，两者之间的法律效力关系在法理上是不言而喻的：宪法是根本法，具有最高法律效力，基本法律只是处于宪法之下、依据宪法产生的"法律"；宪法在中国特色社会主义法律体系中居于最高地位和处于法律形式体系的最顶端，基本法律则是居于第二层次的法律，不能与宪法相提并论。上述关系可以从现行《宪法》《立法法》法律文本的规定中获得最简单和最直观的"确证"。

---

① 根据九届全国人大常委会领导指示，成立了有中国特色社会主义法律体系专题研究小组。该专题研究小组组长、时任全国人大法律委员会主任委员王维澄在介绍中国特色社会主义法律体系时使用了"宪法及宪法相关法"的部门法分类方法，至此"宪法相关法"的概念成为形成中国特色社会主义法律体系的一个重要范畴。但"宪法相关法"从逻辑上肯定了"与宪法不相关法"的存在，显然，该概念的使用为解释宪法与其他法律形式之间的逻辑关系提出了许多尖锐的理论问题。傅旭.为依法治国打下坚实基础——王维澄谈建立有中国特色社会主义法律体系 [N]. 人民日报.1999: 5-26.

1.《宪法》文本对宪法作为根本法最高法律地位的肯定

关于宪法作为根本法所具有至高无上的法律地位，现行《宪法》序言首先有明确的"宣示"："本宪法以法律的形式确认了中国各族人民奋斗的成果，规定了国家的根本制度和根本任务，是国家的根本法，具有最高的法律效力。"从上述规定可以发现，现行宪法序言通过宪法文本的形式，自己明确了自己所具有的根本法地位，从这种至高无上的法律地位出发可以很容易将宪法的地位与基本法律的地位区分开来。现行《宪法》文本在区分宪法与基本法律地位时，还通过确立基本法律对宪法的"服从性"来表示宪法具有优于基本法律的权威地位。现行《宪法》第5条第3款规定："一切法律、行政法规和地方性法规都不得同宪法相抵触。"上述条款中所规定的"一切法律"，从制度意义上看，包括了全国人大制定的基本法律和全国人大常委会制定的基本法律以外的其他法律。由于"一切法律"不得同宪法相抵触，宪法相对于基本法律的权威地位得到了《宪法》文本的肯定。依据上述条款，与宪法相抵触的基本法律，显然属于违宪，不具有法律效力。

2.《立法法》文本对宪法作为根本法最高法律地位的肯定

宪法与基本法律之间的效力等级差异还可以从《立法法》的文本中清晰地看到。首先，作为全国人大制定的基本法律的《中华人民共和国立法法》（以下简称《立法法》）第1条规定：为了规范立法活动，健全国家立法制度，提高立法质量，完善中国特色社会主义法律体系，发挥立法的引领和推动作用，保障和发展社会主义民主，全面推进依法治国，建设社会主义法治国家，根据宪法，制定本法。根据上述规定，《立法法》是"根据宪法"制定的，自然《立法法》在法律效力上只能来自和低于《宪法》。其次，《立法法》规定了基本法律制定的原则，即第5条所规定的"立法应当符合宪法的规定、原则和精神"。最后，《立法法》确立了基本法律低于宪法的效力位阶，第98条规定："宪法具有最高的法律效力，一切法律、行政法规、地方性法规、自治条例和单行条例、规章都不得同宪法相抵触。"上述条款中的"一切法律"同样包含了基本法律，由于不得与宪法相抵触，很显然，根据上述条款的文本精神，基本法律的法律效力低于宪法。

关于宪法与基本法律之间的效力关系，从上述所引证的《宪法》文本和《立法法》文本可以很轻易地得出原则性结论，即宪法与基本法律是具有不同法律效力的两个不同层次的法律形式，其中，宪法具有最高法律效力，基本法律处于宪法之下，不能与宪法平起平坐。这也是目前法学理论界关于宪法与基本法律效力关系的"通说"。

## （二）宪法与基本法律之间效力关系的文本分析

在理论和制度上确立了评定宪法与基本法律之间的效力等级关系的原则性结论之后，为了在实践中处理宪法与基本法律之间可能存在的效力冲突关系，就必须建立严格和规范的法律程序。依据基本法律低于宪法的一般法律原则，如果基本法律与宪法相抵触，基本

法律与宪法相抵触的部分或整体即因违宪而失去法律效力。理论和制度上在不同法律形式之间确立立法效力等级关系，其制度目标就是要有效地解决不同法律效力的法律形式之间的冲突问题。但是，从目前的《宪法》文本和《立法法》文本来看，宪法与基本法律之间的效力关系，在一般原则意义上是清晰的，而在具体的制度设计上却存在着千丝万缕的联系，既有正当性方面的关联，又有实际中发生冲突解决机制的缺失等问题。这些问题的存在，事实上使得宪法与基本法律的效力关系在理论上处于模糊状态，在实践中很难上升到法律程序的层面来加以处理。

1. 宪法与基本法律的立法正当性之间存在逻辑上的交叉和复合关系

目前，在形式上区分宪法与基本法律的一个重要标准是现行《宪法》第64条文本所规定的修改宪法的程序要求与制定基本法律的程序要求之间的差异。现行《宪法》第64条规定："宪法的修改，由全国人民代表大会常务委员会或者五分之一以上的全国人民代表大会代表提议，并由全国人民代表大会以全体代表的三分之二以上的多数通过。法律和其他议案由全国人民代表大会以全体代表的过半数通过。"上述条款通常的理解是修改宪法的程序要求比制定"基本法律"的程序要求严格，修改宪法需要全国人民代表大会以全体代表的"三分之二以上"的多数通过。基本法律由全国人民代表大会以全体代表的过半数通过。但在逻辑上存在一个非常重要的问题，就是尽管现行《宪法》第64条对通过基本法律的人数要求比修改宪法的人数要求要低，但是《宪法》第64条对于如果在事实上有"三分之二以上"的全国人大代表通过了基本法律草案，那么获得了"三分之二以上"的通过票的基本法律所具有的"民意基础"与获得"三分之二以上"的通过票的"宪法修正案"所具有的"民意基础"如何进行有效的立法正当性价值比较，并没有在法理上给予很好的解释，在制度上也没有明确"三分之二以上"的制度含义和价值。因此，在法理上就出现了同一个国家机关以相同人数通过的法律案或议案，因为法律案或议案名称的不同而具有不同的法律效力，并且产生法律效力上的"服从关系"。这种制度设计实际上否定了立法机关自身的立法权威，使得制定法律的国家机关的"权威"在决定法律的权威方面的作用丧失，立法权限的概念无法在立法领域作为法律效力的界定标准。

2. 现行《宪法》《立法法》文本中并没有通过提请审议程序来明确地区分宪法与基本法律的立法程序

现行《宪法》第64条对宪法修改的提请审议程序有比较明确的要求，即"由全国人民代表大会常务委员会或者五分之一以上的全国人民代表大会代表提议"，而法律和其他议案的提请审议程序没有明确规定。所以，从上述《宪法》文本关于提请审议程序的规定中，无法有效地区分宪法修改和基本法律制定程序。《立法法》第17条、第18条对基本法律提请审议的程序作出了明确规定。第17条规定："全国人民代表大会主席团可以向全国人民代表大会提出法律案，由全国人民代表大会会议审议。全国人民代表大会常务委员会、

国务院、中央军事委员会、最高人民法院、最高人民检察院、全国人民代表大会各专门委员会，可以向全国人民代表大会提出法律案，由主席团决定列入会议议程。"第18条又规定："一个代表团或者三十名以上的代表联名，可以向全国人民代表大会提出法律案，由主席团决定是否列入会议议程，或者先交有关的专门委员会审议、提出是否列入会议议程的意见，再决定是否列入会议议程。专门委员会审议的时候，可以邀请提案人列席会议，发表意见。"《立法法》第17条、第18条虽然降低了基本法律提请审议程序的要求，但是全国人大常委会仍然是有权提请审议基本法律案的立法提案主体，这一文本规定使得《宪法》第64条关于宪法修改的提请审议程序不具有唯一性，宪法修正案提请审议主体和基本法律案提请审议主体都可以是全国人大常委会，所以从逻辑上看，只要是全国人大常委会提请全国人大审议的"基本法律案"，如果获得了全国人大全体代表总数"三分之二以上多数"通过的，其法律效力显然与宪法修正案的法律效力是相等的。当然，在实践中，还存在一个由全国人大常委会向全国人大提请审议的宪法修正案通常都是由中共中央首先向全国人大常委会提出修改宪法的建议这样的宪法惯例，如果在制度上仅仅依靠这一宪法惯例作为区分宪法与基本法律的唯一标志，在法理上不仅缺少说服力，在实践中也会混淆政策与法律之间的价值界限，降低宪法修正案自身的法律权威。所以，从目前《宪法》文本、《立法法》文本的相关规定来看，"全国人大常委会提请审议、三分之二以上全国人大代表多数通过"都可能是宪法修正案和基本法律的立法正当性基础。故此，宪法修正案与基本法律的立法程序方面存在共通性，其法律特性赖以存在的民意基础具有相同性和相似性。

3.现行《宪法》对全国人大所享有的国家权力的"无限制授权"使得《宪法》文本对全国人大的立法活动缺少法律约束力

现行《宪法》第62条第15项在规定全国人大的职权时规定，全国人大行使"应当由最高国家权力机关行使的其他职权"。但上述条款中的"应当"并没有在宪法文本中确立原则性的判断标准，这一条款实际上将《宪法》文本中未规定的事项的立法权赋予了全国人大，由此，全国人大在制定基本法律时，就可能在行使"应当由最高国家权力机关行使的其他职权"。因此，上述条款使得宪法与基本法律在调整对象上也产生了紧密的关联，甚至可以视为一种"补充关系"。在基本法律是宪法的"补充"的逻辑前提下，特别是事实上通过的基本法律获得了全国人大代表的"三分之二以上"赞同票，要在法律效力上严格地区别宪法与基本法律在制度上是不可能的，在理论上也是没有任何意义的。

4.《立法法》文本没有将基本法律纳入合宪性审查的对象中

这使得基本法律在制度上不可能出现与宪法相抵触的问题，因此，在我国《宪法》文本和《立法法》文本框架内，基本法律不可能违宪的结论是很扎实的理论命题。《立法法》在规定不同法律形式之间的效力冲突解决机制时，作了不同角度的规范。其中第110条、第112条规定了行政法规、地方性法规、自治条例和单行条例违反宪法和法律应当受到合

宪性审查的情形和条件。《立法法》第 108 条甚至还涉及了对全国人大常委会制定的基本法律以外的其他法律的"立法监督"，该条第 1 项规定："全国人民代表大会有权改变或者撤销它的常务委员会制定的不适当的法律，有权撤销全国人民代表大会常务委员会批准的违背宪法和本法第八十五条第二款规定的自治条例和单行条例。"但是，对于全国人大自身制定的基本法律，不论是以"过半数"通过的，还是以"三分之二以上多数"通过的，并没有确立基本法律与宪法冲突的解决机制。这就使得基本法律与宪法的效力关系失去了制度上的判断标准。

### （三）宪法与基本法律之间效力关系的立法样本分析

由于现行《宪法》第 64 条所规定的宪法修改程序与基本法律制定程序在具体制度设计上存在模糊性，致使在立法实践中，出现了"民意基础"高于宪法修正案的基本法律仍然在性质上被视为"法律"，而不是"宪法"，这种立法状况的出现不仅在理论上给界定宪法与基本法律的效力关系带来了困难，而且给在实践中维护具有高于宪法修正案的"民意基础"的基本法律的最高法律权威造成了宣传和解释上的被动。根据笔者的统计，2005 年 3 月 14 日十届全国人大三次会议通过的《反分裂国家法》获得了超过 1999 年《宪法修正案》和 2004 年《宪法修正案》的赞同票。但《反分裂国家法》在实践中仍然被视为基本法律，而不是"宪法"。这样的制度设计实际上不利于准确地表达全国人民代表大会作为最高国家权力机关在表达全国人民共同意志方面的权威性地位。如果根据投票结果来认定《反分裂国家法》的"宪法"性质，在实践中会更有利于《反分裂国家法》的实施，也有利于提高该法的权威性。

值得关注的还有全国人大截至目前对各项基本法律表决的"民意基础"。就笔者的初步统计，以结果来审视基本法律的正当性和法律效力，还没有出现以低于"三分之二以上多数"通过的基本法律，因此，从基本法律的正当性来看，它与宪法修正案是完全一样的。在制度上要想在宪法与基本法律的效力关系上作出位阶划分基本上是不可能的，而且毫无实际意义。

### （四）"最高上位法群"作为中国特色社会主义法律体系核心的正当性及价值功能

通过上文分析不难看出，作为根本法的宪法与作为全国人大制定的基本法律，由于在制定和修改主体上所具有的"同一性"，加上在立法程序上可能存在的以"三分之二以上多数"通过的"民意基础"为特征的正当性重叠区间，要在法理上在宪法与基本法律之间作出严格的效力区分或者是确立上下层次的位阶关系，是比较困难的。在制度上，也由于全国人大无法自己审查自己制定的基本法律的违宪，而使得基本法律在制度意义上的"违宪可能性"趋于零。因此，在逻辑上强行拆分宪法与基本法律之间效力关系的学术企

图是徒劳的，在制度上也没有任何实践意义。但由于宪法与基本法律的效力关系直接影响到中国特色社会主义法律体系的"形成"和"构建"，因此必须在理论上和制度上重新确定宪法与基本法律的效力关系，以保证中国特色社会主义法律体系的结构完整性和层次分明性。

笔者认为，在现行宪法制度不变的情况下，由于根据《宪法》第64条规定在事实仍然存在着以"过半数"但不超过"三分之二以上多数"通过基本法律的可能性，因此，基本法律作为一种独立的法律形式仍旧有自身存在的法理和宪法依据。但是，结合《宪法》文本和《立法法》文本的其他规定，可以在法理上将基本法律制度作"二元化"的处理。一是对于以"三分之二以上多数"通过的基本法律，在法律效力上视为宪法修正案，与现行《宪法》文本、《宪法修正案》文本共同构成"宪法原理集成团"或"最高上位法群"，可以用"宪制性法律""宪法性法律"的术语加以统称，并将其作为中国特色社会主义法律体系的"核心"。在"宪法原理集成团"或"最高上位法群"内部不宜作进一步拆分，其中的逻辑矛盾可以通过解释途径来加以协调，从而建立起与"宪法原理集成团"或"最高上位法群"相对应的具有明确法律位阶关系的下位法体系。二是将现行《宪法》第67条第3项规定的全国人大常委会"在全国人民代表大会闭会期间，对全国人民代表大会制定的法律进行部分补充和修改，但是不得同该法律的基本原则相抵触"限定为全国人大常委会仅有权在全国人大闭会期间，对未获得"三分之二以上多数"通过的"基本法律"进行部分补充和修改，将未纳入"宪法原理集成团"或"最高上位法群"的基本法律与全国人大常委会制定的基本法律以外的其他法律组成"法律群"，作为中国特色社会主义法律体系的第二层次的法律形式。由于根据《立法法》第108条第1项规定，全国人大有权撤销全国人大常委会制定的不适当的法律，因此，在全国人大常委会以立法的形式补充和修改全国人大制定的未获得"三分之二以上多数"通过的基本法律之后，全国人大仍然有权通过立法监督途径来改正全国人大常委会的违宪立法。

就宪法与基本法律之间的效力关系延伸出来的上述各个理论与实践问题，虽然理论特征更加突出，但是在形成中国特色社会主义法律体系的过程中，具有非常有效的界分作用。由于我国《宪法》文本和《立法法》文本没有清晰地区分宪法与基本法律之间的效力关系，在许多文本条款中又包含了相互矛盾和无法作出统一解释的规定，所以对基本法律制度作出重新定位，建立以《宪法》文本、《宪法修正案》文本和获得"三分之二以上多数"通过的基本法律文本为基础的"宪法原理集成团"或"最高上位法群"，有利于从法理上和制度源头上为形成中国特色社会主义法律体系的法律形式位阶关系提供有效的理论依据和自洽逻辑的保障，并可以以此为契机，强化宪法实施，进一步发挥立法制度在整个法律制度中的基础性保障作用，推动"依法治国、建设社会主义法治国家"治国方略的贯彻和落实。

## 四、法律体系的逻辑判断

在以往的法学理论研究中，法律体系作为一个独特的法律现象以及法学研究的重要范畴受到了普遍关注①。但是，由于法学理论对法律体系范畴的把握基本上是直观性的道德构造，因此，法律体系的逻辑基础、道德基础和社会基础并没有得到有效的学术关照，有关法律体系的理性基础以及表象特征的描述多有强迫逻辑的痕迹，故而作为"善知识"的功用也没有充分地显示出来②。其中，最主要的问题涉及两个方面：一是没有在法律体系与民主和法治理论之间建立有效的逻辑关系；二是没有深刻地揭示宪法在法律体系逻辑构造中的作用。结果在实践中导致了诸如《立法法》这样规范法律规范、指导建立法律体系的法律的诞生，在理论上产生了"宪法相关法"③的法律分类。由于对法律体系长期缺少规范有效的逻辑判断，而且在实践中法律规范之间的逻辑矛盾百出，影响了法律体系的建设和法律制度的完善，还由于在法理上对法律体系范畴过多错误的逻辑命题预设而导致法学理论研究对法律体系的深化一筹莫展。本书试图解析其中个因并略指解脱之逻辑路径。

### （一）法律体系的理性特征

法律体系无疑是一个国家各种法律规范组成的有机整体。在寻求法律规范体系化的理性基础过程中必须对法律体系的几个基本逻辑前提作出考察：①法律规范体系是否等于所有的法律规范的简单相加或者是法律规范的汇编？②一个国家不同的法律规范能否在逻辑上具有相加的相关性？③法律规范的体系化的功能与法律规范的功能是否具有一致性？④是否存在一个静态的法律规范逻辑体系？⑤法律规范体系化是以推演逻辑还是归纳逻辑为基础？⑥不同的法律规范之间是否具有当然的统一性？④

有关法律体系理性基础的上述问题，其实是很难从法律体系自身的逻辑特征来予以解析的。也就是说，法律体系所产生的逻辑问题必须通过法律体系所处的外部逻辑环境来予

① 关于"法律体系"一词，国内外学者对法律体系含义的解释众说纷纭。西方法学著作中惯用"法系"一词，"法系"与"法律体系"在能指范围上存在着较大差异。前者更强调法律规范所具有的共同的文化背景，后者则立足于一国现行法律规范的体系化。

② 新中国成立后，我国高等院校法学教育最初采用苏联法学教材，在这些教材中，法律体系概念往往与法权体系相混用。安·扬·维辛斯基院士.国家和法的理论问题[M].北京：法律出版社，1955：104-105.

③ 宪法及宪法相关法是我国法律体系的主导法律部门，它是我国社会制度、公民的基本权利和义务及国家机关的组织与活动的原则等方面法律规范的总和。但这种分类方法面临的最大法理问题就是，与"宪法相关法"相对应，在逻辑上就应当存在"与宪法不相关法"。如果这种推论是成立的，那么宪法与"与宪法不相关法"之间的法律关系和逻辑联系就无法确定。因此，提出"宪法相关法"的分类概念在逻辑上是行不通的。

④ 国内法学界的一些学者在论述法律规范的特性时，往往给法律规范作出具有统一性的判断结论，这种判断实质上属于主观性预设，而缺少更深刻的逻辑分析基础。参见：林景仁.社会主义法律规范和法律体系[A]//.法学基础理论[M].北京：法律出版社，1982：267-268.

以解答 ①。就法律体系作为法律规范所组成的有机整体这一逻辑问题的真实性而言，首先就是值得深究的。从法律规范的基本逻辑特征来看，它是立法活动的结果，因此，法律规范是民主制度的产物，具体来说，法律规范是立法机关立法意志的结晶。从法律规范的目的性来看，法律规范存在的根本目的是保障公民的权利，实现人的自由。可见单个法律规范的理性基础必然就会涉及法律规范产生的正当性和法律规范自身目的的合法性问题。整体上的法律规范显然不仅具有单个法律规范所应当解决的正当性和合法性问题，还必须解决整体上的法律规范的确定性以及法律规范体系化所带来的规模效应问题。

关于整体上的法律规范的确定性问题，对所有法律规范的技术性汇编是一种最简单的确定性求证方式，但是如果法律体系的确定性仅仅停留在法律汇编的意义上，整体上的法律规范所要解决的逻辑问题与单个的法律规范并无二致。在实践中，对整体上的法律规范的确定性的关注更多的是起源于对法律规范之间确定性逻辑联系的假定。也就是说，一个国家所有的法律规范是通过一个合理的逻辑形式组合在一起的，并且可以产生单个法律规范所无法产生的整体规范效应。法律编撰作为以某种固定性的原则作为逻辑联系的整合法律规范的方法在传统形态下曾经在部门法的体系化中发挥了重要的作用，但是作为一个国家所有法律规范统合体的法律体系是否可以通过法律编撰的方式来获得一种新颖的规范意义。这个问题在法学理论研究中一直没有详细地探究，或者说是其法理意义本身就缺少必要的学术关注。

在法律体系问题上常见的逻辑错误就是将法律规范体系化的意义与法律规范分类的意义混用的倾向。从法律规范的分类来看，分类的目的并不以建立体系为目的，而是以适用法律规范的便利和效用为目的。因此，作为分类对象的法律规范整体的逻辑特征并不是非常严格的，对同一对象可以基于不同的分类目的做多次分类。法律分类体现了法律规范在适应社会关系不断发展变化和可以加以不同组合的复杂性要求的基本特征。法律分类是以归纳逻辑为基础而产生的法学范畴，是与法律规范的目的性紧密结合在一起的逻辑环节。法律体系则强调对体系化对象的整体上的逻辑相关性的要求，体系化的目的在于构建一种法律规范所赖以创制的演绎形式。法律规范体系化过程中的规范缺位往往构成了新的立法动机和创意。从逻辑相关性上看，法律规范体系化是与立法活动中的民主意志的确定性联系在一起的，法律规范体系化实际上是旨在通过一个具有确定性的法律体系来系统地表述民主原则的制度性要求。

从技术上的相关性来看，法律规范体系化离不开法律分类的手段，也就是说，法律体系必须通过法律分类的手段来具体地表述法律规范之间的逻辑上的相关性。但是，由于法律规范体系化要求体系化后的法律规范整体必须具有内在的逻辑上的联系，因此对用来描述法律体系特征的法律分类的手段必然会产生严格性的要求，其中最重要的就是在构建法

① 注重从法律之外来考察法律的特性是马克思主义法学理论的一条最基本的分析手段。马克思恩格斯选集（第 2 卷）[M]. 北京：人民出版社，1972：82.

律规范之间逻辑联系的过程中，对法律规范的分类不能相互混用，或者是简单地以多种角度的法律分类结果来代替法律体系自身的逻辑结构。因为法律分类只能解决"有什么"的问题，而"为什么有"就必须通过法律规范体系化的法理来加以解决。

从法律体系的确定性来看，如果法律体系具有非常严格的可以重复依循的逻辑结构，那么从法理上就表明，所有的法律规范都可以通过民主程序加以预设。在这种情况下，法律规范的基本内涵完全是由民主原则决定的，法治不具有独立的内涵，因为任何不可预设的法律规范都不可能在法律规范的体系化要求下生存。如果认为法律规范之间不具有严格的可以重复依循的逻辑结构，那么民主原则对法律规范的创制很显然就是不够的，法律规范就具有对不确定性的事物的延伸性的约束效力，法的支配地位就具有实质性的意义。在确立法的支配地位的过程中，法律规范的延伸效力主要通过法律规范的解释手段实现，这也就是说，通过法律解释手段来维持法律规范的不确定性的合理内涵，从而超越民主原则的直接控制，形成了在法律解释基础上的法的统治。由于法律解释手段的介入，法律规范体系化的逻辑结构必然会是具有伸展性的，法律规范之间的逻辑联系就不可能产生强势的预设性，继而以确定性的逻辑联系来建立法律规范体系化过程中的"法的支配地位"，相反会因为法律规范的自由空间的缩减而影响法的独立价值。所以，在追求法律规范体系化的过程中，存在着两种基本的逻辑倾向：一是过度强调法律规范体系化的严格性，从而使法律体系成为民主原则的附庸；二是对法律规范作适用性意义的分类，充分发挥法律解释的作用，最大限度地实现"法的支配作用"。

### （二）社会主义法治建设的独立性亟待重视

自党的十五大报告中提出到2010年建成有中国特色的社会主义法律体系以来，法律体系问题已成为我国法学理论界的显性命题。突出的景象不仅表现在法理学对法律体系的倍加关注上，更重要的是以系统地规范立法活动和立法秩序为宗旨的《立法法》也应运而生。《立法法》的出台是为了贯彻落实"依法治国、建设社会主义法治国家"的治国方略，推进我国法治建设进程。但是，由于并没有以足够严格的法理论证为基础，《立法法》在解决蕴藏在我国立法制度中的深层次矛盾方面还存有不少困难，而且也为建设有中国特色的社会主义法律体系留下了许多难以在逻辑上予以自洽性解释的难题。最主要的法理问题就是《立法法》没有解决宪法与普通法律的关系，即《立法法》与《宪法》在关系上是否存在着意志表达的同一性问题。依据我国现行《宪法》的规定，只有人民才有制定宪法的权力，而全国人民代表大会依据宪法的规定享有修改宪法的权力，全国人民代表大会常务委员会依据宪法的规定享有解释宪法的权力。现行《宪法》没有规定全国人民代表大会及其常务委员会为唯一享有立法权的国家机关，这就意味着我国社会主义法律体系的逻辑结构不能完全由全国人大及其常设机构来安排，在全国人大及其常设机构所代表的社会主义

民主性之外，还有其他的原则决定着社会主义法律体系的逻辑特征，如人民的直接参与、党的政策的影响等。但是，《立法法》所确立的立法制度却是以全国人大及其常设机构的立法活动作为我国社会主义法律体系赖以构造的核心，法律解释制度也不具有独立于立法活动之外的意义。因此，依据《立法法》的规定，我国的社会主义法律体系基本上是由全国人大及其常设机构来进行技术性组合和构造的，于是，《立法法》所确立的立法秩序以及依据《立法法》所建立起来的法律体系必然只是全国人大及其常设机构所体现的社会主义民主特征的反映。

可见，《立法法》的逻辑基础是以立法的民主性为基础来解决法律规范的正当性，依靠的是以民主为前提的演绎逻辑模式，而忽略了法律规范理性基础的归纳逻辑形态。因此，《立法法》实质上是社会主义民主理念的反映和结晶，但没有突出社会主义法治的特征。在《立法法》的逻辑下，社会主义法治并没有独立于社会主义民主理念之外的独立内涵。这种法治理念民主化的倾向实质上是新中国成立以来我国法治建设和法学理论研究状态的真实反映，其中所折射出的首要法理问题是在人民代表大会制度下如何保障社会主义法治建设的独立性，使社会主义法治具有区别于社会主义民主的道德价值取向。

### （三）强化宪法诉讼制度的功能

现代法治是作为民主制度的辩证否定物而存在的，法治的存在是对民主的规范，通过控制民主制度的扩张功能，来最大限度地保证以归纳逻辑作为理性基础的自由主义价值理念的实现。在极端民主化理念的支配下，法治容易成为意志的最简单的显现物，法治无须以一定的归纳技术和实践经验为基础，而只需加以强势的道德构造。在极端民主化理念的左右下，法治有可能成为可以通过时间、空间等度量衡单位进行简单组装的人造工程，并且可以通过预设的工程进度表来有计划地安排生产、流通等过程，自由主义价值成为唾手可得的囊中之物。在极端民主化理念下，一切逻辑都当然具有自由的形态，自由成了意志构造的最直接的产物。

但是，以民主价值的内涵简单地诠释法治，并不能很好地解决法律规范自身的确定性及其规范功能问题。在强势的民主价值支配下，建构法律体系的立法技术必然过度依赖于法律的修改，通过修改使得民主原则具有自我修正的机能。然而，频繁地使用法律修改技术无疑会破坏法律规范功能的稳定性，使一个国家的法律体系结构处于经常化的变动之中，不仅无法实现"法的支配"，而且也会影响法律体系赖以存在的民主原则的稳定性。

就一个法治化的法律体系的基本逻辑特征而言，法律体系不仅要反映代议机关的民主要求，更重要的是法律体系还应当具有独立性，此之为民主原则不能轻易加以变更的基本要素。这种"法治原则"强调法律规范对立法者的约束性，也就是说，立法者受制于法治原则而不能任意创设法律规范。要保证法律规范具有高于立法者之上的权威，显然，必须

在法理上构建一种不能受制于立法机关的法律规范，这就是宪法规范。宪法作为法律规范的意义主要是法治意义上的，也就是说，宪法的产生解决了立法民主原则自身的正当性问题。只有宪法至上，依据宪法而产生的议会立法及其一个国家所有的法律规范形式才不会成为议会民主性的简单附属物。

一些西方国家在议会立法中心主义下，由于议会立法的合法性很少受到质疑，因此，由少数政治精英所掌握的立法机关必然会顺应社会对民主的期望而加大立法的频率和幅度，尤其是以立法的形式来构建各种由政府措施予以保障的权利体系。这种民主化的要求在法律体系中的投影便是法律权力的过度膨胀和公民自由的大幅萎缩，个人在国家的立法面前丧失了越来越多的自主权而不得不对一国的法律体系产生生存意义上的依赖性。民主原则对法律体系的过度干预也会无视法律规范自身的逻辑规律，使得民主的要求都可以通过法律规范完全简单地表现出来，从而导致立法结构的失衡和法律规范数量的急剧膨胀。而要解决法律规范规模过度的问题，必然要以对民主原则的法治约束作为最基本的逻辑前提。

建立宪法诉讼制度可以有效地防止类似西方立法过于技术化和官僚化的危险，也是民主原则社会化的基本要件。公民个人通过宪法诉讼，将立法中存在的问题提到宪法审判的高度来加以评判，从而使每一个公民个人也获得立法参与的权利，避免了代议制立法制度所产生的少数精英控制国家立法制度基本格局的缺陷，通过法治所保障的自由，更好地实现法律所依赖的及其所保障的民主原则。宪法诉讼制度在法律体系合理性构建中的另一个重要功能就是，可以揭示法律规范供给与法律规范需求之间的真实的平衡关系，防止法律规范生成渠道的信息失控。从法律规范的目的性来看，在保障权利和自由的过程中，必然会以社会潜在的权利和自由需求量作为设计法律规范生产规模的参考指标，这种法律规范的供给是由民主原则来确定的。但是，民主原则对法律规范需求的判定仍然是以潜在需求量为基础的，只有在实际生活中，当公民产生现实的对法律规范的需求时才能真正地判定法律规范存在的必要性。过多的法律规范可能会使公民无所适从，过少的法律规范供给又容易触发公民对法律规范的需求动机。所以，只有公民将自己对法律规范的真实需求通过宪法诉讼途径表达出来，才能真正判定法律规范供给的有效性。由于一个国家的法律体系以预设的法律规范需求量作为法律规范供给的基础，因此在缺少宪法诉讼制度的情况下，法律体系中的法律规范供给的有效性是很难予以准确判定的。故可以说试图以建立一套完善的法律体系的形式来调整法律规范与社会现实之间的供给和需求的对应关系的逻辑思路，是存在严重的法律规范需求信号虚假性的危机的。这种危机不可能通过法律体系自身予以解决，而只能通过宪法诉讼的途径来加以弥补。九届人大三次会议通过的《立法法》在法理上实际是意图用立法的手段来解决应当由宪法诉讼来解决的问题，故而在实践中恐怕难以产生有效的建构法律体系的作用。

在解决法律体系中的法律规范的有效性问题时，必须严格予以区分的是宪法规范与普通的法律规范。创制宪法与创制法律在宪法学上是性质截然不同的立法活动。创制宪法的活动是人民意志的直接体现，而创制法律的活动是人民意志的间接体现，表现为立法机关自身的意志。国家机关的立法权限可以通过创制宪法的活动来确定，但却不能由立法机关自己规定。否则，就违背宪法赖以存在的最基本的人民主权原则，立法机关就成了国家权力的来源了。这种理念与人民主权的理念不相符合。从宪法学上看，宪法制定权与立法权是两个不同概念，宪法制定权属于人民，它与主权相联系，制宪权是制定国家根本法，即宪法的一种权力。从制宪权的权力性质来看，一是不能将制宪权定性为一种国家权力，因为依照现代宪法观点，在逻辑上应当是先有制宪权，后有宪法，再基于宪法的规定而产生的国家权力。二是制宪权是一种主观性的权力，它是宪法理论上的一种假设，主要是为了解决宪法本身的正当性问题，是现代宪法不可缺少的基本范畴。而立法权属于立法机关，它是一种国家权力。因此，在宪法没有对国家机关所享有的立法权限作出修正之前，国家立法机关是无权来自行划分立法权限的。在我国，尽管修正宪法与制定法律的权力都属于全国人民代表大会，但是这两种权力的性质不一样，由全国人大全体代表三分之二多数通过宪法修正案的权力更具有象征性的意义。否则，修改宪法的法律程序就没有任何法律上的意义。由于宪法规范与普通法律规范的基本特性的迥异，因此在逻辑上也就不存在什么"宪法相关法"或者"小宪法""准宪法"之说了。凡是由国家机关制定的法律规范都不得具有与由人民直接制定的宪法规范相等的或者更为优越的法律效力。所以，以宪法为核心建立的法律体系反映了法治原则的根本要求，而在尚未考察宪法在法律体系中的地位和作用时，对法律体系的建构就很容易走向非法治化的轨道。当前，我国所要建设的有中国特色的社会主义法律体系，如果不以实施宪法、建立宪法诉讼制度为首要任务，而是一味地以加快立法进程、加大立法力度为目标，其结果必然是因为民主原则的简单易行而造成法律规范的供给失衡，产生大量的非法治化的法律规范。法律体系很可能会成为我国现行人民代表大会制度下社会主义民主原则的最简单形式的规范化和制度化，而社会主义法治原则却很难找到生存的土壤，以宪法为基础的社会主义宪制价值理念也无法得到有效的传播和弘扬。对此，必须在法理上引以为鉴。

# 第二节　宪法的实施

## 一、宪法价值的适用区间与宪法实施的可能性

### （一）宪法价值的存在形式

价值与事实的对立，从休谟时期就已经进入学术研究的视野。在法学领域中，宪法学

所采用的概念大多属于价值概念，并没有单纯的社会事实与之相对应，与民法学、刑法学的概念体系和推理系统存在着很大的差异。例如，民法学所研究的对象民事法律规范，其规范性来自相关的客观事实，合同法与合同可以视为这种价值与事实相互关联的最好体现。即使没有民事法律规范，也肯定有民事关系的存在，民事法律规范必须紧紧地依靠民事关系的事实来确立规范的内涵和发展方向，因此，民事法律规范具有较强的客观性。"诚实信用"等原则都可以通过一个个具体生动的民事活动体现出来。但宪法学所研究的宪法规范带有很强的主观性，其背后的宪法原则更是一种与客观事实不产生直接对应关系的价值要求，例如，宪法规范肯定多数人治理的正当性，确认基本人权的合法性，等等。至于说多数人在实践中是如何存在的，自由是何种生活状况，在实际生活中存在着很大的不确定性，完全取决于评价者的评价标准和评价体现。因此，宪法作为根本法在指导人们行为时，主要是依靠宪法所倡导的价值。而某种具体的宪法价值并不能直接与某种具体的法律上的利益相关联，故宪法价值在实践中如何体现出来，必须有一套科学和合理的价值分析方法。

从宪法价值的表现形式来看，其价值趋向和要求是带有几分理想色彩和完美逻辑主义倾向的主观臆想，具有数学意义上的美学特征。从现代宪法学公认的最初价值追求来看，宪法学一般将对个人自由的追求作为宪法的终极价值。而个人自由作为终极的价值目标，仅仅依靠个人实现自由的能力是不可能实现的，因此必须设定一个理想的公共生活环境来保证个人在与社会相协调的背景下获得最大限度的个人自由。在这样的价值目标的要求下，只有"人民主权"说才符合公共治理正当性的要求，如果存在高于他人的主权，那么个人自由就不具有一般性和普遍性，从此意义上说"人民主权"作为公共权力的价值体现是实现个人自由的最好的价值手段。而"人民主权"中的"人民"和"主权"并非客观事实，故在实践中必须寻找实现"人民主权"的最佳价值手段，传统宪法学理论将"多数人统治"的"民主"价值视为"人民主权"价值目标实现的最佳的价值手段。至于"民主"，逻辑意义上所有人参与的公共决策应当是民主价值的最佳外在形式，但是"所有人"在事实层面上仅仅是一个逻辑假设，并不能用人口学意义上的单纯的人口数量来表述，故"所有人"直接参与的"民主"在实践层面存在着巨大的局限，有一个不可逾越的"价值区间"。通过授权和委托公共治理机构或组织来实现民主价值的"间接民主"，必然成为民主价值的最佳实现途径。而对被授权者和被委托者行使公共权力的明确的制约构成了"法治"价值的正当性基础，用法治来限制民主价值的内涵，可以防范民主价值在实践中的失范。由此可见，作为与事实完全分离的宪法价值，在价值体系的构建上是完全依据价值目标与价值手段之间的逻辑关联来建立最基本的关系体系的，每一种宪法价值都在与其实现的价值功能层面上才具有基本的社会作用，这也就意味着宪法价值只在手段与目标的一致性意义上才具有价值的基本功能，宪法价值的功能存在着一定的逻辑区间，在这个逻辑区间内，宪法价值可以有效地发挥自身的价值功能，并且存在着功能意义上的峰值域，超出了宪法价

值的功能区间，宪法价值就会失去一般意义的价值功能，就必须让位于其他宪法价值。由此产生了不同宪法价值之间的功能区间的关联与衔接，可能存在着逻辑上包含、相容、相斥等关系，也存在着广义上的开放区间与封闭区间的逻辑关系。许多宪法价值比另外一些宪法价值具有更强的社会功能性，可以在更广泛意义上发挥自身的价值功能。

### （二）宪法价值的功能与适用区间

由于宪法价值必须服从手段与目标逻辑关联意义上的功能区间的逻辑约束，故宪法价值在事实中的表现形态通常都是相对意义上的，不存在绝对意义上的宪法价值。这种内在的逻辑关系反映在宪法实施层面，即构成了宪法实施的可能性问题。宪法实施在某种意义上是宪法价值功能的实现，但是由于宪法价值本身存在功能区间以及与此相对应的功能的局限，故民主、人权、法治等宪法价值，都有自身发挥作用的特定区间，超越了这些特定的价值功能区间，这些基础性的宪法价值就会失去价值的基本功能特性。例如，民主价值所要追求的价值目标是"人民主权"，即公共权力的正当性。但是，民主价值以事实上的"多数人"来表述价值的基本内涵，如果在一个特定的时空区间内，不管是基于历史的原因，还是现实的因素，事实上的"多数人"本身就是客观存在的，那么"民主"价值就没有作为"手段"实现"目标"的特有的价值优势。此外，也有一些领域，并不适宜用"多数人"的形式来治理[①]，例如，完全属于个人隐私的领域，就不应服从"多数人"的意愿。再如，法治价值只能解决"民主"中的"多数人"与被委托者、被授权者之间的委托与授权关系的"正当性"问题，而不能解决委托者与授权者是否需要授权或委托的问题，这就产生了宪法学理论上的"政治问题不受违宪审查"原则。为什么"政治问题不受违宪审查"呢？从逻辑关系上看，就是法治价值解决不了只能由"民主价值"来解决的事实问题。这一方面的宪法事例有很多。例如，在1952年8月28日，日本国政府第3届吉田内阁，解散了众议院。当时，作为众议员的苫米地三人，以解散众议院违宪无效为由，对国家提出

---

① 丛日云认为：民主有特定的含义，有特定的应用范围。它主要是一种政治制度，是国家政权的组织形式。简单地说，就是国家的最高决策者由自由的、公平的、竞争性的选举产生。民主也可以延伸到其他一些领域。在西方，民主甚至已经成为一种行为习惯、生活方式，但不能什么场合都是民主方式好，到处都搞民主。例如，一般来说，不能由职工民主选举企业总裁，不能由士兵选举将军，不能由演员选举导演，不能由学生选举教授，不能由患者选举医院院长、乘客选举机长或列车长，在官僚体系内不能由科长选举处长，等等。民主选举的方式在有些场合是不适用的。由于不了解民主的适用范围。我们国家目前存在的一个问题是，在该选举的地方不选举，在不该选举的地方瞎选举。例如，有的地方声称搞民主，就以民主投票（或民意测验）的方式差额选举处长、局长等，但市长、省长却不差额选举，也就是说，不搞竞争性的选举。处长、局长是文官，是职业官僚，他们不应该由选举产生，就如同师长、军长不能由士兵选举产生，会计师、工程师、教授不能由民主选举产生一样。在这个场合，应该按文官本身的选任、晋升方式来处理。市长、省长是决策者。是政治职位，他们的任职应该由受他们管辖的公民选举来决定。所以，选举处长、局长不是民主，是一种对民主的点缀，结果只会败坏民主的声誉。参见丛日云：《民主的适用范围》，载中国改革网，http：/www.chinareform.net/special id = 676，2012年6月21日访问。

了要求确认众议员资格以及补偿到任期终了的年金的诉讼。并提出了以下理由：

（1）解散众议院，根据《宪法》第69条规定，必须以提出对内阁不信任案为前提，上述解散众议院的行为仅仅依据《宪法》第7条的规定；（2）通过上述解散众议院的决定缺少符合法律要求的内阁会议。对此，作为被告的国家，在主张解散众议院合宪的同时，还认为，解散众议院具有很强的政治性，属于所谓的统治行为，不涉及法院的审查权。第一审（东京地方法院1953年10月19日判决）和第二审（东京高等法院1954年9月22日判决）没有采信统治行为论的主张，对该解散的合宪性审查的结果，一审没有支持政府，判决解散是违宪无效的；二审承认了内阁的理由，撤销了一审判决，驳回了一审原告的请求。为此，一审原告（二审被控诉人）上告最高法院，最高法院否定了法院对解散众议院是否合宪具有审查权的观点，驳回了上告。日本最高法院在1959年6月8日作出大法庭判决。该判决认为，解散众议院，违背了众议员的意愿使其丧失了议员资格，作为国会的最主要的一部分暂时被停止工作，特别是通过总选举，产生新的众议院，形成新的内阁，这些不仅在国家法律上具有重大意义，并且解散众议院使内阁的存续以全体国民的意愿为前提，这在政治上也具有重大意义。因此，解散众议院，是具有高度政治性的与国家统治相关的国家行为，在法律上是有效还是无效，应当解释成在法院的审查权之外。以解散众议院为由作为诉讼前提的场合，都不属于法院审查权的内容。日本最高法院在苫米地一案中对解散众议院不属于法院"司法判断"范围的认定，实际上回答了法治价值在逻辑上存在一定的"功能区间"，超过这个区间，法治便不能有效地发挥自身的作用。

从相似的案例中可以发现，作为一项重要的宪法价值，民主价值在特定的情形下也会失去自身的宪法秩序构建作用，而必须依赖法治价值的补充。也就是说，民主价值也存在着很强的"价值区间"。

民主价值所具有的价值区间性在我国地方民主实践中也有所体现，除了存在着大量不当使用民主形式来解决社会问题的案例之外，对于民主价值所具有的开放性认识也不到位。目前的做法先让选民选出唯一候选人，再由乡人民代表大会选出乡长的做法与民主价值理论不符，属于机械地理解民主价值的功能，对宪法缺少总体把握，是缺少价值适用区间的概念所致。

总之，在没有对宪法价值作出正确的价值分析之前，要正确地实施宪法是存在诸多理论问题的。将价值适用区间的概念引入宪法学，必然会增强宪法学概念的分析力量，从而提升宪法学基础理论对宪法现象的解释能力和对宪法实施工作的指导能力。

**（三）宪法价值的特性对宪法实施效果的影响**

当下，我国宪法学的理论体系仍然停留在直观描述和无逻辑的关联阶段，还没有在梳理价值与事实关系的基础上，针对宪法规范的价值特征，建立起科学和有效的宪法价值体

系，导致宪法学的理论体系对宪法实践的指导作用付诸阙如，这种现象的改变有待于宪法学基础理论的变革。有鉴于对宪法价值功能区间认识的盲区以及对宪法实施概念认识在法理上的混乱，在实践中，宪法实施也作了不同层次和不同角度的任意解释，导致了对宪法实施状况认定的方法和结果差距很大。例如，田赞在《试论我国宪法实施现状、成因及对策》一文中尖锐地指出，我国宪法的实施现状不容乐观，主要表现在：①宪法不能进入诉讼；②宪法监督制度名不副实。究其原因主要有三：一是公民宪法意识淡薄；二是宪法功能政治化；三是宪法价值虚无化。我国宪法的实施陷入了实体与程序背离的两难境地。田赞的上述观念已经意识到"宪法价值"与"宪法实施"之间的关系，由于对宪法价值的价值功能特性缺少深刻的认识，致使基于宪法价值而存在的宪法实施状况无法被科学和有效地加以评估，各种脱离了宪法价值分析的宪法实施研究结论或多或少地只能看到宪法实施的某一个方面的特性，而无法从总体上来科学和有效地评估宪法实施的状况。特别值得注意的是，由于我国宪法学理论对于各个部门法学指导的阙如，使得各个部门法学基本上都是在脱离宪法学理论指导的基础上独立地发展出来的，因此，当部门法学需要宪法学的概念和知识时，总是不自觉地将部门法学的概念和术语以及分析方法简单地搬用到对宪法价值的分析上，对于宪法实施状况的分析结论也只有简单的"合宪""不合宪""违宪""不违宪"之说，而没有认真研究宪法价值的功能区间，忽略了宪法价值自身所具有的价值张力。

事实上，宪法价值对宪法实施的影响是多方面的，最主要的影响来自宪法价值的政治功能和逻辑作用。从政治学意义上看，宪法价值存在一定程度的可变性和灵活性；从逻辑学来看，宪法价值有着特定的功能区间。因此，宪法价值在评价具体的事实行为上，很容易形成更加丰富的评价结论，产生违宪审查理论上的"变形决定"。例如，在第二届亚洲宪法论坛上，韩国方胜柱教授介绍了韩国宪法裁判所对违宪法律审查的变形决定。变形决定首次出现在德国联邦宪法法院，是为了防止无效裁决损害法的安定性或造成法律空白状态。具体而言，变形决定是指：确定是法律的违宪性而不作出违宪决定；在可以消除违宪的众多方法中为了尊重立法者的形成自由或为了暂时考虑而作出违宪决定；通过关于法律的合宪解释对一定的类型作出违宪判断；不顾合宪决定，以可能会成为违宪的因素为由，向立法者发出警告，催促进行法律变更的决定。具体到韩国宪法裁判所的既有判例，变形决定包括宪法不一致决定、继续效力（适用）命令、对法律的宪法一致性解释（限定违宪决定和限定合宪决定）、催促决定和警告决定等形式。韩国宪法法院在违宪审查实践中发展出来的"变形决定"理论从法理上看，实际上是以宪法价值的功能区间性为基础的，是在有效地区分价值与事实基础上，对宪法价值的功能特性作了适应客观实际和"事实"的精确描述，值得我国宪法学界在构建宪法实施理论时认真反思。

总之，只有跳出传统宪法学理论关于宪法实施的研究成果的框架，引进宪法价值的分析方法，才能进一步增强宪法学理论对宪法实施工作和宪法实践活动的解释能力，才能使

得我国目前的"不规范宪法学"真正走向"规范宪法学"①。正如近年来在我国宪法学界盛行的"规范宪法学"所主张的那样，宪法实施并非一个当然的社会事实，而是一个基于宪法价值的功能形态存在的可能性社会现象，宪法实施因为宪法价值自身的特征而呈现出各种不同的可能性，包括完全可以实施②、部分可以实施③以及根本无法实施④等情形。只有在考察宪法价值的适用区间的前提下，才能对宪法实施问题作比较科学意义上的探讨，故应当高度重视宪法价值与宪法实施之间的逻辑关系。

## 二、宪法实施状况的评价方法及其影响

### （一）宪法实施概念的意义

1. 宪法实施概念的研究状况

2012 年是我国现行《宪法》颁布 30 周年。30 年来，我国宪法学界以现行《宪法》关于"宪法实施"的规定为制度依据，围绕着宪法实施的概念、途径、保障、意义等问题展开了全面和广泛深入的研究，取得了一些研究成果。具体来说有以下两方面成果：一是一些学者以宪法实施为题，进行专门和系统性的学术研究，撰写了相关的学术著作，推动宪

---

① 刚刚进入 21 世纪，我国宪法学界忽然荡起一股"规范"浪潮。时任香港城市大学中国法与比较法研究中心研究员的林来梵教授出版《从宪法规范到规范宪法——规范宪法学的一种前言》一书，严肃批评中国宪法学研究将"事实""价值"糨糊般地搅在一起而不自觉，将"社会科学的宪法学"推至"无以复加的程度"。并提出价值事实二元论的规范研究方法，倡导返回规范、"围绕规范形成思想"的"规范宪法学"。林教授倡导的"规范宪法学"认为，既往宪法学研究存在的致命缺陷是将"研究对象的政治性"和"研究方法的规范性"完全混同，呈现科学性、解说性和政治性的特征，完全是一个"有病的学科"。"规范宪法学"主张以规范性的方法探析宪法现象，倡导以规范为焦点、终点和起点，采用以宪法解释学为核心的多元方法，围绕规范并且是围绕处于核心地位的基本权利规范形成思想。

② 以我国现行《宪法》第 79 条规定为例，该条文关于国家主席的选举及任期规定，因为有具体的数字限制，故是完全可以实施的条文。该条规定："中华人民共和国主席、副主席由全国人民代表大会选举。有选举权和被选举权的年满四十五周岁的中华人民共和国公民可以被选为中华人民共和国主席、副主席。中华人民共和国主席、副主席每届任期同全国人民代表大会每届任期相同。"其中，第 79 条第 1 款规定只有全国人大有权选举国家主席和副主席，其他任何性质的国家机构都无权选举国家主席和副主席，这是非常明确的"宪法规定"，具有很强的排他性。第 2 款规定的"年满四十五周岁"也是一个非常清晰的制度要求，可以很清晰地予以实施。第 3 款关于两届任期的规定也是非常明确的"宪法规定"。故现行《宪法》第 79 条属于完全可以实施的条款，并且可以对实施的结果进行精确的评估。

③ 现行《宪法》第 2 条第 3 款规定："人民依照法律规定，通过各种途径和形式，管理国家事务，管理经济和文化事业，管理社会事务。"上述规定由于"人民"概念过于宽泛，以及"各种途径和形式"过于抽象，所以，要评价该条款在实践中的实施状况就相对较难，故该条款呈现出更明显的"宪法价值"特征，要完全转化为一种活生生的社会事实就需要建立更加具体和有效的制度。

④ 现行《宪法》第 14 条第 2 款规定："国家厉行节约，反对浪费。"上述条款的规定由于过于"原则"和"抽象"，很难在实践中落实到具体的制度措施，对该条款实施状况作出科学合理的"评估"继而得出令人信服的"结论"也是很困难的。

法学界对宪法实施问题进行了深入和系统的专题化研究，此外还有一些与宪法实施专题相关性很强的学术著作问世。上述学术著作的出版对于我国宪法学界深入研究宪法实施问题都作了很好的理论和学术铺垫。二是以宪法实施相关的问题为研究课题，在全国性有影响的法学学术刊物上发表了近 200 篇论文，从不同侧面和角度对宪法实施问题作了系统和全面的论述，其中不乏在理论上产生了重要学术影响，在实践中对于加强宪法实施起到积极影响作用的论著。此外，还出现了一些以宪法实施为题进行比较研究的论著，等等。

虽然自现行《宪法》颁布以来我国宪法学界对宪法实施的理论研究取得了积极的进展，但是从理论对实践的指导意义来看，这些研究成果本身还存在需要进一步研究的问题，如相关研究成果缺少对宪法实施的实际状况的精准描述，"问题"意识薄弱，无法有效地发现问题和提出解决问题的有效方案，致使我国现行《宪法》颁布 30 年来，宪法实施的基本状况缺乏权威性的评价标准和科学合理的评价结论。从宪法实施的理论研究态势来看，对宪法实施的理论研究主要偏重于构建概念、阐述意义以及关注对宪法实施的"保障"，缺少对宪法实施的性质、特征的准确定义和分类分层分级研究，尤其是作为宪法实施理论的基础问题"宪法实施状况的评价方法或评价机制"一直没有得到全面和系统的规范性研究，这一方面的研究成果寥寥无几，只有少数论著有所涉及。很明显，在对宪法实施基本的法律特征都缺少有价值的研究成果前提下，在学术上难以系统地提出加强宪法实施工作的有针对性的对策和建议。

宪法实施问题在国外宪法学理论中一般没有专门涉及，世界上绝大多数法治国家一般不独立和专门地强调宪法实施的意义，而只是重点研究如何解决宪法适用问题，即怎样在具体的案件中将宪法作为判断案件所涉及的法律问题的依据，所以国外宪法学理论在研究宪法实施问题时，重点探讨的是宪法实施中的最核心的部分，即宪法适用或违宪审查。但是，近年来随着一些法治国家开始反思自身的法治状况以及一些发展中国家也开始在宪法学理论上从总体和宏观的角度来把握宪法实施问题，出现了以宪法实施为题的专门性的理论专著。这些论著都直接采用了"宪法实施"的概念，对宪法实施的一般理论进行了全面和系统的阐述，填补了以往法治理论对宪法实施问题缺少系统研究的不足。从近年来国外的宪法实施的实践来看，一些国家为了强化宪法自身的权威，从立法的角度也开始强调宪法实施的重要性，制定和出台实施宪法的专门宪法性法律，以此来推动宪法实施。

2. 宪法实施内涵的变迁

综观当下我国宪法学界对"宪法实施"概念的内涵的探讨，其解释是多种多样的，其内涵也处于变化之中。也有学者指出宪法实施概念使用上的不规范现象，而造成宪法实施的有关概念混乱的原因，与我国翻译不同国家违宪审查制度用的外来语有关。由于这些不同的词在中文中有不同的含义，从而导致可以建立不同的制度。对上述概念存在的问题也引起过一些学者的关注，并作了一些研究。蔡定剑教授在其论文《宪法实施的概念与宪法

施行之道》中提出了认识和分析宪法实施内涵可以把握的"三个层面":宪法实施在宏观层面上的概念是宪法保障和宪法实施;在中观层面的概念是宪法监督和宪法适用;在微观层面上或宪法实施操作层面上的概念是违宪审查(司法审查)和宪法诉讼。特别是蔡教授还就"宏观层面"的宪法实施给出了一个逻辑非常严密的"定义",也就是宪法实施是相对宪法制定而言的概念,是指把宪法文本转变为现实制度的一套理论、观念、制度和机制。宪法实施是很广义、宽泛宏观意义上的概念,它包括通过立法使宪法法律化、行政机关执行宪法、司法机关执行宪法等。宪法实施的具体机制包括宪法监督及宪法解释,或者是违宪审查和宪法诉讼等,宪法实施与宪法保障制度相佐。但是,蔡教授也意识到"由于这一概念过于概括和宽泛,使之只能作为概念表达意义,难以作为制度进行操作"。当然,值得我们注意的问题是,在没有界定宪法实施的性质以及认识宪法实施概念意义基础上提出的"统一解释"方法在法理上仍然存在着相互矛盾之处;也就是说,宪法实施必须关注宪法实施的"对象"的客观性和主观性。无论是宏观意义上的宪法实施总体概念,还是微观意义上的宪法实施制度概念,都必须认识研究宪法是什么,宪法实施准备实施什么。有关宪法实施概念存在的学术争议,实质上是关于宪法现象自身的"客观性"与"主观性"的精确描述。如果没有一套逻辑严密的描述宪法现象"客观性"与"主观性"的学术方法,要想建立严格意义上的宪法实施理论基本上是不可能的。

3. 宪法实施概念在实践中的意义

有鉴于宪法实施概念在法理上的混乱,在实践中,宪法实施也被作了不同层次和不同角度的任意解释,导致了对宪法实施状况认定的方法和结果的差距很大。如前所述,田赟在《试论我国宪法实施现状、成因及对策》一文中进行了阐释。由于在实践中没有形成有效的关于宪法实施的制度化定义或者是制度化内涵,就宪法实施现象来看,存在着实施动机与实施效果严重脱节的问题。以根据2012年3月14日第十一届全国人民代表大会第五次会议《关于修改<中华人民共和国刑事诉讼法>的决定》第二次修正的《刑事诉讼法》为例,在新修条文的第2条写入了"尊重和保障人权"。从宪法与部门法之间的相互关系来看,刑事诉讼法作为全国人大制定的基本法律,具有依据宪法制定、将宪法原则与宪法中的各项制度具体化的使命。现行《宪法》在2004年第4次修改时将"国家尊重和保障人权"写入了"宪法",体现了宪法尊重和保障"人权"的精神。作为部门法的刑事诉讼法在修改时,在具体条文中重申一下宪法关于"尊重和保障人权"的规定,从强化刑事诉讼法的人权保障精神、推动宪法实施角度来看,不论是法理上,还是对于具体的法律实践,都是非常有意义的。

总之,宪法实施概念不仅具有构建宪法学理论的学术价值,对于指导宪法实践也具有非常重要的意义。由于我国宪法实施长期缺少科学和有效的理论指导,实践中实施宪法的工作做法不一,有些具有一定的积极影响,更多的是引发了关于宪法权威和宪法效力的争

论，故有必要从理论上建构有说服力的宪法实施概念及其应用体系。

### （二）宪法实施状况的评价方法及其对评价结论的影响

宪法实施是一个兼具理论与实践特征为一体的较为复杂的宪法现象，因此，对宪法实施状态的把握，既需要理论上的深入透析，也需要关注研究宪法实施的目的性，只有将理论上的"应然性"与实践中的"必要性""可行性"结合起来，才能透彻地把握宪法实施概念的内涵，建立起关于宪法实施的比较全面和系统的分析框架。

1. 宪法实施状态取决于科学的评价机制

（1）从逻辑上看，与宪法实施相关的基础理论问题至少包括了以下几方面。

①宪法实施主体的明确性。谁有义务来实施宪法，宪法对谁的行为具有法律拘束力。

②宪法实施对象的确定性。宪法实施对象是限于宪法文本之内，还是包括了宪法文本之外的宪法原则或者宪法价值。如果仅限于宪法文本的实施，那么宪法文本中哪些内容应当得到实施，对此，存在广义与狭义之分。广义的宪法规范论认为，只要是宪法文本中的规定，都必须得到"实施"，包括宪法序言中的"陈述性事实"、宪法总纲中的"宪法原则"以及宪法正文中的"宪法规范"，其中，"宪法规范"是宪法实施的主要对象。狭义的宪法规范论不包含缺少具体权利义务关系内容的宪法规定。狭义的宪法规范既包括基础性的授权性规范、义务性规范和禁止性规范，也包括由基础性的宪法规范"复合"而成的"职权职责性规范""条件式授权性规范""强制性义务规范"等。

③宪法实施评价对象的客观性。宪法实施评价机制建立在实施对象的"主观性"与评价对象的"客观性"之间的二元对应关系基础之上。宪法实施的目标是使"静态的宪法"变成"动态的宪法"，其基本制度功能是使"宪法"处于"运行"状态之中，故从逻辑上来看，何者在"运行"具有客观性，应当使何者处于"运行"状态具有很强的主观性。所谓宪法实施，在评价体系中必然是通过被评价对象的"主观性"与"客观性"相结合特征体现出来的。

④评价标准的科学性。宪法实施是一种基于客观事实而产生的一种主观评价，而直接的评价对象是宪法，不论是宪法文本意义上的宪法，还是超越宪法文本意义上的宪法，都带有很强的主观性，能否在现实中付诸实施，必然存在较大的个性差异；也就是说，宪法规范的实施应当分为"可实施"与"不可实施"、"全部实施"与"部分实施"和"未实施""、稳定持续性的实施"与"间歇性的实施"、"有效率的实施"与"无效率的实施"等评价尺度。

⑤评价程序的公正性。宪法实施是对静态宪法处于运动状态的主观评价，因此不同的评价主体都可以得出与宪法实施相关状态的评价结论，对于一个国家的宪法制度建设来说，应当适时建立"权威性"和"有法律效力"的评价机制，评价过程应当遵循"公正""公

开""透明"等原则，如此才能正确地认识宪法实施的制度意义，通过总结宪法实施的经验和教训来为进一步完善宪法制度提供可靠的参考意见。

（2）从宪法实施具体评价方法来看，结合宪法实施的目的性，对一个国家现行《宪法》实施状态的评价结论应当关注以下几个方面的问题。

①通过对包括现行《宪法》序言在内的现行《宪法》所有条文进行逐条分析，从章节和条文的角度来对现行《宪法》的总体实施状况以及每一个具体条文的实施状况作出精准的分析和评价，做到评价结论的点面结合、一般与重点相结合。

②在逐条分析现行《宪法》实施状况的基础上，按照一定的分类标准，制作相关的统计分析图表，对不同类型的宪法规范的实施状况进行差异比较和分析，突出宪法规范的特征对宪法实施状况的影响因子和差异。

③对实践中超出宪法文本规定但符合宪法原理、具有弘扬宪法价值意义的宪法事件进行归纳总结，提出宪法解释和宪法修改方面的对策和建议。

④对一个国家宪法实施状态作历史角度的考察，分析不同时期宪法实施的状态以及不同宪法文本实施状态之间的连续性和相互影响，研究宪法实施的连续性和整体性。

⑤就相同或相似的宪法文本规定对照比较其他国家宪法实施的状态来分析本国宪法文本实施的特点，提出改进宪法实施的建议和对策。

⑥根据一个国家某个阶段特定的政治发展目标的要求，分析宪法实施状态对社会发展的宏观影响，指出法治发展的方向，明确宪法在国家政治生活和社会生活中的地位和作用，等等。

2. 我国宪法实施方面存在的方法论问题及其影响

我国宪法学界目前对宪法实施概念的把握不论从理论上看，还是从目的性来看，都属于局部性的或者是个别意义上的考察，并没有自觉地从界定宪法实施的性质出发，全面和系统地构建宪法实施的概念以及宪法实施的构成、意义，这种研究状况也必然会影响到实践中的宪法实施工作。由于实践中存在的宪法实施现象存在着诸多价值矛盾，不仅没有树立起宪法作为根本法所应当具有的权威地位；相反，却因为缺少科学理论的指导导致宪法实施工作流于形式化、简单化，宪法实施对社会生活的实际影响效果不明显。

（1）"依据宪法，制定本法"在宪法实施方面存在的问题

目前，我国最高国家立法机关在制定法律时，比较注重"依据宪法，制定本法"这一立法原则。从历史上考察《全国人民代表大会和地方各级人民代表大会选举法》（1979 年 7 月 1 日第五届全国人民代表大会第二次会议通过），其第 1 条开先河地、笼统地写入根据中华人民共和国宪法制定全国人民代表大会和地方各级人民代表大会选举法。其后，大量的由全国人大及其常委会制定的基本法律或者基本法律以外的其他法律在第 1 条都规定了"依据宪法，制定本法"这一原则，以示所制定法律的"合宪性"，例如，在与宪法相

关的法律《立法法》《选举法》《香港特别行政区基本法》《澳门特别行政区基本法》都写入"根据宪法"；在行政法部门中，《行政诉讼法》《国家赔偿法》《行政处罚法》《行政复议法》《行政许可法》都写入"根据宪法"，但《治安管理处罚法》未写入；在刑法部门中，《刑法》《刑事诉讼法》都写入"根据宪法"；在民法部门中，《民法通则》《物权法》《继承法》《民事诉讼法》都写入"根据宪法"，但《合同法》《婚姻法》《仲裁法》未写入；在商法部门中，《公司法》《保险法》都写入"根据宪法"，但《证券法》《海商法》《破产法》未写入；在知识产权部门中，《著作权法》写入"根据宪法"，但《专利法》《商标法》未写入。这种在立法第1条笼统地指出"依据宪法，制定本法"，其立法本意是要宣示立法本身关注到宪法的规定，并且属于将宪法原则和宪法规范加以具体化的"宪法实施"行为，但是这种抽象地说明"依据宪法，制定本法"存在着两个不容忽视的缺陷，一是不能有效地解释和说明至2012年5月已有的240部[①]左右法律中有近一半的写入"依据宪法，制定本法"，而另一半没有写入，没有写入的是否意味着立法的时候没有"依据宪法，制定本法"。二是已经写入"依据宪法，制定本法"的，由于该立法原则过于抽象，无法在逻辑上判断到底是如何"依据宪法"的，以至于一些宪法文本没有明确规定的事项，也在具体的法律中被"依据宪法"制定出来了。

（2）从《宪法》第100条看宪法实施理论的缺失

在我国目前的宪法实施实践中存在着依据1954年《宪法》第100条而制定的法律目前仍然有效的现象。根据2008年2月国务院新闻办公室发布的《中国的法治建设》白皮书，我国现行有效的法律共229件（截至2012年5月实际数目应当是240件），行政法类的法律共79件，其中第2件是《全国人民代表大会常务委员会批准国务院关于劳动教养问题的决定的决议》。该决议是1957年8月1日全国人民代表大会常务委员会第七十八次会议通过的。根据《中国的法治建设》白皮书，该决议目前属于仍然有效的"法律"。该"法律"的具体内容是该决议批准的《国务院关于劳动教养问题的决定》。而《国务院关于劳动教养问题的决定》明确规定，该决定是根据"中华人民共和国宪法第100条"[②]制定的。从法理上看，《国务院关于劳动教养问题的决定》是直接依据1954年《宪法》第100条制定的，从立法依据的角度来看，没有《宪法》第100条，就没有该"决定"的合法性。由此可以反向推论，由于该决定目前仍然有效，所以，该决定的宪法依据应当仍然有效。这样就不难推出既然国务院新闻办公室公布的《中国的法治建设》白皮书中所确认的目前仍然有效的法律包括了批准《国务院关于劳动教养问题的决定》的决议，那么，《国

---

① 到2010年底全国人大及其常委会共制定236件法律。自2011年以来，全国人大及其常委会制定的新的法律包括《车船税法》《非物质文化遗产保护法》《行政强制法》《军人保险法》，到2012年5月底共制定法律240部。但全国人大常委会没有发布权威数字。

② 1954年《宪法》第100条规定："中华人民共和国公民必须遵守宪法和法律，遵守劳动纪律，遵守公共秩序，尊重社会公德。"

务院关于劳动教养问题的决定》的立法依据——1954 年《宪法》第 100 条应当仍然有效。否则，该"决定"就失去了必要的合法性。由于《国务院关于劳动教养问题的决定》支持了 1954 年《宪法》第 100 条的直接法律效力，所以，就给我国宪法学理论提出了一个问题，即如何在宪法实施的过程中引用宪法文本？宪法学界认可的宪法文本通常是 1982 年《宪法》，而且还将 1982 年《宪法》冠以"现行宪法"的称号。但是我国 1982 年《宪法》文本中并没有明确说明"本宪法通过之日起，本宪法之前的宪法文本失去法律效力"，这就导致了在现实中一旦出现了在 1982 年《宪法》文本之外引用 1954 年《宪法》作为现行有效的法律的立法依据时，自然而然产生我国现行有效的"宪法文本"的选择困境。如果承认这种现实的话，那在法理上自然可以推论，1954 年《宪法》作为新中国的第一部宪法，不仅其宪法基本原则和基本制度目前可以在宪法实施中作为宪法依据，而且其宪法文本中的具体条文都可以作为具体立法的依据加以引用。例如，由于 1954 年《宪法》共有 106 条，而 1982 年《宪法》有 138 条，两个《宪法》文本重复的条目数目有 106 处，因此，如果要以 1954 年《宪法》的具体条文作为立法依据的话，就必须指明是引自 1954 年《宪法》第几条，以区别于 1982 年《宪法》的同条。否则笼统地说"根据宪法第几条"，就可能出现无法找到对应的宪法文本的情形。

解决上述因为引用宪法文本中的具体条文所产生的宪法实施困境，一条实际可行的办法就是可以参照 1954 年第一届全国人民代表大会第一次会议期间通过的《国务院组织法》。该《国务院组织法》第 1 条规定"中华人民共和国国务院组织法，根据中华人民共和国宪法第四十八条第二款制定"①。显然，这里的"根据中华人民共和国宪法第四十八条第二款"是准确的。1982 年 12 月 10 日第五届全国人民代表大会第五次会议重新制定了《国务院组织法》，该法第 1 条规定"根据中华人民共和国宪法有关国务院的规定，制定本组织法"。重新制定的《国务院组织法》只是笼统地强调了"根据中华人民共和国宪法有关国务院的规定"，虽然从法理上不能完全排除重新制定的《国务院组织法》可能受到 1954 年《宪法》相关条文的影响，但是，其"依据宪法"的准确度和可靠性相对要灵活和清晰一些。而《农业税条例》（1958 年 6 月 3 日全国人大常委会第九十六次会议通过，于 2005 年 12 月 29 日由全国人大常委会废止）第 1 条写入："根据中华人民共和国宪法第一百零二条'中华人民共和国公民有依照法律纳税的义务'"②制定。由于《农业税条例》已经因农业税

---

① 1954 年《宪法》第 48 条第 2 款规定"国务院的组织由法律规定"。

② 1954 年《宪法》第 102 条规定"中华人民共和国公民有依照法律纳税的义务"。《中华人民共和国农业税条例》在 2006 年 1 月 1 日正式废止之前并没有加以修改，其第 1 条规定：为了保证国家社会主义建设，并有利于巩固农业合作化制度，促进农业生产发展，根据中华人民共和国宪法第一百零二条"中华人民共和国公民有依照法律纳税的义务。"的规定，制定本条例。显然，在 1982 年《宪法》已经生效的情况下，《农业税条例》第 1 条的宪法依据存在严重的指称不明问题，与《国务院关于劳动教养问题的决定》所存在的法理问题的性质是一样的。

的取消而终止，故《农业税条例》中所依据的"宪法第一百零二条"也就没有宪法实施方面的任何影响了。

### （三）加强宪法实施制度建设的几点建议

宪法实施是宪法学理论与宪法实践中一个比较重要的话题，但是由于长期以来，我国宪法学界对宪法实施缺少系统性的研究，致使宪法实施有关问题在法理上出现了诸多误解，在实践中也被使用得非常混乱，虽然彻底和有效地解决宪法实施方面存在的理论和实践方面的问题尚需假以时日，但从实效性角度来看，可从以下几个角度来进一步拓展宪法实施的研究视野，通过明确宪法实施的概念、性质，运用有效的分析宪法实施的方法，来改变目前宪法实施法理混乱的问题。

1. 要从完善评价机制的角度来进一步认识宪法实施的性质

"徒法不足以自行"，宪法实施作为宪法学的一个重要概念，其概念的功能是要使"静态的宪法"变成"动态的宪法"，使"文本中的宪法"变成"行动中的宪法"。近年来，宪法学界也出现了一些著作对与宪法实施概念密切相关的"宪法评价"①"宪法实现"等现象的研究。就宪法实施概念的性质来说，宪法实施不是纯粹客观意义上的宪法活动或宪法行为，虽然它与"宪法实践"概念内涵靠近，但它必须依赖于一套科学的评价体系来确定自身的基本内涵。宪法实施实际上是在实施对象与实施效果之间寻找一种制度上的必然联系。因此，脱离了对具体实施对象的考察，过于宏观地谈论宪法实施的效果，显然是空洞乏力的，特别是在实践中，很容易引发"架空宪法"等使宪法的"法律效力"流于形式化等弊端；不讲实际效果，单纯地宣传宪法文本的意义，以宣传效果来代替实施效果，也会使得宪法作为根本法的法律地位成为空中楼阁。因此，从评价角度来看，宪法实施必须注重宪法实施对象与宪法实施效果两个方面的高度统一，宪法实施概念要放在宪法、宪法评价以及宪法实现等逻辑链条中来全面考察，要认识到宪法实施概念的主观性与客观性，尤其是宪法实施概念所具有的实践性和社会影响，不应滥用宪法实施概念来表述各种非宪法实施现象或问题，要以宪法为依托，通过对宪法实施状况的科学评价，树立宪法的根本法权威，提升宪法作为法律规范对人们行为所具有的实际指引作用。

2. 要对宪法实施的评价对象进行科学的分类

宪法实施状态的评价结论如何，在很大程度上取决于如何对宪法实施对象进行分类。从宪法学原理的角度来看，宪法实施对象不能仅限于宪法文本。事实证明，将宪法实施概念完全囿于宪法文本的框架内来理解，在宪法实践中就无法发挥宪法价值的指引作用，特

---

① 钟铭佑认为，宪法评价是宪法学中重要的一个理论问题。搞好宪法评价，对于限制国家权力、保障公民权利、树立宪法权威、促进宪法实施具有深远的理论意义和现实的指导意义。由于历史的原因，我国对宪法研究不够重视，有关宪法评价理论的专著或论文更是寥寥无几。

别是一些重要的宪法原则对人们行为的规范指引作用就会被忽视。宪法文本从理论上看，是宪法价值的体现，但是，限于具体特定的政治环境和时代背景，任何国家的宪法文本都不可能完全体现理想化的宪法价值的要求，所以，如果在宪法实践中能够超越宪法文本直接运用更好的宪法价值来指导人们的行为，就应当毫不迟疑地来弘扬宪法价值。例如，从民主本身的价值功能和价值要求来看，直接民主应当具有优于间接民主的价值品质。在直接民主能够有效地调整人们行为时，即便宪法文本确定的是间接民主机制，直接地采用直接民主方式来解决依据宪法文本应当由间接民主机制解决的宪法问题的措施就不应视为"违宪"。

此外，宪法实施因为受到评价机制的影响，所以宏观意义上的实施样态与微观意义上的具体措施都是宪法实施状态的表现形式，但是在宪法实践中必须将两者有机结合起来，并且重点在于具体措施，而不是宣传或者宏观意义上的政治表态。对于宪法文本的规定，也要正确地加以分类，对于确认某些法律事实的宪法规定，主要是应当考察实践中有无对宪法所确认的法律事实的相反表述或否定性表述；对于设立了国家机关具体权利义务的宪法规范，应考察这些具体权利义务的落实情况；对于需要通过具体的立法措施加以实现的宪法所规定的公民基本权利，要重点关注立法机关制定法律保障人权实现的情况；对于宪法文本所规定的具有时间、地点等数量关系要求的事件，应当严格地考察宪法规定实现的情况。此外，还要客观地分析宪法文本中的宪法规定，尤其是宪法规范自身的规范性的严谨程度，对于制宪技术上存在严重问题或者政策性过于强烈的宪法规定，应当分门别类加以整理，对于与宪法文本整体精神不一致的，应当予以废止，并且要阻止这些条文的实施，对于政策性或者政治性过强的条款，应当通过其他政治性渠道来实现宪法条文的价值诉求。总之，宪法实施的评价结论应当是全面和客观的，而不能只限于某几个方面，更不应以偏概全，恶意否定宪法的权威。

3. 要抓住宪法实施的主要环节和主要领域

从现代宪法所具有的主流价值来看，通过宪法来有效地限制国家机关的国家权力，保障公民的基本权利及国际人权公约下所规定的缔约国政府应当履行的人权保障义务，属于宪法制度的核心价值。因此，关注国家机关正确地履行宪法赋予的职责以及公民依据宪法所享有的基本权利的实现状况，是任何一个国家宪法实施所应当抓住的主要环节和主要领域。为此，审查立法机关制定的法律是否构成对宪法所规定的基本人权及公民基本权利造成了实质性的侵害，是宪法实施工作的"重点"，也是通过建立有效的宪法实施"监督"机制来强化宪法实施效果的重要制度保障途径。对于重点的宪法实施问题领域，需要在制度上建立相应的宪法实施监督机制，从而保护宪法所确立的核心价值能够得到有效实现。我国目前宪法实施领域存在的主要问题是对国家机关行使国家权力的监督以及公民享有的基本权利实现状况制度上的保障力度不够，一是缺少依宪行权的必要的法律程序；二是相

关的宪法实施监督机制不健全，缺少维护宪法权威、保证宪法实施的专门宪法实施保障机构。

4. 要积极地启动宪法解释机制

宪法实施由于与宪法评价密切相关，因此，其实际状况以及对人们行为产生的实际影响，都存在一定程度的主观性。宪法实施的领域非常广泛，需要予以科学评价的宪法实施对象也很复杂，基本上与价值形态的宪法和文本意义上的宪法是同等内涵的。在行为法学上，大部分宪法实施现象是自动发生的，不需要制度上的过多关注。只有可能存在宪法争议的领域，才需要强化宪法实施的评价工作以及建立必要的宪法实施监督机制。几乎是所有的国家机关、社会组织和公民个人都有宪法实施方面的职责，因此从行为法学的角度来看，宪法实施效果的好坏主要应当依赖于国家机关、社会组织和公民个人自觉地依据宪法规定来约束自身的行为，而不是依靠宪法实施的评价机制或监督机制，通过外部的压力来推动宪法实施。对于宪法实施状况和影响的关注应当侧重于宪法争议领域，即人们在宪法实施过程中对如何实施宪法发生了争议，而对这种争议的有效解决可以极大地提高宪法实施的效率。所以，在制度上建立有效的宪法争议处理机制是宪法实施的最大保障。根据我国现行《宪法》的规定，全国人大及其常委会有权和有职责来监督宪法实施，同时，全国人大常委会依据《宪法》第 67 条的规定有权解释宪法，故当下在我国宪法实施工作中，最核心的环节是如何在制度上启动宪法解释机制，如果全国人大常委会能够积极主动地行使宪法解释权，就可以有效地解决宪法实施中出现的各种宪法争议，推动宪法文本以及宪法原则的有效实施。

# 第三章　乡村法律体系的建设

# 第一节 乡村法律服务体系建设

## 一、乡村法律服务的内涵与特征

### （一）乡村法律服务的内涵

"乡村法律服务"这一法律用语，产生在有中国特色的国情之下。随着基层法治建设的深入展开，基层乡村法律服务的发展和体系的建设成为当前法学界理论和实证研究的重点内容之一。目前，中国法理学界还没有对乡村法律服务进行明确的定义，但是关于乡村法律服务内涵的理解，学者们进行了较为详细的解释。

所谓"法律服务"，在法学界一般是用来指律师等专门职业者为当事人提供代理等运用法律知识并与纠纷的解决或预防有关的服务。但是，在我国乡村的语境中，对其的解释应更为广泛。因为在我国农村，提供法律服务的主体并不仅限于，甚至主要不是具有专业知识的执业律师，还包括了基层法律服务工作者、司法行政工作人员、人民调解员，甚至还有具有丰富经验的乡镇干部身份的参与基层治理的工作者。所以，我国乡村法律服务的主体比较多元，具有一定的社会关系网络内的表达性和互惠性，以及与政府基层治理相联系的公益性。

所谓"乡村法律服务"，是指司法组织针对乡村地区和涉农主体，为预防和解决纠纷、维护一定主体的合法权益及满足其他一定法律事务需求所进行的法律工作和活动。在实际情况中，乡村法律服务的内容较为广泛，主要指由律师、基层法律工作者、司法行政工作人员、人民调解员等为主体提供的，诉讼代理、办理非诉讼法律事务、民间纠纷调解、公证和司法鉴定业务、法律咨询、法律援助、法治宣传和普法教育等服务。

### （二）乡村法律服务的特征

乡村法律服务是"送法下乡"的重要载体，是推进乡村法治建设的重要方式。改革开放 40 周年，乡村法律服务能持续发展至今，离不开它自身的特有属性。

第一，乡村法律服务的主体具有多样性。由于乡村律师资源不足，法律服务的需求仅仅通过律师加以满足是完全不够的，因此乡村法律服务的提供者主要是以基层法律服务工作者、法律服务志愿者，以及具有丰富社会经验的乡镇干部身份的人等为主。

第二，乡村法律服务的对象具有针对性。生长在乡村社会环境下的法律服务，其对象是针对广大的乡村人民群众，直接面对人民群众的现实问题，及时地提供解决问题的相关法律知识和法律服务。

第三，乡村法律服务的内容具有广泛性。随着经济的快速发展，各种利益关系越来越复杂，引发的社会矛盾越来越多。乡村法律服务作为解决社会纠纷的重要方式，服务的内容越来越广泛，不仅仅局限于各种民事个体纠纷，还包括了与群众利益相关的行政案件纠纷等。

第四，乡村法律服务的方式具有灵活性。我国乡村社会具有浓厚的乡土气息，法治基础相对薄弱，乡村群众的法律意识普遍不高。在提供法律服务的过程中，如何运用法律专业知识解决问题，并获取需要服务的群众的认可和理解并不是一件易事。在以解决纠纷为核心的原则上，法律服务提供的方式必须具有灵活性，才能有其存在的现实价值和长久的发展空间。

第五，乡村法律服务的展开具有高效性。由于乡村法律服务工作者多为本土出生人士，或者在当地工作多年的外地人士，他们对当地的乡土人情和文化背景十分了解。这一优势帮助他们在提供法律服务的过程中，节约了时间、空间和沟通的成本，并且很大程度上使得问题解决的认同感大大提高，从而具有了极大的高效性。

第六，乡村法律服务的本质具有公共性。我国乡村地区社会情况比较复杂。首先，我国乡村人口众多且文化水平较低，广大乡村人民群众的权益保障一直存在问题；其次，受城乡二元经济结构的影响，乡村经济发展落后，贫困现象仍然存在；再次，乡村社会矛盾纠纷复杂多样，且难以得到高效解决，乡村秩序的稳定受到严重威胁；最后，由于乡村法治基础薄弱，法律资源贫乏，乡村法治建设相较于城市，长期处于落后的状态。为了实现社会公平正义，平等地维护人民群众的权利和自由，乡村法律服务在国家和政府的大力支持和倡导下不断发展起来。可见，在本质上，我国乡村法律服务具有一定的公共性。

## 二、乡村法律服务的功能与价值

### （一）乡村法律服务的功能

乡村法律服务是中国特殊国情下，政治、经济、文化和社会发展的产物。它在我国基层法治建设中发挥着重要的功能。

首先，乡村法律服务作为国家上层建筑的具体表现形式，具有促进农村经济发展的功能。农村商品经济的发展，人民群众的利益往来活动越来越频繁，由此引发的经济纠纷越来越多。法律服务"下乡"为解决经济纠纷提供了重要的渠道，为规范经济活动提供了重要的依据和准则，推动了农村经济秩序的稳定，从而促进了农村经济的发展。

其次，乡村法律服务具有推动乡镇政府依法行政、依法治理的功能。在乡村法律服务发展之初，基层法律服务工作者就是乡镇政府和司法所的得力助手，参与综合治理工作和司法行政工作。如今，各乡镇政府通过聘请律师和基层法律服务工作者作为法律顾问来规

范自身的行政行为，实现依法行政、合法行政。

再次，乡村法律服务多样化的形式，具有满足乡村群众多层次法律服务需求的功能。法律服务包括了诉讼代理、非诉讼代理、法律文书写作、调解、仲裁、法律援助、法律咨询等多种形式。乡村群众可以根据自己不同的需要选择不同的法律服务来解决不同的矛盾纠纷，以满足自身的法律服务需求。

最后，乡村法律服务具有稳定乡村社会秩序的功能。法律本身就是一种秩序，学法、懂法、用法、守法是稳定社会秩序的有效途径。基层法律服务工作者运用法律知识、走法律途径解决社会矛盾，引导乡村民众学法、懂法、用法、守法。这无疑发挥了稳定社会秩序的作用，有效地维护了乡村社会的安定与和谐。

### （二）乡村法律服务的价值

价值是对一切事物存在的合理性的解释和衡量。法律服务工作在我国乡村展开，为解决基层社会纠纷、稳定基层社会秩序、加强基层社会治理和保障人民群众利益等方面提供了重要的途径，是我国基层法治建设的重要内容。笔者在此从"法"本身出发，基于法理学的基础知识，具体运用法的价值理论，对乡村法律服务的价值进行分析和探讨。

1. 秩序价值

秩序是群体生活的人类共同生活的必需品。从一定意义上说，法是为了维护人类的公共秩序状态而产生的，其本身就是为建立和维护某种秩序才建立起来的[①]。在社会的意义上，法的最基本的价值就是秩序。

乡村法律服务以服务为准则，以法律知识为内容，以维护广大乡村人民群众的权益为宗旨，以维护乡村社会的稳定与和谐为目标，体现了法的秩序价值。首先，从"秩序是法的价值基础"来说，任何法都追求并保持一定的社会有序状态。改革开放后，为了弥补国家政权在乡村后撤留下的真空地带，开始施行"法律下乡"。国家对乡村的控制逐步由依赖政权转变为依靠法律，以此重新建立适应社会主义民主与法治建设的新的乡村社会秩序，维持乡村社会的活力。因此，乡村法律服务的产生就是建立在重建乡村社会新秩序的基础之上。其次，从"法的秩序价值的实现"来说，法的秩序价值总体上说都是通过法的社会控制得以实现[②]。法的社会控制通过社会（含国家、社会群体）的力量使社会成员遵从法律规范，维持社会秩序的过程[③]。乡村法律服务在政府的指导下进行，基层司法行政人员、基层法律服务工作者和律师等法律服务主体，运用法律知识解决各种社会纠纷，并进行法治宣传教育，引导广大乡村人民学法、懂法、守法、用法，以此稳定乡村农民的生产生活，实现乡村社会秩序的稳定。

① 卓泽渊．法的价值论（第三版）[M]．北京：法律出版社，2018：335-336.
② 卓泽渊．法的价值论（第三版）[M]．北京：法律出版社，2018：347.
③ 卓泽渊．法的价值论（第三版）[M]．北京：法律出版社，2018：347.

2. 效益价值

效益本身作为一个经济学名词，在传统的法理学研究的领域中较少涉及，公平和正义一直是，也仅仅是法的价值研究的核心内容。直到 19 世纪六七十年代，随着资本主义经济的迅速发展，社会经济关系逐渐超越社会秩序在研究中的地位，成为法的重点调整对象，"效益"一词随之进入法学研究领域。法的效益是指，法律能够使社会或人们以较少的投入获得较大的产出，法的效益价值的实现以法的实现为前提。

我国乡村法律服务，以律师、基层法律服务工作者和基层司法行政人员等服务主体，向人民群众提供诉讼代理、人民调解、法律援助、法律咨询和法治宣传等服务。这些"小投入"的法律服务活动，是为了获得乡村法治秩序的建立和基层法治治理体系的建立的"大产出"，必然是效益价值的体现。此外，单从乡村法律服务本身特有的高效性，也不难看出其效益价值。具体来说，乡村法律服务的主体是熟悉当地人文环境的拥有法律知识的人，服务对象是当地的乡村群众，服务内容是解决与当地人民群众密切联系的矛盾纠纷，服务方式包括诉讼、调解、仲裁、公正和法律援助等。可见，乡村社会矛盾纠纷的解决是及时的，解决的成本是较低的，解决的效果也是明显的。

3. 公正价值

公正是人类共同关注的重要价值准则与价值目标[①]。亚里士多德认为，"公正的也就是守法的和平等的；不公正的也就是违法的和不平等的"[②]。他把判断正义与不正义的标准确定为法律和平等，这是一种十分明确的解释。但其实在国内外的理论研究中，我们很难见到关于"公正"十分公允的定义，它具有十分丰富的含义。笔者认为，我们可以将公正理解为公平、平等和正义等统称的含义。

乡村法律服务的公正价值，具体可以以下三方面体现出来。第一，受到城乡二元经济结构的发展模式的影响，城乡法律资源存在分配不均的问题。律师作为法律服务的专业提供者，主要服务对象针对的是城市居民。目前，律师下乡为乡村老百姓提供法律服务成为普遍现象，一定程度上实现了社会资源的公平分配。第二，法律本身的正义价值。我国乡村社会矛盾频发，其根源在于利益之间的冲突。"法律对于人与人利益关系的调整，目的是化解纠纷，消除矛盾，达致公平"[③]。因此，为乡村广大人民群众提供法律服务，是解决乡村社会矛盾的有效方法，是调整社会关系的有效方式，也是实现社会公平正义的有效方式。第三，法律服务对象的平等对待。目前，政府通过购买法律服务的方式，为广大乡村人民群众提供免费的法律服务，让每个人都能平等地享受法律服务，平等地受到法律的保护。

---

① [古希腊] 亚里士多德 . 尼各马可伦理学 [M]. 北京：商务印书馆，2003：128–129.

② 卓泽渊 . 法的价值论（第三版）[M]. 北京：法律出版社，2018：360.

③ 卓泽渊 . 法的价值论（第三版）[M]. 北京：法律出版社，2018：2018：358.

4. 民主价值

"民主"一词源于西方社会，古希腊人将"民主"与"权力"结合，意为"人民的权力""多数人的统治"①。中国传统的"民本"思想，一定程度上是民主理念的体现。"以农为本""以人民群众利益为核心"的治国和发展理念，是我国特殊国情下的民主的具体含义。法和民主的关系表现在，民主是法的崇高理想和价值追求，法是实现民主的重要依据和必要保障。

乡村法律服务的民主价值，首先体现在遵循依法治理的治理理念上。"法律下乡"取代"政权下乡"的基层管理模式，就是实践民主的具体措施。其次，体现在坚持"以农为本"的发展理念上。乡村法律服务的重要目标之一，就是解决"三农"问题。在现代化新农村建设的过程中，"三农"问题的解决离不开法律，离不开法律服务。最后，体现在基层自治的治理目标上。乡村法律服务的建设，不仅要求提高基层司法和行政单位严格依法办事，树立法律服务意识，还要求乡村干部、公务员和社会组织加强法律知识的学习，运用法律思维解决社会矛盾，也要求广大乡村人民群众学法、懂法、守法、用法，培养法律信仰，学会用法律手段维护个人和集体权益，最终实现自我管理、自我约束、自我服务、自我教育和自我监督的民主权利。

## 三、乡村法律服务体系的构成

所谓"体系"，是指一定范围内或同类的事物，按照一定的秩序和内部联系组合而成，具有特定功能的有机整体。法律服务体系是一个以提供法律服务为载体的动态系统，乡村法律服务体系则是在这个动态系统的基础上进行了地区的限定，具有特殊的地域性。我国各界学者对乡村法律服务体系并未进行明确的定义。根据实际情况，我国的乡村服务体系可以理解为，由政府引导和支持的，以满足乡村人民对政治、经济、文化、社会等多方面法律服务需求为内容的，由律师、基层法律服务工作者、基层司法行政人员、人民调解员等主体提供的法律服务活动的有机整体。这个有机整体的运行，以预防和解决乡村矛盾纠纷、维护乡村人民群众的合法权益为核心。围绕这个核心，笔者认为，我国乡村法律服务体系是由纠纷发生前的矛盾预防服务机制、纠纷发生时的矛盾化解服务机制、纠纷解决后的服务考核与保障机制三大机制所构成。

### （一）矛盾预防服务机制

矛盾预防服务机制，是指在纠纷发生前所进行的一系列预防矛盾产生的法律服务活动。这些法律服务活动主要包括普法宣传教育、法律咨询和公证等。其中，普法宣传活动主要针对两大群体：一是广大乡村人民群众。由律师、基层法律服务工作者和基层行政单位人

---

① 卓泽渊. 法的价值论 [M]. 北京：法律出版社 1999：238.

员就与生产生活紧密相关的法律知识进行宣传和讲解，引导广大人民群众学法、懂法、守法和用法，提高他们的法律意识。二是基层司法行政工作人员和乡村党员干部等基层治理队伍。通过举办法律知识的讲座、进行法律知识的培训、安排法治课等方式，来提高他们的法律专业知识，培养他们的法律意识和法律素养，以建设法律水平高、服务能力强的基层法治队伍。此外，针对学校青少年的法治教育也是普法宣传的重要内容，主要通过在中小学定期举办法律知识讲座的方式展开。法律咨询，是指律师和基层法律服务工作者解答广大乡村群众的法律问题，提出相关建议和解决方法的法律服务活动。从群众的法律意识来看，法律咨询可以分为主动询问型和被动接受型。主动询问的方式，包括电话或者上门咨询律师、基层法律服务工作者以及司法所工作人员等。被动接受的方式，包括在进行普法宣传的过程中，由普法工作者就参与活动的群众所提出的问题进行分析和解答。公证，是指公证机构（处）根据当事人的申请，依据法律的规定，证明法律行为和有法律意义的文书或者事实的真实性与合法性的非诉讼活动。公证的宗旨就是预防纠纷的发生，为解决纠纷提供可靠和有力的证据[①]。这一系列预防纠纷发生的法律服务活动，构成了我国乡村法律体系中的矛盾预防服务机制。

### （二）矛盾化解服务机制

矛盾化解服务机制，是指在纠纷发生后所采取的一系列法律方式化解矛盾的过程。这些矛盾解决方式主要包括诉讼、调解、仲裁等。关于诉讼，我国乡村诉讼案件主要是由律师和基层法律服务工作者代理。其中，刑事诉讼案件只能由律师来代理，而民事和行政诉讼案件可以找律师或者基层法律服务工作者代理。关于调解，调解主要有三种类型，分别是司法调解、行政调解和人民调解。乡村地区，司法调解工作是由基层法院和派出法庭的法官承担，行政调解工作主要由乡镇政府和各职能部门承担，乡村人民调解工作主要是由乡（镇）、村调解委员会和调解小组承担。其中，人民调解是化解乡村矛盾纠纷最常用和最有效的方式。

关于仲裁，我国仲裁分为行政仲裁和民间仲裁两种。我国乡村地区以行政仲裁为主，解决的纠纷常见于农村土地承包纠纷和劳动争议纠纷。以上三种主要的纠纷解决方式构成了我国乡村法律服务体系中的矛盾化解服务机制。

值得一提的是，法律援助作为一项公益法律服务，是满足乡村法律服务需求和化解乡村社会矛盾不可或缺的重要方式，是实现法律面前人人平等和完善社会保障的重要措施。它的实质是法律扶贫、扶弱。我国乡村地区经济发展相对落后，弱势群体相对较多，其他法律服务形式难以弥补乡村经济条件与法律服务需求不相适应的缺陷。法律援助作为一种社会服务和保障措施，在乡村地区有更大的需求市场，也有更大的发挥效用的空间。因此，

---

① 朱力宇.依法治国论 [M].北京：中国人民大学出版社，2004：580.

在乡村法律服务体系建设的过程中要大力开展法律援助活动，扩大法律援助的范围，强化其在纠纷解决中的地位和作用，以充分保障乡村地区贫困者、妇女、儿童、老人和残障者的合法权益，实现法律面前人人平等。

### （三）服务考核与保障机制

服务考核与保障机制，是指在纠纷解决后所采纳的一系列检测服务质量和保障服务稳定持续开展的措施。这些措施主要包括法律服务队伍的建设、法律服务人员和机构的管理、法律服务工作的考核评估、法律服务各方面的资金保障等。其中，关于法律服务工作的考核，没有统一的考核办法和制度，而是细分为法律顾问工作考核评价办法、基层法律服务所和基层法律服务工作者考核办法、基层司法行政工作（司法所）考核办法以及法律援助奖励办法等，各县（市）、乡镇根据当地实际情况制定具体的考核细则。关于法律服务人才的保障，目前没有全面有效的保障措施。正在建设的法律顾问制度，有效地整合了城乡法律服务资源，把城市律师纳入乡村法律服务队伍中，强化了基层法律服务工作者的作用和地位，一定程度上保障了法律服务人才的供给。但是对人民调解员、司法行政人员、公证员以及法律援助工作者的保障还很欠缺，使得广大乡村群众的法律服务需求无法得到满足。因此，乡村法律服务人才的保障将是建设乡村法律服务体系需要重点解决的问题。

关于法律服务各方面的资金保障，是需要高度重视的问题。受到乡村经济发展水平的影响，要充分满足广大群众对法律服务需求，切实保障广大群众切身的合法权益，法律服务资金的到位对法律服务体系的建设至关重要。目前，聘请律师和基层法律服务工作者担任法律顾问的资金由地方政府单独开支，对于法律援助服务的资金有专项的财政拨款，其他的法律服务人员原本大多是政府工作人员，其工资报酬属于政府财政支出。此外，由于基层乡村法律服务的工作量相对较大，没有相应的奖励机制来支撑其工作热情，难免存在工作消极和懈怠问题。至于在各项法律服务展开中所需要的开支，更是没有单独的资金保障。比如，普法宣传活动中所进行的相关开支，可能由律师事务所支持，或者与扶贫资金相结合等。这一定程度上影响了普法宣传的效果。总之，乡村法律服务资金没有统一或者固定的来源和保障，这是影响今后乡村法律服务持续发展亟待解决的问题。

关于法律服务人员和机构的管理。目前乡村法律服务人员和机构主要包括律师和律师事务所、基层法律服务所和基层法律服务人员、乡镇司法所和司法行政人员、乡镇人民调解委员会和人民调解员、公证处和公证员，以及法律援助中心和法律援助人员等。其中律师和律师事务所由律师协会和司法所进行双重管理，乡（镇）级、村级人民调解委员会和人民调解员由乡镇政府统一管理，其他乡村法律服务提供者和法律服务机构均由是由司法局统一管理。单就司法局的统一管理来说，在实际中存在诸多问题。比如，对基层法律服务所及其法律服务人员的管理比较松散，规范的制度化管理和指导也比较欠缺，使得其服

务市场逐渐萎缩，服务的地位和作用无法提高等。随着乡村法律服务队伍的不断壮大，规范化、制度化的管理模式是建立和完善法律服务考核与保障机制的重要内容。

## 四、乡村法律服务体系建设的意义

### （一）落实全面依法治国方略

全面依法治国是"四个全面"战略布局的重要组成，是党领导人民治理国家的基本方略，也是中国特色社会主义的本质要求和基本保障。法治国家、法治政府、法治社会一体建设是全面推进依法治国的内在要求。其中，法治国家的建设必须将乡村的法治建设纳入其中，法治政府的建设必须重视基层政府的法治建设，法治社会的建设必须以乡村社会的法治建设为重要源头。因此，全面依法治国的实现，离不开乡村的法治建设。正如卓泽渊教授所说，"没有中国农村的法治化就没有整个中国的法治化"[①]。要想实现中国乡村的法治化，必须从广大乡村人民群众的根本利益出发，用法律方法和途径来保护他们的合法权益和利益，建设为广大乡村人民服务的基层法治政府，建立稳定社会生产生活的法治秩序。

推进覆盖城乡居民的公共法律服务体系建设。具体内容包括：第一，统筹城乡、区域的法律服务资源，发展律师、公证等法律服务业，健全统一司法鉴定管理体制；第二，完善法律援助制度，扩大援助范围，健全司法救助体系；第三，健全依法维权和纠纷化解机制，强化法律在维护群众利益和化解社会矛盾中的权威和作用，加强调解、仲裁、行政裁决、行政复议、诉讼等有机衔接，完善人民调解、行政调解、司法调解联动工作体系；第四，加强法律服务队伍建设，构建结构合理的律师队伍，发展公证员、基层法律服务工作者、人民调解员队伍，推动法律服务志愿者队伍建设等。我国乡村法律服务体系的建设，正是围绕这些具体内容而展开的。因此可以说，乡村法律服务建设过程就是落实全面依法治国方略的过程。

### （二）推进司法行政改革

全面深化改革是"四个全面"战略布局的重要组成，是构成新时代坚持和发展中国特色社会主义的基本方略之一。全面深化改革涉及多个领域，涵盖多个方面，司法行政改革就是其中的重要内容，主要包括五个方面的主要任务，其中之一就是建设完备的公共法律服务体系，包括推进覆盖城乡居民的公共法律服务体系建设，加强专业领域法律服务，深化律师制度改革，推进公证制度改革，完善法律援助制度，规范和发展基层法律服务，创新人民调解制度机制，健全社会普法宣传教育机制等内容。由此可见，乡村法律服务体系的建设就是公共法律服务体系建设的重要部分。那么，既然建立公共法律服务体系是全面

---

① 卓泽渊.法治国家论（第四版）[M].法律：法律出版社，2018：390.

深化改革的主要任务，乡村法律服务体系的建设必然也是全面深化改革的主要任务。

"建设完备的公共法律服务体系是司法行政工作的总抓手"，司法部副部长熊选国在国新办"就司法行政改革等方面情况"举行的新闻发布会上如是说。随着社会矛盾的转变，人民对美好生活的需要不仅体现在物质文化生活方面，而且体现在民主、法治、公平、正义和安全等方面。要满足广大人民群众对民主、法治、公平、正义和安全等方面的需求，在很大程度上都可以转化为一种对法律服务的需求。因此，面对我国49104万乡村人口的现状，要想满足其对民主、法治、公平、正义和安全等方面，即法律服务的需求，乡村法律服务的全面提供和法律服务体系的建设是必然的选择。

### （三）保障乡村振兴战略实施

实施乡村振兴战略，是党的十九大作出的重大决策部署，是激发乡村活力的重要行动，也是决胜全面建成小康社会和全面建设社会主义现代化国家的重大任务。全面建成小康社会和现代化国家的建设离不开法治，乡村振兴战略的实施更需要法治。乡村法律服务体系的建设作为乡村法治建设的重要内容，是实施乡村振兴战略的重要保障。

农业、农民和农村问题既是关乎国计民生的根本问题，也是关乎乡村振兴战略实施的核心问题。在现代化法治国家建设的今天，"三农"问题的有效解决离不开法律。具体来说，第一，农业经济的发展离不开法律保驾护航。乡村法律服务活动所宣传和讲解的农业法律知识，不仅有利于农民个人和农村集体组织准确定位自己的市场主体地位，明确自身各项财产和经济权利，而且有利于规范和引导农村集体组织和农民个人的经济行为，保障经济活动依法有序开展。同时，乡村法律服务所提供的纠纷解决方式和途径有利于解决各种农业经济纠纷，平衡各类农业经济利益，稳定农业市场经济秩序。第二，农民权利离不开法律的保护。农民权利受到漠视和侵害是当前农村普遍存在的问题。这个问题的产生主要有以下两方面原因：一是农民本身法律意识较低，缺乏权利救济和自我保护的意识；二是农村基层政府和组织法治观念薄弱，不仅不能有效保护农民的权利，而且时有做出侵害农民权利的行为。向乡村地区提供法律服务的目的，不仅在于提高乡村农民的法律意识，为农民权利的保护和救济提供法律途径，更是在于培养基层政府和组织的法治观念，规范基层政府和组织的行为，促进基层工作依法展开。第三，农村建设离不开法治的保障。乡村法律服务体系的建设能有效地强化法律在维护农民权益、规范市场运行、治理生态环境、化解社会矛盾等方面的地位和作用；能有效地整合法律服务资源，促进基层干部法治观念的增强和法治为民意识的提高，推动基层工作纳入法治化轨道；能有效地加大普法宣传力度，提高人民群众的法律素养，引导广大人民群众尊法、学法、守法和用法，为乡村法治建设培养广泛的支持者和推动者。

# 第二节　乡村振兴视域下乡村治理法律规范体系的完善

## 一、乡村振兴战略

长期以来，我国的城乡二元体制不可避免地导致了城乡经济社会发展的差距被进一步拉大，"三农"问题日渐凸显，出现了农村产业空心化、精英人才流失、传统文化衰落、社会治理难度增加等问题，严重制约了社会经济的总体发展。为了解决发展不平衡不充分的问题，党中央作出了实施乡村振兴战略的重要安排，实施乡村振兴战略是新时代"三农"工作的总抓手。

乡村振兴战略是对以往农村发展政策的总结和提升，包容性很强，顺应了新时代广大农村地区人民群众的美好期待，深刻地把握住了社会主要矛盾，并提供了可行性的解决方案。乡村振兴是全局性的，是要从根本上推动农业的升级、农村的进步和农民的全面发展，其中包括乡村的产业、人才、文化、生态和组织等方面，关系着城乡一体化发展和现代化的进程。

党中央提出到 2035 年乡村振兴要基本实现农业农村的现代化，共同富裕水平进一步提升，城乡一体化机制更加健全，乡村治理的体系和制度更加完善，治理能力显著增强，生态环境根本改善，美丽乡村的建设基本实现；到 2050 年，也即 21 世纪中叶，要全面实现乡村振兴，实现农业更强、农村更美和农民更加富裕的新"三农"。

乡村振兴战略的总方针包括五个方面，这五方面的要求具有逻辑关联性，不能割裂地来理解，其中产业兴旺是重点、生态宜居是关键、乡风文明是保障、治理有效是基础、生活富裕是根本。产业兴旺必须构建现代农业生产体系，重视农业的质量和特色，融入创新机制，提高产品竞争力。生态宜居必须做好农村突出环境问题的整治，建立市场化的生态补偿机制。乡风文明方面要加强农村思想道德建设，传承和发扬好传统的优秀文化。治理有效必须把夯实基层基础作为根本，坚持自治法治德治相结合，构建现代乡村综合治理体制。生活富裕要求做好农村社会保障体系的建设，解决好群众最关心最直接的现实问题。总的来看，总要求体现了从追求经济发展的总量和速度向高质量的转变，体现了协调推进、综合治理的城乡发展理念的升级，体现了以人民为中心的发展思想。"三农"工作已经到了新的高度，单一的模式已经难以推进，必须用更高层次的战略思维、更加科学有力的举措来落实。

## 二、乡村治理的概念

乡村治理的完整概念由"乡村"和"治理"两个词语构成，乡村限定了治理的区域，乡村是社区概念，兼有文化属性，侧重于乡村关系和乡村秩序。乡村治理是"治理"在乡

村社会的运用，是对特定区域内社会公共事务的治理，属于基层社会治理的范畴，是国家治理体系的基础性组成部分。

在笔者看来，所谓的乡村治理就是多元主体包括基层政府、村委会、党支部、乡村社会组织、村民个体等，利用一系列的规则、制度、规范，通过沟通、协商、合作等手段，共同管理公共事务、维护乡村秩序、解决乡村发展问题，最终促进乡村社会公共利益最大化的过程。乡村治理效果的优劣反映国家治理水平的高低，为了适应乡村振兴背景下治理难度和精度的提升，必须创新治理方式、完善治理规则，推进乡村治理的法治化和现代化。

### 三、完善乡村治理的法律规范体系

宪法对我国乡村治理的基础性原则作了规定，国家专门的乡村治理立法对乡村治理的基本框架进行构建，其他行政法规和部门规章又对治理制度进行了进一步的补充和完善，不同地区的地方性法规和规章对乡村治理的具体实施提供了保障，可以说我国基本上已经形成了多层级、多领域的乡村治理法规体系，但是必须注意的是，这个法律体系还不够完善，还有很多空缺和未尽之处，需要我们不断探索和改进。

### （一）加强乡村治理空白领域的立法工作

良法是善治的前提和基础，是治理所依据的重要规范。为了依法治理，必须在国家立法的空白领域加快立法的进程。比如，乡村社会的保障法律制度，由于城乡二元体制的多年运行，乡村居民的生活水平相对于城镇的还比较低，社会保障水平普遍偏低，社会保障方面的制度建设落后于乡村社会的发展。以更高层次立法的方式确定统一的乡村社会保障标准，与社会经济的发展水平保持协调，让广大乡村民众分享改革开放的发展成果，对乡村地区给予国家资源方面的倾斜，承担相应的保障义务，确定国家的分级保障制度，并在统一性社会保障法律的基础上作出明确规定，给地方性法律规范的设立留出空间。另外，还要出台专门的粮食法，粮食问题关系国家和民族的安全发展，是14亿中国人民的"饭碗"问题，农业农村的优先发展的目的就是要保证国家粮食的安全。近年来，虽然全国粮食产量一直在逐年增加，但我们对粮食的刚性需求也是在上升的，粮食安全问题是不容小觑的。但与现实的迫切需求相对应的是粮食安全相关法律规范水平不足，现有的相关法规从立法的层级、质量和总量上看，都还有一定的差距，因此出台粮食法是当前农村立法工作的一个重点。

乡村治理已经发展到一个新的高度了，需要制度在顶层设计上作出指导和规范，但很多方面还存在法律上的空白之处，比如，多元主体的治理已经成为趋势和共识，而乡村治理的主体缺少法律上的明确，对各类主体的地位、权责、作用、利益保障等都没有直接规定，对多元主体的准入、操作流程、运行管理也还存在空缺。特别是新兴的民间社会组织，

缺乏统一的社会组织法，一方面登记准入难度大，成立的条件复杂，政策性的优惠和支持偏少；另一方面对社会组织监管、惩戒的规定也还不完善。除了民间的社会组织之外，针对新乡贤、乡村致富发展带头人等主体参与乡村治理的法规也还有待补充。多元主体参与乡村治理是治理体系和治理能力提升的体现，必须确保治理有法可依，用法律来对治理的全过程进行指导，包括治理主体之间的协作关系，治理目标的设定和规划，对治理中权力运用的监督、治理结果的评价、治理程序的明确等，充分结合乡村实际，积极推进乡村治理领域的法律创制工作，使法律的内容和核心价值与乡村社会的发展、村民的追求相统一。

### （二）紧贴乡村实际完善治理关键领域的法律法规

稳定性是法律的特性，它是法律调节社会关系、稳定社会秩序的重要前提，但稳定的同时也会带来滞后于时代发展的弊端，某种意义上说，法律从其制定出台之日起，就已经落后于不断发展的实践了。从立法的角度来说，为了更好地指导和促进乡村治理的发展，我们要与时俱进，不断根据乡村治理实践的发展来完善和修改法律法规的内容，确保法律的时效性，对过去表达比较含糊、指向不明确的规定及时修正，对法律中没有但实践中已经出现了的新情况要及时补充明确，提高法律的科学性和实用性。比如，对农村集体土地制度的完善，土地制度是确保乡村振兴战略有效实施的重要制度因素，具体来看可以从完善土地的征收制度入手，支持乡村集体经济组织对土地进行开发和利用，明确政府征收土地的事由和征地程序，提高征地补偿标准，保护农民利益，提供社会保障、住房、就业支持、教育培训、心理关怀等方面的多元化的保障机制，使得农民失去土地之后不会陷入困境，反而能在就业和收入方面得到提升。

村民自治领域的法律制度完善也是一个重要方面。我们可以在宪法层面对村民自治组织和自治活动进行法治化的明确，对村委会的地位给予法律层面的具体化，规定村民的自治权，从最高层面落实和保护村民的自治权，确保权利在实践中不被淡化和轻视。修改《村民委员会组织法》，对村务公开的内容、方式进行补充，明确村级监督机构地位、职责和重点，关注监督的成效方面，增加对自治权利的救济和保障方面的规定，删除原有条款中不符合实际生活中的部分，理顺自治的逻辑。对村党支部和村委会的关系进行法律上的明确，结合党内法规的要求，进一步明确基层党组织在乡村治理中的角色、职能定位、权力边界，避免权力的冲突和掣肘。在完善法律的过程中，要根据实践要求在乡村振兴和村民自治之间找到一个完美的平衡点，以保障村民的自治权利为核心，从"四个民主"的各个具体环节入手，为村民实现自治权提供一个可以具体化操作的途径。

在提倡法律应与时俱进的同时，我们也要注意修法不能秉持法律万能主义，不能想着用法律来解决一切问题，无论遇到什么问题，总想着通过制定法律提供解决之道，幻想能通过不断的立法来实现完美无缺的法律体系，脱离社会实践，超越实际生活。重视乡村治理法律体系不意味着我们要在方方面面都进行立法，用法律来调整一切治理关系。相反，我们必须改变立法观念，从重视立法的数量到立法质量的转变，不断整合各类法律，用综合推进的观点来看待法律的制定与法律实施效果的关系。

### （三）构建国家法律和乡村民间法有效融合发展体系

国家法律和民间法不是非此即彼的两套独立规范系统，两者在长期的互动和影响中已经形成了一定共同基础和文化内涵，在当前深入推进乡村振兴战略的背景下，如何促进两者的发展、助力治理体系的完善是值得关注和思考的重点，也是推进乡村治理法治化的一个必要环节。乡村社会关系的调节既受到国家正式法律的约束，也会受到民间非正式的传统习惯法等的影响，一个是全局性的、普遍性的，一个只是针对特定区域内的有限人群，民间法可以通过调整完善扩大适用范围，上升到通用规则的程度，全局性的规则也可以转变为地方区域性的特定调整规则，二者有变通和重合的地方。民间法以乡村的道德伦理规范为支撑，国家法也有社会道德的价值内涵，二者在最终的价值意义上有其一致性，都有对公平、正义的价值方面的追求，对违反道德规范、公序良俗的情况都要给以谴责，不同的是民间法是乡村民众赋予的朴素的价值观，而国家法是有严格的程序和制度规定的，二者在提倡道德和价值追求方面的一致性是其融合和互动的基础。

国家法律可以对民间法有益的部分进行吸收和整合。民间法是乡村群众在长期共同生活中总结和形成的维护内部秩序的一种规范，是村民处理生活问题、从事自治的依据之一，它脱离了国家强制力的维护，在乡村治理中发挥着独特的作用，但它并不是完全独立于国家正式法律体系的，民间法也是国家法的法律渊源之一。有的国家法律是从民间法和民间习惯演化而来的，在制定的时候吸纳了民间法，将其中的有益成分和重要传统上升为国家法律，这就是法律融合的过程，也是民间法得以合法化的过程。国家法律对民间法的认可，为民间法发挥作用提供了理论上的依据，赋予了民间法成为正式法律规范的可能，给乡村社会治理提供了另一种制度支持。

国家法律对民间法的引导和重新构建。推动民间法向国家法律的合理转化已经是法治进程中必然趋势了，民间法是熟人社会的特定产物，当前社会已经在市场经济大潮中向陌生人社会转变了，人与人之间变得越来越陌生，个体越来越独立，民间法日渐式微，而且市场经济发展要求的统一性和国家现代化发展都在抑制着民间法作用的发挥，民间法没有国家强制实施力的保障，容易造成实施的随意性和不确定性。在调节特定乡村关系时，没有规范的解决流程，简化的程序影响了程序的公正性，在应对复杂问题上作用有限。综合比较下来，国家法在适应现代化方面具有民间法难以企及的优势，为了推进治理体系的现代化，必须用国家法来对民间法进行引导和建构，对民间法中不适应现代社会发展、与国家法律相冲突，甚至侵害村民权利的部分进行舍弃，保留民间法中与现代立法和司法精神

相统一的部分，用国家法律的立法程序和司法程序来引导民间法。推行和鼓励乡村社会更多地用国家法律来处理相关事务，统一交易的规则，逐步来替代民间法，弱化民间法的运用场域。

# 第四章　行政法及基本原则

# 第一节 行政

## 一、行政的基础

行政法是有关"行政"的法，以行政为规制对象。"行政"是行政法和行政法学的逻辑起点。一个国家的"行政"定位、形态和范围大小，都直接或间接地影响该国行政法的定位和调整范围，从而又影响该国的行政法学理论。

行政是国家行政权的运行状态和外在形式，它首先以国家权力的分工为基础。根据我国《宪法》，我国的国家机构和权力分工是：国家权力机关（全国人民代表大会和地方各级人民代表大会）、行政机关（各级人民政府）、监察机关、审判机关、检察机关、军事指挥和管理机关等，它们分别行使立法、选举、决定权，行政权，监察权，审判权，检察权，军事指挥和管理权。行政就是由国家行政机关行使的，除国家权力机关、监察机关、审判机关、检察机关、军事指挥和管理机关管理以外的国家和社会事务及其活动。在一定条件下，行政还包括特定社会组织经法律授权所从事的社会管理事务和活动。

## 二、行政的定义和特征

"行政"一词，在不同国家有不同的表达方式，并反映了不同的内涵。而在中国，行政特指国家行政机关及得到法律授权的社会组织依法代表国家对国家行政事务和社会事务进行管理和服务的活动。

行政作为一种特殊的国家活动，具有自身的法律特征。

第一，行政具有国家意志性。行政不是一般的社会活动，更不是个人活动，而是一种国家的活动，它以国家机关的名义进行并体现国家意志。

第二，行政具有执行性。行政并不是国家的所有活动，而是行政机关实施国家行政权的活动。这种活动主体主要是国家行政机关，活动的内容是实施国家行政权。我国《宪法》规定，从中央到地方的国家行政机关就是从中央到地方的各级人民政府，它们是本级权力机关的执行机关。行政活动便是人民政府执行权力机关意志的活动。

第三，行政具有法律性。现代行政管理首先是一种法律管理。现代行政尤其是我国行政，不得超越法律，要受法律制约。"依法行政"是当代行政法的原则和核心。它要求一切行政都遵循法律所规定的条件、程序、方式、形式等，违反法律属于行政违法，违法的行政行为其效力会受到影响。

第四，行政具有强制性。这一特征是第一特征和第三特征引申的自然结果：既然行政是国家的活动，体现了国家的意志，那么它的实施必然以国家的政权为后盾；既然行政是

法律活动，由法律所确认，那么行政的实施必然以法律的强制力为保障。行政的强制性主要表现在：对于行政主体所实施的行政活动，相对人有服从、接受和协助的义务，否则，行政主体可以借助法律手段来强制相对人执行和服从自己的行政决定。

# 第二节　行政法

任何国家，当政权建立时，一定需要制定刑法，通过打击犯罪维护统治秩序；当市场经济发展到一定的程度，国家就需要制定民商法，以维护经济秩序；只有当进入民主体制，公权力需要得到规制时，才会出现行政法。中国行政法的形成与发展，正是中国政治民主的呼唤和体现。

## 一、行政法的概念和特征

我国的行政法，是指有关国家行政管理的各种法律规范的总和，是以行政关系为调整对象的一个仅次于宪法的独立法律部门，其目的在于保障行政职权运行的合法性和合理性。

行政法作为一个独特的法律部门显然不同于其他部门法，它有自身的特征。行政法的特征表现在两个方面，即内容上的特征和形式上的特征。

就内容而言，行政法有三个特征：

（1）对象的确定性。虽然行政法的内容广泛、复杂、易变，但它的调整对象及其范围是确定的，即始终以行政关系为调整对象。这种调整对象的确定性，决定了行政法作为一个独立法律部门的地位。

（2）内容的广泛性。行政法是有关国家行政管理的法，而国家行政管理既涉及国家管理，又覆盖社会管理；既调整政治、经济、科技、文化，又规范公安、民政、军事、外交等。国家行政管理的广泛性，决定了行政法内容的广泛性。

（3）内容的相对易变性。相对其他法律，行政法内容最易变动。国家行政管理领域广阔，内容复杂而具体，社会关系又发展较快，行政法内容也就必须随时修正。

就形式而言，行政法的特点在于其表现形式具有多样性。行政法内容的广泛性、复杂性和易变性，使它无法以一个单一的法规来表现，而是通常由分散的各种法规来表现。世界上已有大量的民法典和刑法典，但少有行政法典。在我国制定和公布了《民法典》的背景下，制定"行政法典"或"行政法通则"的呼声日益高涨。

## 二、行政法的法律地位

行政法的地位主要通过两方面表现出来，即它在法律体系中的地位和它的法律功能。

## （一）行政法的地位

行政法在法律体系中的地位，主要指它在法律体系中担任的角色以及与其他法律的关系，（1）行政法是不是一个独立的部门法？（2）行政法是个什么样的部门法？对这两个问题的回答是："行政法是个仅次于宪法的独立法律部门。"这句话包含了两层含义：

第一，行政法仅次于宪法。这反映了行政法与宪法的关系。相对于刑法和民法，行政法与宪法的关系更为密切，以至于有人把宪法看成"静态的行政法"，把行政法看成"动态的宪法"。然而，宪法与行政法毕竟是两个不同的法：前者是根本法，后者是部门法；前者的效力高于后者，后者不得与前者相抵触。说"行政法仅次于宪法"还有一个含义：行政法是宪法下面的一个部门法，而不是分支法。我国法律体系按规范的效力等级可以分为三个层次：一是根本法，即宪法；二是部门法，如刑法、民法；三是分支法，如合同法（民法分支）。行政法属于部门法，处于第二效力层次。归纳起来，本层含义需掌握三点：其一，行政法与宪法不属于同一个法；其二，行政法从属于宪法；其三，行政法是宪法下面的一个部门法。

第二，行政法是个独立的部门法。这反映了行政法与其他部门法的关系。行政法是个独立的法律部门，不依附于其他部门法，同时也不包含其他部门法。行政法作为独立部门法的地位，取决于它所调整的对象的独立性，即它所调整的行政关系为其他法律所不能调整。民法调整的对象是民事关系，它是一种平等、等价、有偿的关系，因此被称为"横向关系"；行政法调整的对象是行政关系，它是一种以命令、服从为特征的国家行政管理关系，因此被称为"纵向关系"。违反民法属于民事违法，违反行政法属于行政违法，一般仍由原法律部门调整；但当民事违法和行政违法上升为刑事违法（犯罪）时，便构成了刑法的调整对象。可见，民法、行政法和刑法是相互独立，互不包含、交叉，又相互衔接的三大法律部门。行政法作为一个独立的法律部门，其地位是毋庸置疑的。

## （二）行政法的功能

从法律意义上说，行政法有多种功能。

第一，行政法是宪法的具体化，它有助于宪法的实施和保障。宪法是国家的根本大法，其许多规范的实施有待于部门法分别具体化。宪法有许多内容有待于行政法的具体配套。例如，宪法关于加强社会主义民主与法制的规范；关于公民基本权利、义务的规范；关于国家行政机关组织及其职权的规范；关于国家工作人员权利、义务及其管理制度的规范；关于行政机关制定行政法规、行政规章及其他规范性文件的规范；关于经济、文化、教育、科技管理的规范；关于法制监督和法制保障的规范。

第二，行政法作为法律事实，导致行政法律关系的发生、变更或消灭。行政法不仅是行政法律关系产生、变更或消灭的前提，而且在一定条件下能成为导致它们产生、变更或

消灭的法律事实。

第三，行政法作为一种法律事实导致其他法律关系产生、变更或消灭。这表现在两个方面：一是行政法能成为民事法律关系形成或消灭的依据，如依行政命令所生之债；二是在一定条件下，行政法能成为刑事法律关系构成的基础。不少犯罪的构成以该行为违反行政管理法规为前提。

第四，行政法可以成为当事人提起诉讼尤其是行政诉讼的依据。根据《行政诉讼法》（2017）第 12 条的规定：人民法院除受理 12 类行政案件外，还受理"法律法规规定可以提起诉讼的其他行政案件"。这表明，有关行政的法律和法规可以构成行政诉讼的依据。

第五，行政法还能成为人民法院审理案件的适用规范。人民法院审理刑事案件并不直接适用行政法，但对那些以违反行政管理法规为先决条件的犯罪案件（如假冒商标罪）的审理便须参照相关的行政管理法规。对不少民事案件的审理，人民法院可直接适用有关行政法规。《城市房地产管理法》（2019）对人民法院解决房地产纠纷起了很大的作用。人民法院审理行政案件直接适用行政法更是不言而喻的了。

### 三、行政法的内容和形式

行政法内容也指行政法律规范的内容，即被行政法所确立的各项权利与义务的内容。世界上不同国家的行政法其内容有大有小，而我国行政法的内容主要包括以下几方面。

（1）有关行政主体的法律规范，涉及行政组织制度、公务员制度等。

（2）有关行政立法的法律规范，涉及行政法规和行政规章等。

（3）有关行政行为的法律规范，涉及行政决定与行政规定等。

（4）有关行政程序的法律规范，涉及行政程序法等。

（5）有关行政违法和行政责任的法律规范，涉及行政违法、行政赔偿等。

（6）有关行政救济的法律规范，涉及行政复议、行政诉讼和行政赔偿等。

行政法的形式，是指行政法律规范的存在和表达模式，也可称为行政法的渊源。行政法的形式有成文法渊源与不成文法渊源之分。大陆法系国家的行政法以成文法渊源为主，包括宪法、法律、命令、条约等；英美法系国家行政法以不成文法渊源为主，包括判例、习惯、法理等。

当代中国行政法的渊源，即行政法形式，主要是以宪法为核心的各种制定法，包括宪法、法律、行政法规、地方性法规、规章、自治条例和单行条例、经济特区的法规、特别行政区的法律法规、国际条约、行政协定、国际惯例和各种法律解释等。这是由我国国家和法的本质所决定的。

行政法典是行政法的特殊形式。目前我国有行政法，但没有行政法典。在《民法典》出台的背景下，我国兴起了"法典热"，制定"刑法典""环境法典""教育法典"等呼声此起彼伏，要求制定"行政法典"的呼声同样高涨。制定"行政法典"是十分困难的，

但不是绝对不可能的，先行制定"行政程序法"或者"行政法总则"可能是一种很好的过渡。

## 四、行政法律关系

不同的法律调整不同的社会关系。行政法是以行政关系为调整对象的法。行政关系是一种社会关系，它受行政法调整以后，便形成行政法律关系。

行政法律关系是经行政法规范调整的，因实施国家行政权而发生在行政主体与行政相对人之间，同时也包括行政主体之间、行政人之间和行政主体与行政人之间的权利与义务关系。其中，行政主体与行政相对人之间发生的是外部行政法律关系；行政主体之间、行政人之间和行政主体与行政人之间发生的则是内部行政法律关系。行政法律关系由三个要素构成，即主体、客体和内容。

### （一）行政法律关系的主体

行政法律关系的主体，也称行政法（律）主体，是指在具体的行政法律关系中享受权利、承担义务的当事人。行政法律关系主体又与行政法律关系当事人的概念相通。确认我国行政法律关系主体的标准，就在于其是否享受我国行政法所规定的权利和是否应承担相应的义务。换句话说，即看我国行政法对其是否具有拘束力。根据这一标准，下列组织和个人都可以成为我国行政法律关系的主体：①国家行政机关；②其他国家机关；③企业、事业单位；④社会团体和其他社会组织；⑤公民；⑥在我国境内的外国组织和外国人。上述不同主体，在行政法律关系中的地位是不同的。有的主体可以代表国家实施行政管理权，如国家行政机关；但有的主体没有行政管理权，如外国人。前者在具体法律关系中属于管理一方，后者属于被管理一方。从行政法原理上说，在具体行政法律关系中，处于管理一方的主体称为"行政主体"，处于被管理一方的主体称为"行政相对人"。国家行政管理具体表现为行政主体对行政相对人的管理。

行政法律关系主体是行政法律关系的首要构成要素。如果没有主体，由行政法律关系客体反映出来的内容便无归属，行政法律关系就无法成立。

### （二）行政法律关系的客体

行政法律关系的客体，是指行政法律关系内容即权利和义务所指向的目标，也是权利和义务的媒介。行政法律关系客体包括人身、行为和财物。"人身"指人的身体和人的身份。行政行为可以对人的身体和身份发生直接的作用，前者如行政拘留，后者如居民身份证管理。"行为"指行政法律关系主体的作为和不作为。它既包括行政主体的行政行为，也包括相对人的一般行为。"财物"指具有使用价值和价值的物质资料。作为行政法律关系客体的财物，既可以是物质形式（如没收违禁品），也可以是货币形式（如罚款）；既

可以是消费资料（如对消费品定价），也可以是生产资料（如对机器设备进口的审批）；可以是精神财富（如专利权、商标权和著作权），也可以是物质财富（如房屋）。

行政法律关系的客体是行政法律关系内容的表现形式，没有客体，内容就无法体现，从而影响行政法律关系的成立。

### （三）行政法律关系的内容

行政法律关系的内容是指主体在该关系中所享受的权利和承担的义务。由于主体被分为行政主体与相对人，内容也随之表现为行政主体的职权和职责以及相对人的权利和义务。

内容是行政法律关系的核心，没有行政法律关系的内容，行政法律关系便失去了存在的意义。

# 第三节　行政法基本原则

行政法的基本原则，是行政法学的基本理论之一，它贯穿整个行政法学的始终。掌握行政法的基本原则，有助于确立规制行政行为的标准。

## 一、行政法基本原则的概念和特性

所谓行政法的基本原则，系指贯穿在一国行政法中，指导和统率具体行政法律规范，并由它们所体现的基本精神，是要求所有行政主体在国家行政管理中必须遵循的基本行为准则。

行政法基本原则不同于行政法的指导思想。后者比前者效力层次更高，内容更抽象。行政法基本原则相对于行政法指导思想而言，更具有直接的可操作性。

行政法基本原则又不同于具体的行政法律规范。前者在效力层次上比后者高。行政法律规范是行政法的最小细胞，它的制定必须与行政法基本原则相一致，其内容必须体现行政法基本原则的精神。如果两者不一致，必须修改行政法律规范，而不是行政法基本原则。

行政法基本原则离不开具体行政法律条文。没有后者，前者便因失去表现形式而无法被反映出来。然而，行政法基本原则并非全由法律条文直接表达，大多原则存在于条文"背后"需被挖掘。

历史规律往往如此：一些法律原则最先是由学者们挖掘、创设、提炼，到成熟时才会由法律直接表达。所以，当一国法律未直接表达法律原则时未必是法律原则不存在，只是其法律原则尚未达到可直接用法律加以表达的程度。

行政法基本原则之所以不同于行政法指导思想、行政法律规范、行政法具体条文以及其他法学和学科的基本原则，是因为其自身的有关特征。行政法基本原则具有下列四个主要特征。

第一，行政法基本原则具有特殊性。这也就是说，行政法基本原则只能是"行政法"的基本原则，不是适用于所有法的基本原则，更不是适用于行政法以外其他法的基本原则。行政法基本原则的特殊性是建立在行政法与法之间的个别与一般的关系之上，它是相对于法的一般原则而言的。

第二，行政法基本原则具有普遍性。行政法的原则是可分层次的。有的原则适用于国家行政管理的所有领域，有的则不然，只适用于行政管理的某一领域。行政法是有关国家行政管理的法律规范的总和，其基本原则理应适用于国家行政管理的整个过程和所有领域。如果说行政法基本原则的特殊性是相对于其他法的一般性而言的，那么，行政法基本原则的普遍性则是相对于国家行政管理各个领域的特殊性而言的。

第三，行政法基本原则具有法律性。我们并不否定行政法的基本原则具有多种意义，但作为确立行政法基本原则的标准只能是法律意义。行政法的基本原则对行政主体的行政行为具有约束力，即任何行政主体，若其行为违反行政法的基本原则，均会导致直接的法律后果：行政行为被确认为无效，该行为自始不具有法律效力，行政主体还须承担相应的法律责任。

第四，行政法基本原则具有规范性。规范性是法律的特征之一。行政法的规范性要求作为行政法基本内容的基本原则也必须规范化。行政法基本原则的规范性不仅表现为其内容的规范性，同时也表现为其表述上的规范性。

## 二、行政法基本原则的地位和意义

无论是在法律领域还是在社会领域，行政法基本原则均有举足轻重的地位，而这种地位主要是通过其作用体现出来的。行政法基本原则的作用是多方面的，仅就行政法制领域而言，它主要具有以下作用。

第一，行政法基本原则有助于中国行政法制的统一、协调和稳定。我国行政管理的广泛性、多样性和复杂性，决定了行政法律规范的广泛性、多样性和复杂性。然而，这些广泛、多样和复杂的行政法律规范所体现的基本精神是统一的。同样，上述行政管理的特点使我国的行政法律规范更易变动，但相对多变的行政法律规范所体现的基本原则则是稳定的。在行政立法、行政执法和行政司法中坚持行政法的基本原则，显然有助于中国行政法制的统一、协调和稳定。

第二，行政法基本原则有助于适用法律时准确地理解和适用条文。行政法的基本原则贯穿在所有的行政管理法规之中，指导和统率所有的行政法律规范。因此，深刻地把握行政法的基本原则，有助于认识行政法的实质，有助于在执法和司法中准确地理解和适用条文。

第三，行政法基本原则是对行政法条文适用的一种补充。行政法的基本原则与行政法

的具体条文是统率与被统率的关系。因此，具体条文不得与基本原则相抵触，否则就得修改。在两者不矛盾的条件下，行政机关和司法机关在处理行政事务和行政案件时，有具体条文的应适用具体条文，无具体条文的也可直接适用行政法的基本原则。可见，行政法的基本原则既是行政法具体条文的统领，又是后者的补充。

第四，行政法基本原则直接规范行政主体依法行政。行政法的基本原则直接地、普遍地调整和规范着行政主体的行政行为，具有直接的法律约束力。行政主体的行政行为与行政法基本原则抵触者无效，有关责任者还须承担相应的法律责任。行政法基本原则是行政主体依法行政的可靠保障。

## 三、行政法基本原则的构建

行政法的基本原则总体上可以称作"行政法治原则"，旨在推进国家行政的法治化。鉴于层次性、全面性和效力性的考虑，行政法治原则应当这样构成：一是行政法定原则；二是依法行政原则；三是正当行政原则。第一条原则是解决行政职权的来源问题；第二、三条原则是解决行政职权的行使问题。这二者的区别在于：依法行政原则是针对羁束行政行为而言的，正当行政原则是针对裁量行政行为而言的。

## 四、行政法基本原则分述

行政法是规制行政行为的法，而行政行为的基础是行政职权。行政行为不过是行政职权的运行过程和结果。行政法治要求行政职权必须依法产生并依法行使。前者决定了行政法定原则，后者则形成了依法行政原则和正当行政原则。或者反过来说，行政法定原则旨在解决行政职权依法产生的问题，而依法行政原则和正当行政原则旨在解决行政职权产生之后如何依法行使的问题。

### （一）行政法定原则

行政法定原则要求实施行政行为的行政主体必须具有合法的权力基础。没有合法的权力基础，实施行政行为的主体就不构成合格的行政主体，从而导致其所作的行政行为违法并无效。

我国行政法定原则的形成有其理论依据和法律依据。人民主权理论便是行政法定原则的理论依据。关于国家机关公权力的产生方式，人类社会经历了"职权神定—职权人定—职权法定"的漫长过程，反映了国家对社会治理模式的"神治—人治—法治"之历史演进轨迹，体现了人类法治文明的进步。在一个民主的国家里，人民是国家的主人，是国家的主权者。经人民的授权才产生国家组织和公权力的行使者。在我国，人民的授权就是经过由人民代表组成的人民代表大会的立法来实现的。这就自然形成了公权力由法律设定的要

求和规则。国家行政机关实施行政行为，是国家意志的体现，是国家公权力的运行状态和结果，它理应有、必须有法律依据。在"人民主权"原则的支配下，"公权力——法无授权不可为，私权利——法无禁止皆可为"的法治理念就被确立起来。行政是国家行政权力存在和运行的过程和状态，是国家公权力的运行方式。坚持行政法定就是坚持"人民主权"，就是坚持"人民授权"。

从法律依据上讲，我国行政法定原则具有直接的宪法依据和其他法律依据。我国《宪法》（2018）第2条规定："中华人民共和国的一切权力属于人民。人民行使国家权力的机关是全国人民代表大会和地方各级人民代表大会。人民依照法律规定，通过各种途径和形式，管理国家事务，管理经济和文化事业，管理社会事务。"《宪法》（2018）还规定：中华人民共和国国务院，即中央人民政府，是最高国家权力机关的执行机关，是最高国家行政机关。国务院根据宪法和法律，规定行政措施，制定行政法规，发布决定和命令（第85、89条）；国务院各部、各委员会根据法律和国务院的行政法规、决定、命令，在本部门的权限内，发布命令、指示和规章（第90条）；省、直辖市、县、市、市辖区、乡、民族乡、镇设立人民政府。地方各级人民政府的组织由法律规定。自治区、自治州、自治县设立自治机关。自治机关的组织和工作根据宪法规定的基本原则由法律规定（第95条）；地方各级人民政府是地方各级国家权力机关的执行机关，是地方各级国家行政机关（第105条）；县级以上地方各级人民政府依照法律规定的权限，管理本行政区域内的经济、教育、科学、文化、卫生、体育事业、城乡建设事业和财政、民政、公安、民族事务、司法行政、计划生育等行政工作，发布决定和命令，任免、培训、考核和奖惩行政工作人员（第107条）。

行政法定就具体内容而言，应当包括职权法定、行为法定和程序法定。职权法定是行为法定和程序法定的基础；行为法定又是程序法定的基础。

### （二）依法行政原则

以职权法定为核心的行政法定原则使国家行政具有合法的出发点，使行政主体拥有行政职权，从而有资格实施行政行为。那么，行政主体拥有行政职权之后，如何行使职权？如何实施行政行为？显然，必须依法行政。

依法行政原则首先具有明文的宪法依据。我国《宪法》（2018）第5条规定："中华人民共和国实行依法治国，建设社会主义法治国家。国家维护社会主义法制的统一和尊严。一切法律、行政法规和地方性法规都不得同宪法相抵触。一切国家机关和武装力量、各政党和各社会团体、各企业事业组织都必须遵守宪法和法律。一切违反宪法和法律的行为，必须予以追究。任何组织或者个人都不得有超越宪法和法律的特权。"《宪法》（2018）第89条在规定国务院职权时，第1项就明确要求"根据宪法和法律，规定行政措施，制

定行政法规，发布决定和命令"。同时，第 90 条第 2 款要求"各部、各委员会根据法律和国务院的行政法规、决定、命令，在本部门的权限内，发布命令、指示和规章"。此外，《地方各级人民代表大会和地方各级人民政府组织法》（2022）第 62 条规定："地方各级人民政府应当维护宪法和法律权威，坚持依法行政，建设职能科学、权责法定、执法严明、公开公正、智能高效、廉洁诚信、人民满意的法治政府。"这些都是确立依法行政原则的法律依据。

理论上说，依法行政要求国家行政机关及其工作人员依法作出行政行为，以保证行政行为的合法性，即当法律对行政行为具有明确规定的条件下，严格按照法的规定作出和实施行政行为。

依法行政原则要求行政行为的作出和实施必须具有职权依据、事实依据、规范依据，并符合法定程序。职权、事实、依据和程序是合法行政行为的四个要件，依法行政原则对行政行为不仅要求做到实体上的合法，而且要求做到程序上的合法；不仅要求做到内容上的合法，而且要求做到形式上的合法。依法行政旨在全面阻却行政违法，以保证国家行政机关在法治轨道上实施国家行政管理。

### （三）正当行政原则

行政主体行使行政职权，如果是作出羁束行政行为，严格依法行政便可；但如果是作出裁量行政行为，那就必须坚持正当行政原则。正当行政原则是对依法行政原则的补充，系指当法无规定，或者法无明确具体规定的条件下，行政主体实施行政行为必须符合"正当性"标准。

正当行政原则的确立，与政府行政自由裁量权的存在和发展，以及人们对行政自由裁量权认识的深化，特别是对其控制意识的加强有关。政府的行政行为在客观上有羁束行为与自由裁量行为之分。在行政法制发展的初期，人们的目标只限于规范羁束的行政行为，行政法的任务亦停留在以制定法衡量羁束行为的合法性。此时的行政自由裁量权处于绝对的"自由"状态。随着社会的发展，政府行政职能的强化，特别是 19 世纪以来，政府行政自由裁量权不断扩张，人们日益感受到来自它的威胁。人们逐渐认识到，行政法不仅应控制政府的羁束行为，还应控制政府的自由裁量行为。

坚持行政行为的正当性，在我国具有深厚的法律基础。我国《宪法》（2018）第 62 条第 12 项赋予全国人民代表大会具有改变或者撤销全国人民代表大会常务委员会"不适当"决定的职权；第 89 条第 13 项规定国务院有权改变或者撤销各部、各委员会发布的"不适当"的命令、指示和规章；第 99 条第 2 款规定县级以上的地方各级人民代表大会有权改变或者撤销本级人民代表大会常务委员会"不适当"的决定；第 104 条规定，县级以上的地方各级人民代表大会常务委员会有权撤销本级人民政府的"不适当"的决定和命令，撤

销下一级人民代表大会"不适当"的决议。这里的"不适当"包含了"不合法"和"不正当"的情景。

2004年国务院制定发布的《全面推进依法行政实施纲要的通知》（国发〔2004〕10号），把"合理行政"和"程序正当"列入依法行政的基本要求。要求行政机关实施行政管理遵循公平、公正的原则，平等对待行政管理相对人；行使自由裁量权应当符合法律目的，排除不相关因素的干扰；所采取的措施和手段应当必要、适当；行政机关实施行政管理可以采用多种方式实现行政目的的，应当避免采用损害当事人权益的方式。

2015年中共中央、国务院制定发布了《法治政府建设实施纲要（2015—2020年）》，要求政府工作人员恪守合法行政、合理行政、程序正当、高效便民、诚实守信、权责统一等依法行政基本要求。

我国行政复议法始终强调，行政复议的使命是保证行政行为的合法性和适当性，杜绝违法和不当行政行为。《行政复议法》（2017）第1条开宗明义地指出，行政复议旨在防止和纠正违法的或者"不当的"具体行政行为，保护公民、法人和其他组织的合法权益，保障和监督行政机关依法行使职权。《行政复议法》（2017）第28条又规定，对于认定事实清楚，证据确凿，适用依据正确，程序合法，"内容适当"的行政行为，应当决定维持；对于行政行为"明显不当的"，应当决定撤销、变更或者确认该行政行为违法。《行政复议法实施条例》（2007）第47条规定，对于"明显不当"的行政行为，行政复议机关可以决定变更。

我国行政诉讼法虽然确立了对行政行为的合法性审查原则，但它在一定程度上也要规制行政行为的正当性与合理性。根据《行政诉讼法》（2017）第70条，行政行为"明显不当"的，人民法院可以判决撤销或者部分撤销，并可以判决被告重新作出行政行为。第77条又规定，行政处罚"明显不当"的，人民法院可以判决变更。

上述表明，坚持正当行政，控制不当行政，乃是我国行政法的基本任务之一。

正当行政原则，要求行政主体作出的行政行为必须符合正当性要求。而行政行为可以分为实体行为与程序行为，这样，正当行政就包括并转化为正当实体与正当程序。

正当行政原则落实在实体行为上，就表现为四项原则：平等原则、比例原则、情理原则、信赖利益保护原则。正当程序的基本要求包括但不限于：①告知执法主体；②为相对人行为留足合理期限；③限制人身自由及时通知家属或单位；④对妇女儿童的特别程序保护；⑤获得律师帮助。

违反依法行政原则属于行政违法，违反正当行政原则同样属于行政违法。但就行政违法的具体定性而言，它和违反依法行政原则的违法是略有区别的。由于正当行政原则是一项适用于裁量行政行为的法治原则，它在实体上的违法就属于"滥用职权"之违法；它在程序上的违法则属于违反正当程序，也可称"滥用程序"。按照中国目前的司法裁判逻辑，

违反正当程序（滥用程序）的行为可以按照违反法定程序的违法行为来定性和处理。

　　无论是滥用职权还是滥用程序，这些行政违法的后果可能会导致该行政行为被确认违法或无效，被依法撤销和要求重作行政行为，造成相对人损害的，行政主体还须承担赔偿责任。

## 五、行政法各原则之间的关系

　　行政法治原则包括行政法定原则、依法行政原则和正当行政原则。而行政法定原则、依法行政原则和正当行政原则这三者并非"平面"关系，它们之间存在一种递进式的逻辑关系。掌握这三个原则之间的逻辑关系，对于我们学习和应用行政法治原则至关重要。

### （一）行政法定原则是依法行政原则和正当行政原则的基础

　　如果我们将行政主体实施行政行为比喻为驾驶车辆，那势必要解决两个问题：一是你是否可以驾车，即你是否具有驾车的资格；二是如果你有驾车资格，接着才需解决"如何驾车"的问题。如果你无驾车资格，那么就没有必要和你讨论如何驾车的问题，否则会造成你无证驾车的违法后果。行政法定正是解决你的驾车资格问题，而依法行政和正当行政正是解决你如何驾车的技术问题。

　　行政职权是行政行为的核心，没有行政职权就不可能有行政行为；行政行为是行政职权的外化形态，是行政职权运行的过程和结果。一种行政行为的作出，首先应当清楚它是由谁作出的？谁有权作出行政行为？这就需要解决行政职权的来源问题。行政职权具有合法的来源，行为人才具有行政主体的资格，行政行为才有发生的可能和前提。行政法定原则正是为了解决这一前提问题而设立的。

　　行政法定原则的核心是职权法定。职权法定决定了行为法定和程序法定。我国的职权法定原则，解决了行政职权的合法来源，即行政职权必须依法设定、依法授权和依法委托，拒绝行政职权的"人为性"和"任意性"。而依法行政和正当行政则是解决如何实施行政行为的问题。所以，行政法定原则是依法行政原则和正当行政原则的前提和基础。

### （二）依法行政原则和正当行政原则是行政行为的车之两轮和鸟之两翼

　　当某一组织的行政主体资格问题解决以后，接着要解决的是：该行政主体如何实施行政行为。而我们所面对的行政行为无非两种：一种是羁束行政行为；另一种是裁量行政行为。对于羁束行政行为，必须坚持依法行政原则，做到"依法办事"；对于裁量行政行为，则必须坚持正当行政原则，必须以"正当性"作为标准加以衡量。这两者是缺一不可的。

### （三）依法行政原则与正当行政原则互为吸收

依法行政原则适用法有明确规定的羁束行政行为，旨在解决行政行为的"合法性"，只要做到严格依法办事即可；而正当行政原则是在法无规定或法的规定不明确的状态下，针对裁量行政行为而适用的原则，它旨在解决行政行为的"正当性"。那么，坚持依法行政原则是否意味着无须遵循正当行政原则？遵循正当行政原则是否无须坚持依法行政原则？难道"合法性"不包括"正当性"，"正当性"也不包括"合法性"吗？依法行政原则与正当行政原则是否具有排斥性？答案是否定的。

其一，在适用范围上，依法行政原则与正当行政原则是适用不同类型的行政行为，前者适用羁束行政行为，后者适用裁量行政行为，泾渭分明，不会交叉，也不会排斥。

其二，在适用技术上，依法行政原则与正当行政原则不可能发生冲突。当法律对行政行为有明确规定时，应当优先适用依法行政原则；在法律无规定或法律规定不明确的情况下，才适用正当行政原则。

其三，在法理观念上，"合法性"的内存标准正是"正当性"，不具有"正当性"的法不是"良法"。坚持"依法行政"时，不是不要"正当性"，而是这时的"正当性"已写进了法律法规，已被"合法性"所吸收。通过合宪性审查的保障、合法性审查的广泛性，法律法规只要未被依法撤销，就应当推定它是"良法"，各项"正当性"要求已被法所吸收和体现。合法性是成文法的正当性，正当性是非成文法的合法性。当"正当性"被写进法律法规时，坚持"依法行政"就是坚持"正当行政"。只有当"正当性"未被写进法律法规时，我们才需要突出强调行政行为的"正当性"。可见，依法行政原则与正当行政原则不是互相排斥的，而是相互融合、相互吸收的。

# 第五章 行政法法典化的模式选择

## 第一节　行政法法典化模式的相关概念与特征

### 一、行政法法典化的概念

首先要理解行政法法典化的概念，必须先掌握"法典化"概念为何？曾任东罗马帝国的皇帝的查士丁尼一世首次开辟了"法典"一词，公元 528 年，查士丁尼一世下令制定的《查士丁尼法典》，也由此拉开了法典编纂工作的序幕，"法典"也就代表着"法律汇编"的含义。长期以来，法学家们不懈地致力于寻求最理想的法律形式，然而最理想的法律形式并不是自然存在的，它是在漫长的历史长河中不断演变，发展中逐步推进而来的。随着法治的不断进步，法典一词也开始走向多元化，分为英美法系、大陆法系两种。英美法系对法典更加注重从成文法角度出发，一方面是能够编排已有的行政法律法规；另一方面则是订正、汇编全部法律，使其能够表达得更为明确和简明。这相当于"法典化"是一个法律法规合集，是比较系统的立法文件而已，不必包罗万象，也不必包括全部法规，只需相对明确和连贯。在大陆法系中，对于"法典化"有着更为严谨的解释，法典应逻辑严谨，体系完整明确，要对法律基础原则与规范作出最权威的表述。相对而言，笔者较为认可大陆法系对法典化的解释，所以我国的法典化应当秉持逻辑严密态度，整合内在体系的法律编纂活动。

行政法学界对于行政法法典化的界定存在三种说法：一是指行政法总则法典化、一般行政法法典化、部门行政法法典化，其中，行政法总则法典化是指将本国行政法的原则和规范进行分类和归纳而进行的法典编纂；二是一般行政法法典化是指对抽象和具体行政行为进行法典编纂；三是部门行政法法典化是指按照具体行政执法领域进行法律的汇编，但没有体现内在系统的归纳和总结。笔者认为一般行政法法典化和部门行政法法典化都存在一些偏颇，例如，一般行政法法典化只能应用于已有总则控制行政行为的国家，所以现实意义不强，而部门行政法法典化又凸显出与法律汇编相关的特性，并不适合当前的统一法典化的发展趋势，因此，笔者认为行政法法典化的概念应当是指对本国的行政法基本原则和行政行为活动进行学理归纳和系统编排并整理陈述的编纂活动。

### 二、行政法法典化模式的概念

在对行政法法典化模式的概念进行界定之前，我们需要对法典化的模式类型进行分析，以此为前提的基础上提出行政法法典化模式的概念。根据当前学界达成的共识，法典化的模式可分为体系型、汇编型两种类型。一是体系型法典。体系型法典是指将法律规则、价值、原则整合成一个可以消除内部矛盾、独立于外部其他法律的体系的法典。二是汇编型

法典。汇编型法典有两层含义：其一是指基于已经成功编纂的部门法典，并在可保持法典与法律规范相融通的前提下留出了特别立法的空间；其二是指在准备法典化方面，为便于查阅，单独设置一编关于各分编的程序性、原则性规范的"一般规范"，并且不改变各分编的内容，使其保持原文不变，从而将各分编与"一般规范"整理在一部典籍中。笔者认为我国的法典化更适合体系型法典，也就是通过将部门的基本原则、一般规则进行整合，构建完成一个明确、稳定且没有矛盾的融贯体系，因此行政法法典化的模式也应当采用体系型模式，所以行政法法典化模式概念就是指对行政法律规范的体系性追求，尝试让行政法律规范更加协调和科学，从而能够消除行政法律规范之间矛盾，保证行政法法典的安定性。我国目前行政立法数量较为庞杂，急需编纂一部能够整合行政法律规范的法典化模式，而行政法法典化的模式有助于保障行政法法的安定性，实现法律上的形式平等。

## 三、行政法法典化模式的特征

### （一）内容的体系性

行政法法典化的模式体现了行政法律规范的体系性特征。行政法律规范的体系性是我国行政法学界对行政法法典化模式的首要功能的普遍认为。我国学界普遍认为法典制定的主要功能在于完成法律规范体系的整合，正因为法典化对体系构建的重要性，所以行政法学者在构建行政法法典时通常会兼顾体系性对法律规范在纵向和横向双重构建的平衡性。从纵向看，法律规范按其性质分为原则与规则；从横向看，法律规范根据调整社会关系而划分为各部门法。体系性确保规范间融贯，但其真正的价值追求是裁判的一致性，其背后的法哲学思考，正是行政法法典化模式对安定性的追求。

行政法法典化模式的选择是以形成体系性法典为立足点，在对既有行政法律规范进行统一整理与必要补充的基础上，使得处于分散状态的行政法律规范间建立起较为密切的内在逻辑联系。我国行政法在分散式立法中摸索了多年，形成了结构比较合理，层次比较清晰的行政法律规范体系。除行政组织法发展缓慢外，行政活动和监督救济法制发展也颇为迅速，并已形成具有中国特色的规范体系。中国行政法法典化的编纂绝不仅是简单的修补工作，而是要在已经相对齐备的行政法规范集群基础上再进行体系建构。一个国家在两种情况下才迫切需要编纂法典：一是从法律整体发展角度出发，需要立即构建一个基础法律，这在我国历史上主要由宪法的制定或修正完成；二是法律传统成分阻碍了法律发展的可能性，因而需要一个新的基础法律，以促进法律的发展，这就对应了当下行政法所处的情况[①]。当前，行政法领域单行法的制修模式已经不能满足行政法进一步发展的需要，而且我们决不希望总是看到行政法一直受到杂乱无章、变动频繁之类的诟病。所以，行政法

---

① 关保英.《行政法典总则》对行政法治理念的整合 [J]. 法学，2021（9）：38-52.

法典化不仅是要将浩如烟海的行政法规范中选择合适的模式汇集成典，更重要的是展开本部门法的体系化建构。客观来说，行政法法典化的模式选择并不是学者们一厢情愿，而是由行政法自身发展的内在规律所决定的，即行政法的发展必然要由简单走向复杂、由分散走向统一、由集合走向体系的内在规定性使然。

### （二）形式的统一性

行政法法典化模式在形式上表现出统一性特征。法典形式上的大一统可以在总体上提升行政法效力位阶，有利于法典权威宣示功能的实现。就行政法领域而言，行政法法典化模式是选择以凸显理性精神为核心的确定性权威。行政法法典化能以法典化权威的方式将领域多元，过程繁杂，变化频繁的行政法规范一次表述出来，通过有效发挥法典自身拥有的权威性功能，明确简要地向人民群众说明行政法。行政法法典化不需要通过其强制措施及手段取信于民，而是在法典化的权威性上展现其具有的特殊功能，从而达到规范公权力、保护私权利的作用。所以，行政法法典化模式的选择就是将散化的行政单行法律的共同元素提前整合为统一性的行政基本法。因此，行政法法典化在形式上的统一化，就是以至高无上的权威方式宣示着一个国家、一个民族在行政法治方面的高尚追求，它无疑为我国法治政府建设这个重点任务、主体工程打下坚实的基础架构。从形式上达到了统一，让行政法法典化更接近群众、服务于群众，为实现行政法律规范上的形式平等打牢基础，真正让为人民服务的理念落地落实。

### （三）理念的价值性

行政法法典化模式反映出理念的价值性特点。政法法典化模式不仅是对行政法律规范按照法典化的形式有计划地展开整合、编纂工作，更是对每一个环节、每一个步骤的价值判断。实际上，行政法法典化模式在形式层面与价值层面均具有重要意义，两者不能偏废，具有中国特色，适应时代需求和人民意志是价值层面上的目的。通过行政法价值理念的融合，它具有效力更高，表述规范，位阶清晰和价值集中的优点。行政法价值理念存在抽象与具体之别，从纵向视角观之，行政法在规范层级的划分，领域的涵盖，文件的数量和内容的要素方面均远超任何一个部门法；从横向维度考量，国家治理现代化进程中宪法统帅之下各部门法之间相辅相成，有且只有行政法作为该部门法的代表，同刑法典、民法典就价值选择进行商谈和沟通，从而构成我国特有的法治体系，真正为中国特色社会主义道路夯实基础。

笔者认为，行政法法典化的体系性、统一性以及价值性三个特征之间是相辅相成，行政法法典化的体系性促进行政法律规范形式上的统一，促进行政法价值理念的整合；反之，行政法价值理念的整合迎合了行政法法典化体系的构建，为行政法律规范的统一夯实基础，

且都是行政法法典化的模式安定性的体现，意在消除行政法律规范之间矛盾，尝试让行政法律规范更加协调和科学。

# 第二节　我国行政法法典化的模式选择

## 一、选择行政法总则法典化模式的理由

行政法的法典化模式选择，既要考虑行政法自身的特殊性，又要考虑部门法的共性。从我国行政法的历史发展过程及实际需求而言，制定行政法总则法典化是今后行政法法典化的努力目标。这样既排除了法律汇编意义上的中的法典化，又能够为在具体行政领域的法律制定预留空间，且又超出了纯粹行政程序法典化的范畴，给行政法总则法典化留出必要空间。换言之，我国行政法法典化可采用"总则＋分则"的模式，就具体实施步骤而言，当前应尽快着手制定行政法总则法典，即以行政法总则法典化编纂为任务，而对各个分编加以整理，争取在 2035 年之前，制定出一部有中国特色的行政法典。

随着现代社会的发展，行政法的重要性日益凸显，其对国家治理、公共事务以及个人权利的保护发挥着无可替代的作用。而为了更好地应对复杂的行政法实践，法典化模式被视为一个合理的选择。在这一模式下，行政法总则得以在更广泛的基础上展现其发展成果，并有效利用其在制度经验上的优势。

（1）行政法总则法典化的首要理由在于它能够充分利用行政法领域的制度经验。在实践中，行政法领域已经积累了大量的制度经验，这些经验在实践中得到了检验，并在一定程度上解决了现实问题。通过将这些经验纳入法典，我们可以更好地总结和推广这些经验，从而在更大的范围内发挥其作用。此外，法典化的行政法总则还可以为未来的立法和司法实践提供明确的指导，避免因理解不同而导致的混乱。

（2）行政法总则法典化能够转化行政法理论的发展成果。随着行政法学的发展，许多新的理论观点和实践方法不断涌现。将这些理论成果转化为法典化的行政法总则，不仅有利于更好地指导实践，还可以推动行政法学的发展。这种转化不仅有利于提升行政法的科学性和系统性，也有利于推动法治建设的发展。

（3）法典化的行政法总则可以增强其权威性和稳定性。相比于其他形式的行政法规，法典化的行政法总则更具有权威性和稳定性。因为其是以国家立法的形式出现的，具有一定的法律效力，这使得其能够在一定程度上抵御个别人的修改意愿，保持其稳定性和连续性。

（4）对于法律工作者来说，法典化的行政法总则也更易于理解和适用。对于法律工作者来说，面对繁杂的行政法规，法典化的行政法总则可以提供一种更为清晰、明确、系

统化的法律体系，使得他们能够更好地理解和适用相关法律。

（5）行政法总则法典化可以参考民法典的制定。民法典作为我国民事基本法律，在立法过程中遵循了科学、民主、公开的原则，形成了统一的法律体系。行政法总则法典化可以借鉴民法典的制定经验，使得行政法的制定更加科学、合理、有效。此外，民法典的成功实践也为行政法总则法典化提供了宝贵的前车之鉴，使得立法者在制定过程中更加注重实用性、可行性、稳定性和可预测性。

（6）行政法总则法典化能够降低立法和司法成本。传统上，行政法的制定和修改需要经过烦琐的程序和漫长的过程，这不仅增加了立法成本，也使得司法实践面临诸多困难。而行政法总则法典化可以通过简化立法程序、缩短立法周期、提高立法效率等方式，降低立法成本，同时也为司法实践提供了更加稳定和可预测的法律环境。此外，行政法总则法典化还可以通过统一法律术语、规范法律条文、明确法律责任等方式，提高法律的可操作性，减少司法过程中的争议和分歧，从而降低司法成本。

总的来说，选择行政法总则法典化模式是基于其对制度经验的利用、对理论发展的转化、对权威性和稳定性的提升以及对法律工作者理解和适用便利、能够参考民法典的制定、降低立法和司法成本、提高立法效率和司法可预测性等多方面的考虑，而且可以使得行政法的制定更加科学、合理、有效。未来，随着法治社会的不断进步，我们期待更多的法律领域能够实现法典化，从而为我国的法治建设贡献力量。这种模式不仅有利于应对复杂的行政法实践，还可以推动行政法的进步和发展。同时，这也是一个对公众负责、对社会负责的决策。因此，我们应该积极推动行政法总则的法典化进程，以更好地服务于社会和公众。

## 二、行政法总则法典化模式的框架

中国特色行政法法典化工作是一项里程碑式的伟业，行政法法典化的圆满完成标志着具备中国特色社会主义的法治体系的成功构建。当前，摆在行政法学界面前较为迫切的问题就是如何为行政法总则法典化设计出科学合理的基本框架。

笔者认为，行政法总则法典化的内容体例要坚持中国本土特色，既要在建设中国特色法治政府中充分借鉴实践和探索的经验，又要在理论上及时吸纳中国特色法治政府的最新成果[①]应松年教授提出《行政法法典》总则部分可设计为如下五章：第一章"一般规定"，内容包括行政法的指导思想、基本原则、基本范畴；第二章"行政主体"，内容包括行政主体的范围、行政法律关系、行政职权等；第三章"行政活动"，内容包括行政行为的效力、构成要件、形式内容、效力规则以及撤销、撤回和终止等；第四章"行政程序"，内容包括行政回避、决策、公开、证据、送达、期间以及裁量权基准制度等；第五章"行政权力的监督、救济、保障"，内容包括行政监督的主体、原则、范围、方式、程序和责任

---

① 章志远.行政法总则行政保障篇起草的基本遵循[J].江淮论坛，2019（2）：115-120.

等①。笔者也赞同应松年教授的观点，这样设置科学合理，具有可行性。

## 三、行政法总则法典化模式的内容

第一章是一般规定。一般规定主要包括：一是行政法的指导思想即马列主义、毛泽东思想、邓小平理论、"三个代表"重要思想、科学发展观、习近平新时代中国特色社会主义思想。二是行政法的基本原则。包括实体原则和程序原则，实体原则有依法行政原则、行政合理性原则、诚实守信原则、高效与便民原则、监督与救济原则，程序性原则是指程序正当原则。三是相关定义的界定。主要包括行政法、行政主体、行政行为、行政救济等概念确定。

第二章是行政主体。行政主体主要包括：一是行政主体的范围。包括两类行政主体和法律法规授权的组织。二是特殊的行政主体确定。包括行政授权和行为委托下行政主体资格的确认条件。三是行政相对人的范围。主要包括公民、法人和其他组织。四是特殊行政相对人的资格确定。包括外国人、外国企业和外国经济组织。

第三章是行政行为。行政活动主要包括：一是行政行为的效力，即公定力、确定力、拘束力和执行力。二是行政行为的成立要件。行政行为符合主体、权力、效果和形式要件行为成立。三是行政行为生效的要件。行政行为生效包括送达生效、作出生效、附条件生效和附期限生效四种。四是行政行为违法、撤销、中止、终止、废止、确认无效等情形的要件。例如按照行政诉讼法可撤销的条件是超越权限、滥用职权、法律适用错误、事实不清及证据不足、违反法定程序和显失公平。五是行政行为的类型和权限。主要包括行政许可、行政处罚、行政强制、行政确认等以及相关的权力边界。

第四章是行政程序。行政程序主要包括说明理由制度、听证制度、陈述申辩制度、案卷排他制度、受理制度、调查制度、告知制度、决定制度、送达制度、执行制度等程序规定。

第五章是行政的监督、保障和救济。主要包括：一是行政行为的监督主体包括外部监督和内部监督，外部监督是指政治监督、媒体监督、公众监督、司法监督、审计监督、监察监督等。内部监督是指上级行政机关对下级行政机关的监督和行政机关对本行政机关的工作人员的监督等。二是行政行为的保障是指行政行为作出，行政相对人拒不执行行政行为所设定的义务的，行政机关可以向人民法院申请强制执行，也包括行政机关在行使职权中遇到阻碍，可以向其他行政机关请求协助排除妨碍。三是行政行为的救济，主要是举报、控告、检举、行政复议、行政诉讼和信访等渠道。对相关救济渠道进行梳理和提示。

---

① 应松年，张航.中国行政法法典化的正当性与编纂逻辑 [J].政法论坛，2022，40（3）：27-41.

# 第六章　建设工程全过程法律风险防控实务

# 第一节　建设工程招标投标法律风险防控

建设工程招标投标阶段是建设工程企业拿下工程项目的起始阶段,对于建设工程企业,无疑很关键。遗憾的是,部分建设工程企业往往更注重中标结果,而对于建设工程投标阶段,却未给予足够的重视,导致建设工程投标阶段法律风险重重。

## 一、建设工程投标阶段尽职调查法律风险防控

在国家严控房地产市场的大环境下,建设工程企业之间的竞争越来越激烈,中小型建设工程企业的生存空间逐步被压缩。为了拿下工程项目,建设工程企业各显神通。

建设工程企业获取工程项目的主要渠道有:熟人介绍、邀请招标、公开投标等。不管哪种渠道,人脉关系都尤为重要。即使交易中心网站上公开招标投标的项目,投标人也需要多方努力,甚至动用一定社会资源,方可中标。也正因为如此,建设工程企业在拿下工程项目前,往往倚重关系、背景。对于建设单位与工程项目本身的实际情况,建设工程企业往往疏于进行必要的尽职调查,导致中标后风险重重。

### (一)建设工程投标阶段尽职调查的含义、目的

1. 建设工程投标阶段尽职调查的含义

建设工程投标阶段尽职调查,是指建设工程企业参与投标前,自行或委托律师事务所对建设单位的企业性质、资质、信誉、履约能力等,以及工程项目的实际情况,进行必要的调查、分析、判断,形成书面的尽职调查报告,最大限度地防控建设工程投标阶段法律风险的行为。

建设工程企业自身无力进行建设工程投标阶段尽职调查的,需委托专业律师开展调查。建设工程企业需与律师事务所签订尽职调查协议。明确约定尽职调查的范围及内容。专业律师重点调查建设单位的主体资格、资质、资金实力、信誉情况、公司内部的管理状况,以及项目土地、规划审批情况等。

2. 建设工程投标阶段尽职调查的目的

建设工程企业在参与工程项目的投标前,通过必要的尽职调查,可以清楚了解建设单位及工程项目的真实情况,尤其是了解建设单位是否有履行建设工程施工合同的能力,建设工程企业能否顺利收回工程价款;通过必要的尽职调查,建设工程企业可对建设工程项目现存和潜在的法律风险作出法律上的判断,为是否参加该工程项目的投标提供依据;通过必要的尽职调查,建设工程企业可以有效避免发生建设工程施工合同因违反国家强制性规定而无效致使建设工程企业利益受损的情况,最大限度地防范法律风险。

## （二）建设工程投标阶段尽职调查的范围

1. 对建设单位的尽职调查范围

（1）调查建设单位主体地位

主要调查：发包人是否为项目的实际建设单位，是否属于独立法人，能否独立承担民事责任。

①调查建设单位的性质是政府部门还是企事业单位或社会组织，是按照法律规定成立的法人组织还是法人组织下属分支机构，有无法人章程、营业执照、组织机构代码证等。

②调查建设单位注册资本数额，资金是实缴还是认缴，主要财产状况、银行信用状况。

③调查建设单位股权结构，股东构成，控股股东对其经营、资本、财产的控制、决策、影响情况，是否为国有单位或国有资金占主导地位的单位。

建设工程企业需特别注意调查两点。

一是代建项目。我国法律法规目前对代建行为缺乏明确的规定，几乎是空白状态。因此，建设工程企业在参与代建项目投标前，有必要先行了解建设单位、代建单位之间的权利义务关系，尤其是代建单位是否得到了建设单位的明确授权，代建单位的资信、实力如何，有无履约能力。

二是建设单位组建的项目筹建处、指挥部等。建设工程企业需查明建设单位组建的项目筹建处、指挥部等是否依法成立，有无独立财产，能否独立承担法律责任。

（2）调查建设单位开发资质

调查建设单位是否在规定的业务范围内从事开发业务，是否属于越级开发。建设项目属于房地产开发的，需了解建设单位是否达到《房地产开发企业资质管理规定》要求的企业资质等级，是否超越资质等级从事房地产开发经营，是否在房地产开发主管部门备案，是否参加年检等情况。

（3）调查建设单位诚信、履约能力、诉讼或者仲裁风险等

建设工程企业需特别查明：建设单位是否有可能出现因资金未到位或财产被查封、冻结等无法履行建设工程施工合同，导致工程项目无法开工或中途停工甚至烂尾等情况，加大诉讼或仲裁风险。

2. 对工程项目的尽职调查范围

（1）调查项目是否真实

建设工程企业可从项目立项、规划、用地指标、土地使用证等方面调查项目是否真实，以免上当受骗，造成不必要的损失。

①调查立项情况

查明项目是否需要立项，如需立项，应当查明项目是否通过相关发展和改革委员会的审批，是否已经准予立项，是否取得了相关的项目许可证照。

②调查规划情况

建设用地规划许可证是取得国有土地使用权的基础，建设单位申请取得建设用地应在取得建设用地规划许可证后。建设单位未依照程序办理建设用地规划许可手续，就无法取得建设用地，建设工程施工合同无履行的基础，建设工程就无从开展。因此，建设工程企业在投标前，应当查明项目是否已取得建设工程规划许可证，规划用地的面积、容积率等情况如何，是否获得用地指标，是否符合设计、环保、消防等方面的要求。

（2）调查土地性质、土地获取方式情况

查明土地是国有土地还是集体土地，是否获得相关行政管理部门批准，是否正在办理土地征收、征用手续；通过出让方式取得土地的，应当查明土地用途是工业用地、商业用地还是住宅用地，是否已全部缴纳土地出让金，是否取得土地使用权证或持有使用土地的批准文件；通过划拨取得土地的，应当查明是否获得相关行政管理部门批准，是否补缴土地出让金。

不管是哪种获得土地的方式，都需查明该土地上是否存在他项限制性权利，比如，有无办理在建工程抵押或其他抵押手续，抵押金使用情况如何，土地有没有被查封等。

（3）调查项目是否属于必须招标的项目

在工程实践中，一些建设单位违反法律法规规定，对依法依规必须进行招标的项目不招标。建设工程企业不对此进行尽职调查，与建设单位签订的建设工程施工合同将无效，极有可能给建设工程企业造成法律风险，造成不可避免的损失。

对于经调查确定的必须招标的工程项目，需要查明招标条件是否满足：按照国家有关规定需要履行项目审批手续的，是否已经办理审批手续；工程资金或者资金来源是否已经落实；有没有满足需要的设计文件及其他技术资料；法律法规、规章规定的其他条件。

（4）调查工程项目是否存在施工图未定稿就进行招标的情况

施工图还未定稿就进行招标，这种情况很隐蔽，建设工程企业往往注意不到。如果工程项目存在这样的情况，建设工程企业中标后，发包人一旦对工程项目的设计进行重大变更，就将大大降低工程预算的确定性，大幅增加工程造价。承包人需要通过签证的方式解决因设计重大变更而增加的工程价款，一旦发包人不配合签证，将对承包人极为不利。

（5）对工程项目现场进行必要的勘察

建设工程企业勘察工程项目现场，能够了解：工程项目现场地质环境；招标投标文件所附图纸是否与工程现场吻合，是否存在遗漏项目；文件所述情况是否与现场一致；设计方案能不能落地实施等。

## 二、合同文件法律风险防控

合同文件是招标文件的重要组成部分。不过，目前部分招标文件简化了合同文件内容，

仅标明"合同条款及格式",内容一般只写采用或参考《建设工程施工合同(示范文本)》(2017)或《建设项目工程总承包合同(示师范文本)》(2020),而没有拟定合同具体条款。确定中标人后,招标人与中标人再商定合同具体内容,签订中标合同。

### (一)投标人需积极响应招标人在合同文件中提出的要求

招标人在合同文件中,对中标后签订建设工程施工合同或建设项目工程总承包合同提出具体要求的,比如,垫资要求、工期要求、安全文明施工要求、质量标准要求等,投标文件必须根据要求进行积极响应。

### (二)签订中标合同投标人需注意的问题

1."先定后招"行为的法律风险

《招标投标法》第43条规定:"在确定中标人前,招标人不得与投标人就投标价格、投标方案等实质性内容进行谈判。"

不过,在工程实践中,依法必须进行招标的项目,却存在大量的"先定后招"行为。"先定后招"行为是串通投标行为,主要有以下两种表现形式。

(1)中标人在中标前,已先与招标人就工程范围、建设工期、工程质量、工程价款等实质性内容达成协议,中标后再补办形式上的招标投标手续;

(2)中标人先进场施工,双方形成事实建设工程施工合同关系,后进行招标投标活动、签订中标合同。

"先定后招"行为违反了《招标投标法》第43条、第55条及《新建设工程司法解释(一)》第1条有关禁止未招先定、串通投标行为的规定,打破了招标投标活动的流程招标、投标、开标、评标、定标、中标,强行将决定招标投标结果的定标环节前置,导致招标活动的其他环节形同虚设,侵犯了其他投标人的合法权益,扰乱了招标投标市场正常秩序。因此,"先定后招"行为是典型的违法行为。即使招标人与中标人补办招标投标手续,补签中标合同,且中标合同在建设工程行政主管部门备案,该中标行为、中标合同仍然无效。

不过,虽然上述中标行为、中标合同无效,但中标合同并不必然无法履行。这里分两种情况:

(1)招标投标活动中存在"先定后招"行为,且被其他投标人或利害关系人投诉、举报,导致中标行为无效的,签订的中标合同也无效,且无法继续履行;

(2)招标投标活动中存在"先定后招"行为,但未被其他投标人或利害关系人发现,或发现但未被投诉、举报的,虽然法律上说中标行为无效,中标合同同样也无效,但仍然可以履行中标合同。

2.非必须招标项目中标合同的签订

非依法必须进行招标的工程项目，发包人往往出于防止腐败现象发生等原因，也会通过招标投标程序确定承包人。在工程实践中，存在很多此类项目，发包人在发出中标通知书之前，承包人已进场施工，双方也已签订建设工程施工合同。在施工过程中，承发包双方另行签订背离中标合同的实质性内容的合同或补充协议。

《新建设工程司法解释（一）》第23条规定："发包人将依法不属于必须招标的建设工程进行招标后，与承包人另行订立的建设工程施工合同背离中标合同的实质性内容，当事人请求以中标合同作为结算建设工程价款依据的，人民法院应予支持，但发包人与承包人因客观情况发生了在招标投标时难以预见的变化而另行订立建设工程施工合同的除外。"

根据上述规定，不论是否属于必须招标的项目，当事人选择以招标投标方式确定承包人，就应受招标投标法律的约束。招标人与中标人签订中标合同后，又另行订立背离中标合同的实质性内容的建设工程施工合同或补充协议，无论中标人是否出于自愿，法律都支持以中标合同为依据结算工程价款。

# 第二节　建设工程施工合同法律风险防控

## 一、建设工程施工合同签订前法律风险防控

### （一）建设工程施工合同签约前施工企业存在的常见问题

在建设工程施工合同签约前，施工企业往往会遇到一些常见问题，这些问题可能会影响合同的有效性和企业的利益。本节将就其中常见问题进行探讨。

1. 不清楚项目是否属于必须招标的工程项目

在建筑施工领域，有一些工程项目是必须经过招标程序的，如大型公共建筑、基础设施项目等。如果不清楚项目是否属于必须招标的工程项目，施工企业可能会在合同签约后面临一些不必要的风险和纠纷。因此，施工企业在签约前应该对项目情况进行充分的了解和调查，以确保自己能够合法地参与竞标并获得相应的合同权利。

2. 不了解工程项目是否办理了建设工程规划审批手续

建设工程规划审批手续是建设项目合法性的重要证明文件之一，对于施工合同的签订和履行具有重要意义。如果施工企业在签约前不了解工程项目是否办理了建设工程规划审批手续，可能会在合同履行过程中面临一些不必要的法律风险和纠纷。因此，施工企业应该对项目情况进行充分的了解和调查，以确保自己能够合法地参与竞标并获得相应的合同权利。

### 3. 签订中标合同前已签订标前合同

在建设工程施工合同签约前，施工企业常常面临的一个常见问题是签订中标合同前已签订标前合同。这种情况通常发生在投标过程中，一些施工企业为了获取项目，会在投标前与业主或招标代理机构私下达成协议，以优惠价格或承诺其他利益为条件，换取中标机会。然而，这种标前合同往往缺乏法律约束力，无法保障施工企业的合法权益。

一旦中标，施工企业通常会面临一个选择：要么按照标前合同履行承诺，要么按照正式的招标文件和合同条款签订正式的施工合同。如果选择前者，施工企业可能会面临风险，如利益损失、合同纠纷等。因此，施工企业在签约前应仔细评估标前合同的合法性和有效性，并考虑将其纳入正式的施工合同中。

### 4. 签约心态随意

一些施工企业为了尽快获得项目，可能会在签约过程中过于急躁，忽略了对合同条款的仔细审查和协商。这可能导致合同条款模糊、不公平，甚至存在欺诈行为。

为了避免这种情况，施工企业应保持谨慎和理性。在签约前，企业应组织专业团队对合同条款进行仔细审查，确保合同内容清晰、公平、合理。此外，施工企业还可以寻求专业法律顾问的帮助，以确保在签约过程中得到充分的法律保障。

### 5. 未认真核对施工图纸是否与招标图纸一致

在建设工程施工合同签约前，施工企业常常忽视核对施工图纸与招标图纸的一致性。这种情况可能导致施工企业在施工过程中发现施工图纸与招标图纸存在差异，不仅可能造成不必要的资源浪费，还可能引发与建设单位的纠纷。为了避免此类问题，施工企业应在签约前认真核对施工图纸与招标图纸，确保双方对于工程项目的理解一致。

### 6. 未及时签订建设工程施工合同

施工企业在签约前未及时签订建设工程施工合同是另一个常见的签约前问题。许多施工企业往往在施工过程中才着手签订合同，这种情况可能导致施工企业无法有效保障自身的权益，也可能导致建设单位对施工企业的不信任。为了避免此类问题，施工企业应在签约前及时与建设单位协商并签订合同，确保双方的权利和义务得到明确规定。

### 7. 未充分了解建设单位背景和信誉

在签约前，施工企业应充分了解建设单位的背景和信誉，以确保其有能力履行合同义务。如果建设单位存在信誉不佳、资金不足等问题，可能会影响施工企业的施工进度和质量，甚至可能导致合同违约。因此，施工企业应谨慎选择建设单位，并在签约前充分了解其背景和信誉。

### 8. 未制订合理的预算和进度计划

在签约前，施工企业应制订合理的预算和进度计划，以确保合同能够顺利履行。如果预算和进度计划不合理，可能会导致施工企业面临资金压力和时间压力，进而影响施工质

量和进度。因此，施工企业应在签约前充分考虑工程项目的实际情况，制订合理的预算和进度计划。

在未来的工程建设中，我们期待施工企业能够更加重视合同管理，通过规范的签约过程和严谨的合同条款，确保工程的高质量、高安全和高效进度，为我国的经济发展和社会进步做出更大的贡献。

### （二）承包人工程施工前防控法律风险的措施

在建设工程施工过程中，合同的签订是一项至关重要的环节。对于承包人来说，有效的合同管理能够保障项目的顺利进行，防范可能出现的风险。本节将就承包人在签订施工合同前，如何防控法律风险进行探讨。

1. 了解法律法规，做好合同准备

承包人在签订施工合同前，应充分了解相关的法律法规，包括《合同法》《建筑法》等，确保自身的行为符合法律规定。同时，要了解与工程相关的政策、规定，确保在合同中明确相关条款，防止因不了解政策法规而产生的法律风险。

2. 建立专业的法律团队，提高合同质量

建立专业的法律团队，是防范法律风险的重要措施。团队成员应具备丰富的法律知识和工程经验，能够对合同进行全面审查，提出合理的修改意见，提高合同的质量。同时，法律团队应参与合同的谈判和起草过程，确保合同内容合法、合理。

3. 做好合同审查工作，避免潜在风险

在签订施工合同前，承包人应认真审查合同条款，特别是与工程相关的重要条款，如工程范围、工期、质量标准、价款等。同时，审查合同的签订主体是否合法，合同是否加盖公章、授权是否合法有效等。此外，对可能存在的风险点应进行预判和预防，防止因疏忽导致不必要的法律纠纷。

4. 签订担保和保密协议，保障权益

在签订施工合同时，承包人应要求发包人提供担保和保密协议。担保协议可确保发包人的履约能力，降低承包人的风险。保密协议则可保护承包人的商业秘密和技术信息，防止信息泄露。此外，承包人还应要求发包人提供相应的资质证明和信用记录，作为判断其履约能力的参考。

5. 强化风险评估，提前预警

承包人在签订施工合同前，应对工程风险进行评估。包括对工程环境、工程量、施工难度等方面的评估，以及发包人的履约能力评估等。根据评估结果，制定相应的风险防范措施和应对预案。此外，定期对项目进展情况进行监测和评估，及时发现和解决问题，避免因风险积累导致法律纠纷。

**6. 建立合同管理制度，规范管理流程**

承包人应建立完善的合同管理制度，规范合同管理流程。包括合同的起草、审查、签订、履行、变更、解除等环节。通过制度化的管理，确保合同的合法性和有效性。同时，建立合同档案管理制度，对合同文件进行妥善保管，以便在发生纠纷时能够提供有效的证据。

综上所述，承包人在建设工程施工合同签订前，应充分了解法律法规，建立专业的法律团队，做好合同审查工作，签订担保和保密协议，强化风险评估和预警，建立合同管理制度等措施，以防控法律风险。通过这些措施的实施，承包人可以保障项目的顺利进行，降低法律纠纷的风险。

## 二、签订建设工程施工合同法律风险防控

据不完全统计，在市场经济中，90％的财富通过合同流转。由此可见，合同对于双方当事人都很重要。

建设工程施工合同属于特别复杂的合同。承包人在与发包人签订建设工程施工合同时，应当具备法律风险防范意识，以免产生不可避免的损失。

不过，遗憾的是，如今仍有很多施工企业不清楚建设工程施工合同的重要性。对于建设工程施工合同签订，施工企业没有必要的风险防范意识，而是持马虎应付态度，走形式主义，更没有聘请专业律师保驾护航，防控签订建设工程施工合同法律风险。当建设工程施工合同履行出现争议后，施工企业才想起寻求专业律师的帮助，不过到那时，往往已经病入膏肓，华佗难救。

### （一）承包人需特别重视建设工程施工合同的主要条款

《民法典》第795条规定了建设工程施工合同的主要条款："施工合同的内容一般包括工程范围、建设工期、中间交工工程的开工和竣工时间、工程质量、工程造价、技术资料交付时间、材料和设备供应责任、拨款和结算、竣工验收、质量保修范围和质量保证期、相互协作等条款。"

**1. 重视建设工程施工合同的工程范围条款**

工程范围，是指承包人承包的工作范围和内容。

部分承包人在与发包人签订建设工程施工合同时，往往忽略合同的工程范围条款。现行通用的《建设工程施工合同（示范文本）》（2017）通用合同条款第1.5款约定了合同文件的优先顺序，除专用合同条款另有约定外，解释合同文件的优先顺序如下：①合同协议书；②中标通知书（如果有）；③投标函及其附录（如果有）；④专用合同条款及其附件；⑤通用合同条款；⑥技术标准和要求；⑦图纸；⑧已标价工程量清单或预算书；⑨其他合同文件。

合同协议书处于解释合同文件的优先顺序的第一位，而工程范围是合同协议书中的重要内容。在建设工程施工合同的履行过程中，双方当事人经常因合同约定的工程范围与施工图纸、招标文件或其他文件不一致而产生争议。因合同协议书处于解释合同文件的优先顺序的第一位，当合同约定的工程范围对承包人不利时，承包人往往会很被动。因此，承包人在与发包人签订建设工程施工合同时，需认真核对、审查工程范围，确定合同约定的工程范围与施工图纸、招标文件或者其他文件是否一致。发现合同约定的工程范围超出前述材料确定的内容时，承包人需向发包人提出工程范围变更要求，否则在结算工程价款时，如果发包人不配合，将对承包人十分不利。

承包人在与发包人签订建设工程施工合同时，更容易忽视"工程量清单错误的修正"内容，发包人有可能利用承包人的疏忽，将风险责任转嫁给承包人。因此，为了避免产生争议，影响合同价格，承包人有必要要求发包人在合同中约定："如果工程量清单存在缺项或漏项、清单偏差超出专用合同条款约定的工程量偏差范围、未按照国家现行计量规范强制性规定计量等情况，应由发包人予以修正，并相应调整合同价格。"

2. 重视建设工程施工合同的工程价款

工程价款是承包人追求的最主要目标。通过招标投标方式确定承包人的建设工程项目，由发包人、承包人依据中标通知书中的中标价格在合同中约定工程价款，非必须招标工程合同价款由发包人、承包人依据工程预算在合同中约定。

承包人需充分了解固定总价、调整总价、固定工程量总价、估计工程量单价、纯单价、单价与包干混合式、成本加固定百分比酬金、成本加固定酬金、成本加奖罚等合同价款计付方式。如果能选择，承包人最好与发包人约定采取可调价方式结算工程价款，并明确调整合同价款及索赔的依据和方法，为竣工结算和工程索赔提前做好必要的准备。

承包人在与发包人签订建设工程施工合同时，需充分考虑建筑主材价格大涨所带来的风险与负担。不管在什么情况下，承包人千万不要与发包人约定由承包人承担因市场价格波动所造成的一切风险，而是要与发包人约定当市场价格波动超过双方约定的幅度时，合同价格应当调整。双方可以约定采用价格指数或造价信息或其他方式对合同价格进行调整。

承包人除了需考虑市场价格波动引起合同价格调整外，还需考虑法律、政策变化可能导致的费用增加情况，比如，人工费用调整政策，承包人需与发包人在建设工程施工合同中约定，当人工费用超出合同约定的范围时，应当调整合同价格，由发包人承担超出约定范围的费用。

工程预付款、工程进度款、竣工结算余款的支付时间、方式，关系到承包人的切身利益。承包人在与发包人洽谈建设工程施工合同的具体条款时，对于工程预付款、工程进度款、竣工结算余款的支付时间、方式，可以要求发包人直接采用现行通用的《建设工程施工合同（示范文本）》（2017）通用合同条款中的下列约定。

（1）预付款的支付按照专用合同条款约定执行，但至迟应在开工通知载明的开工日期7天前支付，发包人逾期支付预付款超过7天的，承包人有权向发包人发出要求预付的催告通知，发包人收到通知后7天内仍未支付的，承包人有权暂停施工。

（2）除专用合同条款另有约定外，发包人应在进度款支付证书或临时进度款支付证书签发后14天内完成支付，发包人逾期支付进度款的，应按照中国人民银行发布的同期同类贷款基准利率支付违约金。

（3）除专用合同条款另有约定外，发包人应在签发竣工付款证书后的14天内，完成对承包人的竣工付款。发包人逾期支付的，按照中国人民银行发布的同期同类贷款基准利率支付违约金；逾期支付超过56天的，按照中国人民银行发布的同期同类贷款基准利率的两倍支付违约金。

《施工合同（2017示范文本）》的上述条款强调，承发包双方可在专用合同条款中，另行约定工程预付款、工程进度款、竣工结算余款的支付时间。而且，因在解释合同文件时，专用合同条款优先于通用合同条款，于是有些承包人就担心发包人会在专用合同条款中，作出与上述条款不同、影响承包人利益的约定。

确实不排除部分发包人会这样做。不过，笔者深耕建工法务多年，起草、审查、修改过数百份建设工程施工合同，极少碰到这种情况。究其原因，其实不难理解。大部分发包人在签约时，不想给承包人留下不诚信的印象，也不想让承包人认为，签约时发包人已为今后的违约留有余地。因此，即使建设工程施工合同的内容由发包人事先拟定，关于工程预付款、工程进度款、竣工结算余款的支付时间，只要承包人要求按上述通用合同条款约定，发包人一般会同意。

3. 重视建设工程施工合同的垫资条款

承包人需特别重视建设工程施工合同是否约定垫资条款。垫资施工早已成为工程惯例，是目前建筑市场的常态，部分工程项目甚至需要承包人全额垫资。施工企业不同意垫资施工的工程项目拿不下，拿下后无法施工，施工后无法继续。笔者在服务施工企业的过程中，发现不少施工企业的负责人对垫资施工早已习以为常，甚至已麻木。很多施工企业的老板对笔者说，现在很多工程项目没有预付款，如果发包人能够按月支付工程进度款，工程项目都不算是垫资施工。

垫资施工是施工企业的一大风险。如果发包人资金链断裂，承包人垫资施工后，有可能血本无归。因此，在很长的时间内，我国法律明令禁止垫资施工。随着建筑市场的逐步放开，垫资施工逐步被认可。《新建设工程司法解释（一）》第25条的规定认可垫资施工行为："当事人对垫资和垫资利息有约定，承包人请求按照约定返还垫资及其利息的，人民法院应予支持，但是约定的利息计算标准高于垫资时的同类贷款利率或者同期贷款市场报价利率的部分除外。当事人对垫资没有约定的，按照工程欠款处理。当事人对垫资利

息没有约定，承包人请求支付利息的，人民法院不予支持。"因此，对于需要垫资施工的工程项目，尤其是垫资额大、垫资周期长的工程项目，承包人需特别小心。承包人有必要要求发包人在建设工程施工合同中明确约定垫资金额、垫资期限、利息及计算标准、逾期支付垫资款的违约责任等内容。发包人确实资金紧张的，一般会同意在合同中约定上述内容。如果有可能，承包人还可以要求发包人提供垫资担保。承包人与发包人若未明确约定上述内容，垫资款将被视为工程欠款，而且法院有可能不支持承包人提出的垫资利息请求。签约时发包人拒绝约定上述内容的，笔者建议承包人最好放弃该工程项目，否则完全无法控制风险。

对于政府投资的项目，《政府投资条例》（国务院令第712号）、《保障农民工工资支付条例》（国务院令第724号）、《工程总承包管理办法》等行政法规、部门规章都明确规定：建设单位应当有满足施工所需要的资金安排，政府投资项目不得由施工单位垫资建设；建设工程施工合同约定由施工单位垫资施工的，工程项目因违反上述规定有可能无法获取施工许可证，无法开工建设。这些规定明显有利于施工企业，施工企业可以充分利用。

目前施工企业尤其是中小微型民营施工企业，普遍面临资金短缺、融资难的问题。为缓解资金压力，很多施工企业不得不通过民间借贷方式，甚至借高利贷获取资金，不仅透支企业自身利润，使其无法偿还到期债务，而且有可能造成工期延误、质量问题、安全事故、拖欠农民工工资与材料款等法律后果。

对于承包人来说，有一种融资成本相对较低、切实可行的融资渠道——承包人以应收的工程价款办理质押，到人民银行征信部门办理出质登记，向金融机构申请贷款。只要施工企业平时合法经营，依法纳税，管理规范，财务账本完整合规，施工企业都可以通过此种方式筹集资金。

4. 重视建设工程施工合同的建设工期条款

建设工期直接关系到承包人能否按期完成工程项目的施工，能否按期收回工程价款，影响承包人的良性发展。在保证建设工程质量、安全的前提下，合理加快建设工程施工进度，缩短建设工期，既是承包人与发包人共同追求的目标，也是承包人提高经济效益和企业竞争力的有效途径，还是发包人实现尽快使用建筑物并获益的目的的必要条件。

承包人与发包人在建设工程施工合同中需明确约定以下内容。

（1）开工通知条款

承包人可以利用《施工合同（2017示范文本）》通用合同条款对己方有利的条款："除专用合同条款另有约定外，因发包人原因造成监理人未能在计划开工日期之日起90天内发出开工通知的，承包人有权提出价格调整要求，或者解除合同。发包人应当承担由此增加的费用和（或）延误的工期，并向承包人支付合理利润。"发包人要求在专用合同条款中删除或变更该约定的，承包人需坚持按上述约定签订建设工程施工合同。

（2）工期延误条款

为了避免在建设工程施工合同履行过程中，双方因工期延误责任承担产生争议，承包人与发包人在建设工程施工合同中，需明确约定因发包人或承包人原因导致工期延误的各种情形。

（3）暂停施工条款

在施工过程中，常常出现各种原因导致暂停施工的情况。为避免产生争议，承包人与发包人签约时，应当明确约定暂停施工的情形、双方的应对措施、责任承担、复工等内容。

（4）提前竣工条款

因发包人提出要求，或承包人提出建议，工程项目有可能提前竣工。工程提前竣工经验收合格，发包人可因提前使用建筑物而获益。不过，因工程施工进度加快，必然会增加费用，而且可能增加不少费用。部分发包人会要求承包人在合同中约定因工程提前竣工所增加的费用，由承包人承担，承包人对此需坚决拒绝，否则有可能造成承包工程亏损。而且，承包人可以要求在专用合同条款中，约定因工程项目提前竣工对承包人进行奖励及奖励的具体内容。

这里有一点承发包双方需特别注意：在任何情况下，发包人不得任意压缩合理工期。

5. 重视建设工程施工合同的工程质量条款

建设工程质量合格，是建设工程承包人收取工程价款的前提。

（1）承包人需特别重视建设工程施工合同专用合同条款中有关工程质量的特殊要求、承包人的质量管理要求、因承包人原因造成工程质量未达到合同约定标准的责任承担、隐蔽工程的检查程序及承包人私自覆盖的法律后果、不合格工程的处理、质量争议检测等条款。

（2）承包人同时需特别重视在专用合同条款中约定因发包人原因造成工程质量未达到合同约定标准的责任承担、发包人不及时检查隐蔽工程的责任承担等内容。

6. 重视建设工程施工合同的涉税条款

金税三期实现了对国税、地税数据的合并及统一，对税务系统业务流程的全监控。而金税四期，不仅包括税务方面，还纳入"非税"业务，实现对业务更全面的监控。金税四期还搭建了各部委、人民银行以及商业银行等参与机构之间信息共享和核查的通道，实现企业相关人员手机号码、企业纳税状态、企业登记注册信息核查三大功能。

2023年金税四期上线后，企业更多的数据被税务机关掌握，监控也呈现全方位、立体化。新的税收征收管理系统充分运用大数据、人工智能等新一代信息技术，从而实现智慧税务和智慧监管，而每一家企业在税务部门面前都是透明的。

金税四期上线后，无疑将给承包人与发包人签订建设工程施工合同带来新的要求。建设工程企业掌握必要的涉税知识，才可以合理合法省税。因此，承包人应当重视建设工程

施工合同的涉税条款，防控涉税法律风险。

在建设工程施工合同中，承包人与发包人应当明确约定纳税主体信息、应税行为种类及范围、适用税率等涉税条款，确保合同主体信息与发票记载信息一致，同时明确不同种类应税行为的范围及适用税率，明确工程价款是否包含税金，避免在履行建设工程施工合同过程中因涉税问题发生争议。

双方当事人约定含税价款的，需明确发票是增值税专用发票还是增值税普通发票，以及适用的税率，否则有可能增加承包人的成本。双方在建设工程施工合同中无特别约定的，合同价款均指含税价格，包含增值税税款及其他所有税费。

### （二）签订建设工程施工合同需特别注意细节

1. 应当采用书面形式订立建设工程施工合同

《民法典》第 469 条第 1 款规定："当事人订立合同，可以采用书面形式、口头形式或者其他形式。"

当事人采用口头形式订立合同，手续简单，交易方便，经常出现在日常生活中。比如，去商场购物，一手交钱，一手交货，双方已经以口头形式订立合同。以口头形式订立合同，发生纠纷时难以取证，难以分清责任。对于不能即时清结的合同和标的额较大的合同，不宜采用口头形式。

书面形式是合同书、信件、电报、电传、传真等可以有形地表现所载内容的形式。以电子数据交换、电子邮件等方式能够有形地表现所载内容，且可以随时调取查用的数据电文，视为书面形式。

合同确认书也是书面合同的一种表现形式。《民法典》第 491 条第 1 款规定："当事人采用信件、数据电文等形式订立合同要求签订确认书的，签订确认书时合同成立。"

当事人采用书面形式订立合同，最大优点是合同有据可查，发生纠纷时容易举证，便于分清责任。

法律、行政法规规定采用书面形式的，应当采用书面形式。《民法典》第 789 条规定："建设工程合同应当采用书面形式。"因此，承包人与发包人签订建设工程施工合同，应当采用书面形式，不得采用口头形式或者其他形式。

2. 参照建设工程施工合同示范文本签订合同

《民法典》第 470 条第 2 款规定："当事人可以参照各类合同的示范文本订立合同。"该款的规定是"可以参照"而不是"应当参照"，是"参照"而不是"按照"，当事人更不用照搬照抄合同示范文本签订合同。

现行通用的建设工程施工合同示范文本是《施工合同（2017 示范文本）》。该文本为非强制性使用文本。承包人与发包人可以根据企业的具体情况、本工程项目的实际需要，

对《施工合同（2017 示范文本）》作出一些有针对性的调整：对于不适合的通用合同条款予以删除或修改；对于专用合同条款部分，需有特别的约定，明确约定承包人与发包人的权利义务、违约责任追究细则，约定越详细，争议就越少，切不可照搬照抄《施工合同（2017 示范文本）》签订合同。

3. 需注意签约主体

笔者在代理或审理建设工程合同纠纷案件或审查、修改建设工程合同内容时，经常发现合同抬头是某家公司，合同尾部是另一家公司，或者合同抬头是公司，合同尾部是个人，或者合同抬头是公司，合同尾部是公司项目部。如果合同抬头主体与合同尾部主体不一致，双方出现争议时，合同主体存疑，极有可能影响承包人利益。

4. 注意签约代表的授权范围

发包人的签约代表是法定代表人以外的人员，且其未带公司公章的，在签订建设工程施工合同时，承包人应当要求发包人的签约代表提交授权委托书。发包人的签约代表无法提供授权委托书，或授权委托书并未表明其有签约权限，因此签订的建设工程施工合同未经发包人追认的，对承包人与发包人都没有法律约束力，有可能给承包人带来不确定的法律风险。

5. 重视合同签名盖章

签订建设工程施工合同时，承包人务必要求发包人加盖公司公章。发包人在建设工程施工合同上，盖上没有备案的合同专用章、财务专用章、项目部印章的，建设工程施工合同很可能无效。

签约时承包人还要特别注意合同签字盖章的要求，否则签订的建设工程施工合同有可能不生效。在签订合同时，当事人一般都会在合同最后一句写上"本合同自签字盖章之日起生效"，或者"本合同自签字、盖章之日起生效"。"签字盖章"与"签字、盖章"有什么区别？绝大部分公司或个人在签约时都忽视这个问题。最高人民法院生效判决书认定：合同约定"签字盖章"，双方当事人签字或盖章即可，合同约定"签字、盖章"，就要求双方当事人签字并盖章。

原《合同法》规定。双方当事人签字或者盖章时，合同即成立。《民法典》对此有不同的规定：双方当事人在签订合同时应当签名并盖章或按指印，否则合同不成立。

《民法典》第 490 条规定："当事人采用合同书形式订立合同的，自当事人均签名、盖章或者按指印时合同成立。在签名、盖章或者按指印之前，当事人一方已经履行主要义务，对方接受时，该合同成立。法律、行政法规规定或者当事人约定合同应当采用书面形式订立，当事人未采用书面形式但是一方已经履行主要义务，对方接受时，该合同成立。"

根据上条规定，存在一种特殊情况：在一方当事人已经履行主要义务且对方接受时，无论合同要求"签字盖章""签字或者盖章"，还是"签字""盖章"甚至不签字不盖章、

不按指印，合同都成立。

建设工程施工合同内容较多，承包人在与发包人签约时，双方都应当加盖骑缝章，并紧邻建设工程施工合同最后一行文字签字并盖章，以防居心不良者以换页、增页、添加备注等方式变更合同内容，影响承包人利益。

## 第三节　建设工程工期法律风险防控

### 一、开工日期法律风险防控

在建设工程领域，开工日期是一个重要的法律概念，涉及合同履行、工程款支付、工期索赔等诸多方面。然而在现实中，由于各种原因，开工日期可能存在法律风险，因此对于开工日期的法律风险防控至关重要。本节将从以下三方面阐述如何进行开工日期法律风险防控。

#### （一）确保开工前各项手续完备

开工前，建设单位需要办理一系列的手续，如建设用地规划许可证、建设工程规划许可证、施工许可证等。这些手续的办理需要严格按照相关法律法规进行，否则可能会影响开工日期。因此，建设单位应当在开工前确保各项手续完备，并准备好相关的证明文件，以便在必要时及时提交申请。同时，对于政府部门的审批程序和时限应当充分了解，避免因手续不完备导致工程停工。

#### （二）明确开工时间

开工时间的确定是开工日期法律风险防控的关键环节。在合同中应当明确开工时间，并约定好违约责任。开工时间的确定需要考虑多种因素，如天气、原材料供应、施工队伍到位情况等。在实际操作中，建设单位应当与施工单位充分沟通，达成一致意见，并在合同中明确规定。同时，对于可能影响开工时间的因素应当提前预警并制定应对措施，避免因开工时间不确定导致合同履行出现问题。

#### （三）建立有效的监管机制

为了确保开工日期的落实，建设单位应当建立有效的监管机制。首先，应当建立健全的监管制度，明确监管职责和流程。其次，应当加强施工现场的监管，确保施工进度和质量符合合同要求。对于未按约定时间开工的情况，应当及时采取措施加以解决。最后，应当加强与施工单位的沟通，及时了解施工进度和存在的问题，并制定相应的解决方案。

总之，开工日期是建设工程领域的重要法律概念，涉及合同履行、工程款支付、工期

索赔等诸多方面。为了确保开工日期的合法性和有效性，建设单位应当在开工前确保各项手续完备，明确开工时间，并建立有效的监管机制。同时，应当充分了解相关法律法规和政策规定，避免因不了解政策而导致开工日期存在法律风险。在合同中应当明确约定违约责任和争议解决方式，以维护自身的合法权益。

## 二、竣工日期法律风险防控

在建设工程领域，竣工日期是一个重要的法律概念，它不仅关系到工程款的支付，还可能影响到工程质保期的开始，甚至在某些情况下，还可能影响工程违约责任的判定。因此，对于建设单位而言，做好竣工日期的法律风险防控至关重要。本节将从以下三方面探讨如何进行有效的法律风险防控。

### （一）明确竣工标准

首先，建设单位应明确竣工的标准。通常情况下，建设工程竣工是指所有的施工内容已完成，且质量符合相关标准，可以进行移交和接收。然而，在具体的工程实践中，竣工的标准可能会因工程性质、合同约定等因素而有所不同。因此，建设单位应在合同中明确竣工的标准和相关验收程序，确保双方在竣工日期上的共识。

### （二）加强施工进度监控

明确竣工标准后，建设单位应加强施工进度的监控。一方面，建设单位应与施工单位保持密切沟通，及时了解施工进度，发现问题及时解决；另一方面，建设单位应建立有效的施工进度监控机制，定期对施工进度进行检查和评估，确保工程按照预定计划进行。此外，建设单位还应做好施工进度的记录和存档工作，以便在出现纠纷时作为证据使用。

### （三）强化竣工验收制度

竣工验收是确保建设工程质量和安全的关键环节，也是竣工日期的关键节点。建设单位应强化竣工验收制度，确保验收过程的公正、公平和透明。具体而言，建设单位应确保验收人员具备相应的专业知识和技能，确保验收过程符合相关法律法规和标准规范。同时，建设单位还应建立完善的验收记录和存档制度，以便在出现纠纷时作为证据使用。

在竣工日期的法律风险防控过程中，建设单位还应关注其他相关法律问题，如工程款支付、违约责任、质保期等。如果出现纠纷，建设单位应积极采取法律手段解决，并注意收集和保存相关证据。

总之，建设工程竣工日期的法律风险防控是建设单位必须重视的问题。通过明确竣工标准、加强施工进度监控、强化竣工验收制度等措施，建设单位可以有效地降低竣工日期

方面的法律风险，保障工程的顺利完成和自身的合法权益。

## 三、工期延误法律风险防控

### （一）合理评估工期

首先，我们需要充分考虑建设工程项目的复杂性和影响因素，制定出合理的工期。项目的进度安排应以关键路径为基准，考虑到可能的工程延误因素，如材料供应、设备调试、人员调配等。此外，我们还需要考虑到项目的技术难度、环境条件、政策法规等因素，以确保工期的合理性和可行性。

### （二）建立工期延误预警机制

建立工期延误预警机制是防控工程工期延误法律风险的重要手段。该机制应包括对工程进度的定期检查和评估，对可能出现的延误因素进行识别和预警，以及对已出现的延误采取有效的应对措施。此外，我们还应该定期召开项目会议，总结经验教训，改进工作方法，以确保工程进度不受影响。

### （三）明确工期延误责任

明确工期延误责任是预防和解决工程延误问题的关键。在项目合同中，应明确各方在工期延误中的责任和义务，以及相应的违约处罚措施。同时，应加强对项目执行过程中的监督和检查，确保各方按照合同规定履行职责。一旦出现工期延误，应及时查明原因，明确责任方，并根据合同约定进行处理。

### （四）强化项目管理和协调

项目管理是预防工程延误的关键环节。在项目执行过程中，应加强各部门的沟通和协作，确保信息的及时传递和反馈。同时，应注重培养项目管理团队的专业素质，提高项目执行效率。

### （五）加强工程进度监控和考核

建立完善的工程进度监控和考核机制，对项目执行过程中的进度情况进行定期检查和评估。对于进度滞后的项目，应及时采取措施进行调整和改进。同时，应将工程进度纳入项目考核体系，对表现优秀的团队和个人给予奖励，激励团队积极履行职责。

## （六）合理应对不可抗力因素

在工程项目中，不可抗力因素如自然灾害、政策变化等可能影响工程进度。因此，在项目合同中应明确不可抗力因素的界定和应对措施。在不可抗力因素出现时，各方应积极协调应对，合理调整工期和资源分配，以降低损失。

建设工程工期延误法律风险防控是一项综合性强的工作，需要从多个方面入手。通过合理评估工期、建立工期延误预警机制、明确工期延误责任等措施，可以有效降低工程延误的风险。同时，强化项目管理和协调、加强工程进度监控和考核、合理应对不可抗力因素等也是防控工程延误的重要手段。在实际工作中，应注重这些措施的落实和执行，以确保工程项目的顺利进行。

## 四、工期顺延法律风险防控

在建设工程领域，工期顺延是一个常见的问题，涉及合同履行、工程款支付、违约责任等多个方面。为了有效防控工期顺延的法律风险，本节将从明确工期顺延条件、严格执行审批程序、加强沟通协调三方面进行阐述。

### （一）明确工期顺延条件

首先，我们需要明确工期顺延的条件和范围。一般来说，工期顺延的原因可能包括但不限于工程量增加、自然灾害、政府干预、供应商或承包商违约等。因此，在合同中应当明确约定可能导致工期顺延的因素及其处理方式，例如，是否可以顺延工期、延误期限是否需要支付违约金等。此外，对于不可抗力因素导致的工期顺延，应当根据相关法律规定进行合理认定和处理。

### （二）严格执行审批程序

在工期顺延的情况下，严格执行审批程序是至关重要的。首先，应当根据合同约定，及时向相关方发出工期顺延的通知或函告，并明确延误原因和顺延期限。其次，应当按照合同约定的程序，逐级向上级主管部门汇报，并经过相关审批程序，确保审批流程的合法性和合规性。最后，在审批通过后，应当及时与相关方协商并签订补充协议，明确各方权利和义务。

### （三）加强沟通协调

在工期顺延的情况下，加强沟通协调是降低法律风险的关键。首先，应当及时与业主或发包方进行沟通，了解其诉求和态度，并争取获得其理解和支持。其次，应当与设计、施工、材料供应商等相关方保持密切沟通，共同研究解决方案，确保工程进度和质量不受

影响。最后，应当积极协调各方资源，共同解决问题，避免出现法律纠纷。

总之，明确工期顺延条件、严格执行审批程序、加强沟通协调是防控建设工程工期顺延法律风险的重要措施。在实践中，我们需要根据具体情况灵活运用这些措施，确保工期的正常履行和工程项目的顺利推进。

### （四）注意合同细节与履行过程中的变更问题

在建设工程领域，合同是双方权利义务的重要依据。因此，在签订合同时，应当认真审查合同条款，明确双方的权利和义务，避免因合同细节问题引发纠纷。同时，在合同履行过程中，如果出现变更情况，应当及时签订补充协议，明确变更内容、时间和责任方等事项。

### （五）加强法律风险意识与培训

对于建设工程领域的从业人员来说，加强法律风险意识与培训是至关重要的。只有了解相关法律法规和政策规定，才能更好地应对各种法律风险。企业应当定期组织法律培训活动，提高员工对法律风险的认知和防范能力。同时，企业还可以建立法律风险预警机制，及时发现和解决潜在的法律问题。

### （六）建立完善的法律风险管理制度

为了更好地防控建设工程领域的法律风险，企业应当建立完善的法律风险管理制度。这包括风险识别、风险评估、风险应对、风险监控等环节。通过制度化的管理方式，可以更加科学地应对各种法律风险问题，提高企业的风险应对能力和市场竞争力。

建设工程工期顺延法律风险防控需要从多个方面入手。明确工期顺延条件、严格执行审批程序、加强沟通协调是关键措施。同时，注意合同细节与履行过程中的变更问题，加强法律风险意识与培训，建立完善的法律风险管理制度也是必不可少的步骤。只有这样，才能更好地保障工程项目的顺利推进和企业的发展壮大。

综上所述，建设工程工期法律风险防控需要从开工日期、竣工日期、工期延误和工期顺延等多个方面进行考虑，通过加强合同管理、建立完善的监管机制、明确各方责任等方式，有效防控法律风险，保障工程建设顺利进行。

# 第七章　建设工程质量纠纷裁判实务

# 第一节　建设工程质量概述

## 一、建设工程质量的概念与维度

建设工程质量，是指工程实体和环境质量满足法定质量标准和约定质量要求的程度。建设工程质量问题为泛称，即工程质量不符合国家强制性规范标准，或不符合当事人合同约定的标准。其往往与"质量不合格""质量缺陷""质量通病""质量事故"等概念交织，但各自的侧重点有所不同。

工程质量不合格，是指施工人完成的建设工程产品不符合工程勘察设计文件的要求，或者不符合国家建筑工程质量验收标准及相关专业验收规范的规定，不能通过工程质量验收。根据《质量管理体系基础和术语》（GB/T 19000—2016）的规定，"质量"即客体的一组固有特性满足要求的程度，"不合格"即不符合、未满足要求。

工程质量缺陷，是指工程质量在结构安全性、功能适用性、耐久性等方面不符合法定及约定标准。质量缺陷与质量不合格的判定标准是一致的，两者的主要区别在于质量不合格通常指工程未能通过竣工验收，是对工程竣工验收结果的综合判定。质量缺陷则可以用来指施工过程、验收阶段、保修期内或者保修期外的所有工程质量问题，更多情况下则指向某一具体验收项或验收点。质量缺陷若在交付时就已经存在，发包人既有权要求承包人承担保修责任，也有权要求其承担质量瑕疵担保责任，若在使用过程中出现质量缺陷，承包人应承担保修责任。

工程质量通病，是指建设工程中易发生的、常见的、难以完全避免、影响使用功能和外观质量的缺陷，犹如"多发病"一样，故称质量通病。例如，基础不均匀下沉、结构表面不平整、墙面渗水漏水、地面空鼓、管线不顺直等。

工程质量事故，是指由于建设、勘察、设计、施工、监理等单位违反工程质量有关法律法规和工程建设标准，使工程产生结构安全、重要使用功能等方面的质量缺陷，造成人身伤亡或者重大经济损失的事故。根据工程质量事故造成的人员伤亡或者直接经济损失，质量事故分为四个不同等级：特别重大事故、重大事故、较大事故、一般事故。

《建筑法》第3条规定："建筑活动应当确保建筑工程质量和安全，符合国家的建筑工程安全标准。"为更好地理解建设工程质量，可从结构安全性、功能适用性、耐久性、环境健康安全性、观感质量五个维度进行分析。

### （一）结构安全性

结构安全性是建设工程质量首要也是最重要的衡量维度。任何建筑结构，都会承受自

然环境和社会活动引起的荷载，为使结构能在设计使用年限内承受各种可能的荷载，需要由专业人员运用结构工程理论，结合建设工程功能用途、地质岩土、环境因素、材料制品等进行科学计算，考虑到结构可能面临的直接作用、间接作用和环境影响。建设工程在正常施工、使用的情况下，结构应能承受可能出现的各种荷载作用和变形而不发生破坏；在偶然事件发生后，结构仍能够保持必要的整体稳定性。若结构因工程质量低下而不能满足安全性能，轻则造成资源浪费，重则会使得结构构件和构筑物发生破坏，引起建筑物的倒塌，危及生命安全，导致重大财产损失。

### （二）功能适用性

功能适用性是指建设工程满足人们使用目的的各种性能。建设工程可以按照性质、投资、用途、功能等不同方法进行分类。按照使用性质可划分为民用建筑、工业建筑和构筑物工程以及其他工程等；按照用途可划分为环保工程、节能工程、消防工程和抗震工程等；按照使用功能可划分为房屋建筑工程、铁路工程、公路工程、水利工程、市政工程、海洋工程、民航工程、电子与通信工程和广播电影电视工程等数十种工程。

建设工程的功能适用性以科学、规范设计为前提。其中，民用建筑设计参照标准规范有《民用建筑设计统一标准》（GB 50352—2019）、《建筑采光设计标准》（GB 50033—2013）、《建筑照明设计标准》（GB 50034—2013）、《民用建筑隔声设计规范》（GB 50118—2010）、《民用建筑节水设计标准》（GB 50555—2010）等。工业建筑设计参照标准规范有《工业建筑节能设计统一标准》（GB 51245—2017）、《工业建筑供暖通风与空气调节设计规范》（GB 50019—2015）、《建筑给水排水设计规范》（GB 50015—2003）等。

以住宅建筑为例，为满足人们居住使用需求，则根据建筑物层高设计电梯和楼梯、管道井、烟道和通风道等必需结构，配备给水排水、通电、燃气设备，冬季寒冷地区配备取暖设施；为提升居住体验感，对项目层数和室内净高进行不同的设计；为增强美感，对建筑物外墙采用玻璃幕墙、外墙干挂大理石施工工艺；为增强居住体验和舒适度，还体现在通风、采光、湿热环境、声环境等因素的设计考量。

与住宅建筑相比，工业建筑对功能适用性有着更为严格的限制，在冷热源控制、给水排水设计、空气调节、供暖供冷、通风除尘等功能方面均有严苛的规范和标准要求。例如根据《工业建筑节能设计统一标准》（GB 51245—2017）第4.2.11条规定，建筑设计应充分利用天然采光。大跨度或大进深的厂房采光设计时，宜采用顶部天窗采光或导光管采光系统等采光装置。供暖通风空调方式应根据工艺需求、生产班制、建筑功能及规模、所在地区气象条件、能源状况、能源政策、环保、经济等要求，比选不同方案设计后确定。例如严寒及寒冷地区的工业厂房不宜单独采用热风系统进行冬季供暖，宜采用散热器供暖、

辐射供暖等系统形式。

### （三）耐久性

耐久性，是指在正常使用维护的条件下，建设工程应能在合理使用年限内满足各项功能要求，及抵抗自身和自然环境双重因素长期破坏作用的能力。建设工程在使用过程中，由于遭受不同程度的环境影响，其实际使用寿命也会发生差别，建设工程耐久性与上述过程息息相关、密不可分。

因建筑物结构不同，影响耐久性问题的原因也不尽相同。

例如对于钢结构，影响耐久性问题的原因多见于钢结构构件锈蚀，有效断面缩小而导致其承载力下降；结构在反复荷载作用下的疲劳破坏；因裂缝扩展、损伤积累而引起构件断裂；在腐蚀性介质中，钢材被腐蚀而破坏；连接（铆钉、螺栓、焊缝）发生疲劳断裂等。再如对于木结构，其主材是有机材料，被破坏的主要原因是木材逐渐腐朽；此外，虫蛀、蚁患、鼠咬、菌腐等生物破坏也是引起耐久性事故的主要原因。又如，对于钢筋混凝土结构，其耐久性事故一方面是由于钢筋锈蚀；另一方面包括混凝土碳化、有害介质的侵蚀、混凝土冻融破坏、碱骨料反应等[①]。

耐久性是既有结构可靠性评定的要素之一，对于已经出现耐久性极限状态的结构，可以通过现场检测发现耐久性极限状态标志的构件和连接，对构件材料性能劣化程度进行测定，从而测定有害物质的含量或者侵入深度，确定环境侵蚀性的变动情况。对于尚未出现耐久性极限状态的结构，可通过经验判断法、验证或校准已有劣化模型法、快速检验法对耐久性进行推定。

### （四）环境健康安全性

建设工程环境质量是指"建设主体利用更有效的技术，经济合理地满足一种最佳的生态系统以及支持生态的持续完整性和人类愿望的实现，使人类生产、生活环境得以改善的特性"。

建设工程环境质量存在多种影响因素：一定时期社会和经济发展水平、建设工程的规划设计、人的环境意识、建筑材料的绿色化水平等。

空气质量问题是常见的建设工程环境质量问题。北方冬季较为寒冷，为了使混凝土的凝固速度加快以及冬季施工防冻，建筑工人会在混凝土当中加入高碱性的膨胀剂和以尿素、氨水为主要原料的混凝土防冻。受温度、湿度等环境因素影响，建筑物投入使用后会有含氨类物质的外加剂还原成氨气从墙体中释放出来。氨的释放周期通常长达数年，高温会加速氨的释放，使得室内空气中氨的浓度增加，造成空气污染。同时，室内装修过程中使

---

① 王元清，江见鲸.建筑工程事故分析与处理（第4版）[M].北京：中国建筑工业出版社，2018：256.

用的各类溶剂型涂料、木器漆、胶黏剂等也会产生苯系物及总挥发性有机化合物（TVOC）等污染物，影响室内的空气质量。送风口、回风口位置设计不合理会导致通风死角等工程质量问题，影响室内通风，导致污染物浓度提升。

大型建设工程的质量问题往往会产生严重的环境危害，如垃圾填埋场防渗漏工程。部分启用时间较早的垃圾填埋场底部和周边没有采取防渗措施或者防渗漏工程不合格，不符合现行的城市生活垃圾卫生填埋技术规范。垃圾填埋场掩埋的城市垃圾会产生大量的渗滤液，不及时处理可能出现扩散或渗透，污染周边水环境，影响当地居民的健康与生活，带来安全隐患。垃圾填埋场的填埋气体导排工程不合格会导致填埋气体（主要是甲烷气体）的积聚，浓度达到爆炸极限，遇到明火或自燃物将引发气体爆炸，产生严重环境质量问题。为避免垃圾渗滤液的外渗和填埋气体的危害，在垃圾填埋场设计施工过程中应重视填埋场防渗漏层工程及填埋气体导排工程。

### （五）观感质量

所谓工程观感质量，是指单位工程竣工后，人的感觉器官可观察或识别到的对建筑物或构筑物在结构安全、使用功能和外表美观等方面质量的综合评价。对于一个建设工程项目，不但要保证其具备结构安全性、功能适用性、耐久性、环境健康安全性等这些内在质量，也要保证其观感质量。

观感质量是评价建设工程质量（特别是已竣工工程质量）的一个重要方面，可在很大程度上综合反映出工程整体质量的实际状况。根据《2013 版建筑工程施工质量验收统一标准》第 5.0.3 条和第 5.0.4 条的规定，观感质量符合要求是分项工程、单位工程质量验收合格的前提之一；根据第 5.0.5 条的规定，观感质量检查记录是单位工程质量竣工验收记录的组成部分。

观感质量涵盖布局、表面色泽、局部做法、细部处理等多个方面。观感质量的检验主要是依靠检查人员的观察检查，辅之以直尺、小锤、反光镜等简单工具，所以观感质量评定的准确性很大程度上受到检查人员的经验，以及其对建设工程技术规范标准的理解和掌握程度的影响。

造成单位工程观感质量问题的因素主要有：施工方对观感质量缺乏足够认识、缺乏科学有效的组织管理、工程材料质量不能满足实际需要、施工技术存在问题、环境因素影响等。

## 二、建设工程质量问题的类型

### （一）按工程实施阶段分类

建设项目从最初的项目概念提出到项目竣工验收合格进而投入使用，一般要经过五个阶段：项目的策划阶段、项目的勘察阶段、项目的设计阶段、项目的建设施工阶段、项目的投入使用(使用评估)阶段[①]。建设工程一般应当按照先勘察、后设计、再施工的顺序进行。工程质量问题的成因往往错综复杂，在勘察、设计、施工及使用等不同阶段中均可能产生不同程度的质量问题。

### 1. 勘察阶段

勘察工作是确保工程质量合格的基础。实践中，通常会引起工程质量问题的勘察缺陷有：①勘察文件不符合法律法规强制性规定；②勘察文件不符合工程建设强制性标准规定；③勘察文件不符合合同约定的技术标准或要求；④勘察文件的编制深度不符合国家或地方主管部门规定；⑤勘察外业的原始数据记录不真实、不准确；⑥勘察文件的分析论证方法与岩土工程勘察行业通用的技术方法明显不符，或论证结论建议出现明显错误[②]。

勘察质量问题对工程质量的影响往往是在后期施工过程中表现出来的，如后期施工中地基基础分部施工中的验槽，既是建筑物施工第一阶段基槽开挖后的重要验收工序，也是对前期施工图设计阶段岩土勘察工作质量的实地验证。在之后基础主体施工过程中，也可能产生因勘察不到位造成的工程质量问题，此时需要通过工程质量鉴定对造成问题的原因进行分析查明，确定责任主体和原因力大小。

### 2. 设计阶段

建设工程设计按照工程进展分阶段实施，一般包括方案设计、初步设计和施工图设计三个阶段。设计环节是建设工程项目实施过程中非常重要的环节，包含了对项目资金、技术工艺、功能使用、环保健康、使用期限等诸多因素的考虑管控。在项目开始施工前，设计人应当向发包人、施工人、监理人进行设计交底，并对设计说明进行明确，发包人、施工人、监理人不得擅自变更设计。可能引起工程质量问题的设计缺陷有：①设计文件不符合法律法规的强制性规定；②设计文件不符合工程建设强制性标准的要求；③设计文件不符合合同约定的技术标准或发包人要求；④设计文件不符合相关行业设计文件编制深度的规定；⑤设计文件存在影响工程安全性、使用性或其他功能的缺陷[③]。

实践中，因设计质量缺陷产生的工程质量纠纷不在少数，设计阶段质量问题具有隐蔽性、滞后性、专业性等特点，又因设计工作受制于投资效益、社会效益等因素，设计缺陷造成的施工质量往往涉及多方主体责任，给解决工程质量纠纷带来较大难度。

### 3. 施工阶段

施工过程是将人、材、机物化后形成建设工程实体质量的阶段。建设工程施工具有周

---

① 常设中国建设工程法律论坛第八工作组.中国建设工程施工合同法律全书：词条释义与实务指引 [M] 北京：法律出版社，2019：668.

② 常设中国建设工程法律论坛第十二工作组.建设工程勘察设计合同纠纷裁判指引 [M] 北京：法律出版社，2021：211.

③ 常设中国建设工程法律论坛第十二工作组.建设工程勘察设计合同纠纷裁判指引 [M] 北京：法律出版社，2021：224.

期长、环节多、耗资大、资质准入限制等特点，高度依赖施工企业管理水平、施工工艺标准规范性、施工人员专业技术性、施工环境气候等因素。相较于勘察、设计环节，施工过程中出现的质量问题具有多发性、多样性、普遍性、危害性大、多因性等特点。

因施工原因导致的工程质量问题，有些在施工过程中即显现出来，发包人或监理人可要求承包人修理、返工或者改建，或者承包人自检过程中发现后立即修理；有些质量问题在组织竣工验收时发现，发包人可要求承包人维修、返工、改建，并另行组织竣工验收；另有部分质量问题是在工程竣工验收后交付前，工程经承包人修理、返工、改建后仍然存在质量问题[①]。

导致施工质量问题既有施工人单一责任的情形，也有勘察、设计、监理等主体"多因一果"混合责任的情形。勘察、设计质量问题常常在施工过程中表现出来，另可能由监理不到位、第三人侵权等导致。《建筑法》确立了发包人对工程质量承担首要责任，勘察、设计、施工人对工程质量承担主体责任的原则[②]，规定了承包人在质量保修期内对工程质量承担保修义务。

4.使用阶段

建设工程竣工验收合格，表明承包人的主要合同义务已经完成。建设工程在竣工验收合格并移交发包人后，即进入使用阶段。在使用阶段，存在缺陷责任期、质量保修期、合理使用期等关乎质量问题的不同期间。在不同的期间，发包人和承包人的权利和义务关系也不同。

（1）缺陷责任期

缺陷责任期这一概念来源于《FIDIC施工合同条件》（1999年第一版），其法规依据为住建部与财政部颁布的《建设工程质量保证金管理办法》第2条。从上述规定分析，缺陷责任期的本质特征是质量保证金返还期限。

根据《建设工程质量保证质保金管理办法》的规定，发包人在缺陷责任期内，有权扣留不超过结算总额3%的质量保证金；而所谓质量保证金，就是指"发包人与承包人在建设工程承包合同中约定，从应付的工程款中预留，用以保证承包人在缺陷责任期内对建设工程出现的缺陷进行维修的资金"；"缺陷责任期一般为1年，最长不超过2年，由发、承包双方在合同中约定"。

（2）质量保修期

根据《建筑法》第62条和《建设工程质量管理条例》第39条的规定，建筑工程实行

---

① 曹文衔，宿辉，曲笑飞.民法典建设工程合同章条文释解与司法适用[M].北京：法律出版社，2021：368.

② 《建筑法》第58条规定："建筑施工企业对工程的施工质量负责。建筑施工企业必须按照工程设计图纸和施工技术标准施工，不得偷工减料。工程设计的修改由原设计单位负责，建筑施工企业不得擅自修改工程设计。"

质量保修制度。建设工程质量保修制度，是指建设工程在办理竣工验收手续后，在质量保修期内，因勘察、设计、施工、材料等原因造成的质量缺陷，应当由施工承包单位负责维修、返工或更换，由责任单位负责赔偿损失①。

关于质量保修期，可以在施工合同或保修书中约定，但不得低于法定保修期限，如《建设工程质量管理条例》第40条规定的最低保修期限。如果双方的约定低于规定的保修期限，则相关约定无效，承包人仍应按照法定最低保修年限承担保修责任。

（3）合理使用期

《民法典》第802条规定："因承包人的原因致使建设工程在合理使用期限内造成人身损害和财产损失的，承包人应当承担赔偿责任。"该规定提到了重要的概念，即建设工程的"合理使用期限"，又称"合理使用年限"。

合理使用期限，是指从工程竣工验收合格之日起，工程的地基基础、主体结构能保证在正常情况下安全使用的年限。无论是否超过保修期，只要是在合理使用期限内，因承包人原因的工程质量问题造成人身损害或财产损失的，承包人均应承担赔偿责任。而建设工程在超过合理使用期限后仍需要继续使用的，根据《建设工程质量管理条例》第42条的规定："产权所有人应当委托具有相应资质等级的勘察、设计单位进行鉴定，并根据鉴定结果采取加固、维修等措施，重新界定使用期。"

## （二）按表现形态分类

### 1. 显性问题

许多建设工程质量问题是显性的，较为直观，多为外观缺陷，不需要借助技术检测等手段，通过眼看、耳听、手摸，使用尺量、敲打等检查手段即可发现。例如，墙面开裂、屋面漏水、装饰色差等。显性质量问题多属于质量通病，部分显性质量问题仅影响观感，对工程的安全性和使用功能并无根本性影响或影响不大，如饰面砖裂缝及其他装饰装修外观瑕疵等。在司法实践中，显性质量问题的举证通过提交现场照片、影像资料，或进行现场勘验等方式即可完成。

### 2. 隐性问题

有的建设工程质量问题是非直观的、隐性的，需要通过技术检测等手段才能发现和证明，如混凝土构件强度不足、钢结构所用钢材强度指标不合格、钢结构构件连接强度未满足要求、室内环境空气中甲醛含量超标等。有的质量问题需要经过一段时间的观测才能发现，如地基不均匀沉降。有些影响功能性的质量问题则需要在使用过程中才能暴露出来，如通风系统的抽湿效果达不到设计要求、供暖温度不足等。有些质量问题需要在技术检测、检验的基础上，对相关数据进行验算，如建筑安全等级评定。相比于显性质量问题，隐性

---

① 部凤涛，赵晨. 建设工程质量管理条例释义 [M]. 北京：中国城市出版社，2000：98-99.

质量问题多表现为影响建设工程的结构安全性、功能适用性、耐久性、环境健康性的质量缺陷。在司法实践中，隐性的质量问题往往需要通过专业的第三方检测机构出具的检测鉴定意见等方式予以证明。

# 第二节 建设工程质量标准及质量评价

## 一、工程建设标准体系

2016 年 8 月 9 日，住建部正式发布《关于深化工程建设标准化工作改革的意见》，该意见明确指出，"我国工程建设标准经过 60 余年发展，国家、行业和地方标准已达 7000 余项，形成了覆盖经济社会各领域、工程建设各环节的标准体系，在保障工程质量安全、促进产业转型升级、强化生态环境保护、推动经济提质增效、提升国际竞争力等方面发挥了重要作用"。

### （一）工程建设标准基本知识

1. 工程建设标准的定义

工程建设标准，是针对各类建设工程的规划、勘察、设计、施工、验收、运行、管理、维护、加固、拆除等活动和结果需要协调统一的事项所制定的共同的、可重复使用的技术依据和准则。工程建设标准的制定、实施和监督管理，由《标准化法》作出统一规定和要求，其中第 4 条规定："制定标准应当在科学技术研究成果和社会实践经验的基础上，深入调查论证，广泛征求意见，保证标准的科学性、规范性、时效性，提高标准质量。"通常，工程建设标准以保证工程建设的安全、质量、环境和公众利益为核心，以促进最佳的社会效益、经济效益、环境效益和最佳效率为目的。

2. 工程建设标准的分类

工程建设标准包括国家标准、行业标准、地方标准、团体标准和企业标准五类。在全国范围使用的标准为国家标准。国家标准由国务院标准化行政主管部门编制计划，组织草拟，统一审批、编号、发布。

对没有国家标准而又需要在全国某个行业范围内统一的技术要求，可以制定行业标准（含标准样品的制作）。制定行业标准的项目由国务院有关行政主管部门确定。

对没有国家标准和行业标准而又需要在省、自治区、直辖市范围内统一的工业产品的安全、卫生要求，可以制定地方标准。地方标准常规的理解为某一省市的地方标准，现在随着区域经济融合发展，涌现了很多区域标准，如，"京津冀"地方标准、"大湾区"地方标准等。制定地方标准的项目，由省、自治区、直辖市人民政府标准化行政主管部门确定。

企业生产的产品没有国家标准、行业标准和地方标准的，应当制定相应的企业标准，

作为组织生产的依据。企业标准由企业组织制定（农业企业标准制定办法另定），按省、自治区、直辖市人民政府的规定备案。对已有国家标准、行业标准或者地方标准的，鼓励企业制定严于国家标准、行业标准或者地方标准要求的企业标准，在企业内部适用。

团体标准是国家目前鼓励推广的标准形式，国家鼓励学会、协会、商会、联合会、产业技术联盟等社会团体协调相关市场主体共同制定满足市场和创新需要的团体标准，由本团体成员约定采用或者按照本团体的规定供社会自愿采用。团体标准作为标准体系的重要组成部分，数量上将在我国建设工程标准体系中占据绝大多数的优势，也将对建设工程质量评判产生更多影响。

就前述标准的关系，一般而言，国家标准是整个标准体系中最基本的标准，行业标准、地方标准、团体标准一般高于或者等于国家标准。

3.规范、标准、规程的区别

规范、标准、规程都是标准的表现形式，习惯上统称为标准，只有针对具体对象才加以区别。根据《标准化工作指南 第1部分：标准化和相关活动的通用术语》（GB/T 20000.1—2014）第5.5条、第5.6条，规范是规定产品、过程或服务应满足的技术要求的文件；规程是为产品、过程或服务全生命周期的有关阶段推荐良好惯例或程序的文件。

而对于检测方法、鉴定方法等，一般采用"标准"，如《建筑结构检测技术标准》（GB/T 50344—2019）、《民用建筑可靠性鉴定标准》（GB 50292—2015）、《混凝土结构现场检测技术标准》（GB/T 50784—2013）等。对工程勘察、设计、施工、验收等通用性要求，一般采用"规范"，如《混凝土结构设计规范（2015年版）》（GB 50010—2010）、《建筑设计防火规范（2018年版）》（GB 50016—2014）、《住宅设计规范》（GB 50096—2011）等。

4.工程建设标准的特点

工程建设的复杂性、固定性、受自然环境影响大等特性，决定了工程建设标准具有综合性强、政策性强、技术性强、地域性强等特点。

**（二）强制性标准与推荐性标准**

根据《标准化法》第2条的规定，国家标准划分为强制性标准和推荐性标准；强制性标准必须执行，国家鼓励采用推荐性标准。《实施工程建设强制性标准监督规定》（建设部令第81号）第2条规定："在中华人民共和国境内从事新建、扩建、改建等工程建设活动，必须执行工程建设强制性标准。"国家标准分为强制性标准、推荐性标准；行业标准、地方标准是推荐性标准。

1.强制性标准

（1）强制性国家标准

根据《实施工程建设强制性标准监督规定》第3条第1款的规定，"工程建设强制性

标准是指直接涉及工程质量、安全、卫生及环境保护等方面的工程建设标准强制性条文"。

目前住房和城乡建设部陆续出台的40本全文强制性标准以及后续的全文强制性标准，将取代现行标准中分散的强制性条文，逐步形成由法律、行政法规、部门规章的技术性规定与全文强制性工程建设规范构成的"技术法规"体系。对于被废止的条文，其技术性尚在，只是不再作为强制性条款执行。建设工程标准体系改革的目的是将极少数国家强制性标准列为底线标准，将绝大部分标准归入推荐性标准，凸显工程技术创新性，鼓励新技术、新材料、新工艺的使用，充分释放市场活力。

（2）行业和地方强制性标准

按照现在《标准化法》第2条的规定，行业标准和地方标准不再属于强制性标准。但在标准过渡期仍存在一批此类强制性标准，且各地方为了强化管理，仍然保留了部分地方强制性标准。

2. 推荐性标准

强制性标准以外的标准均为推荐性标准，但建设工程标准化体系庞杂，实践中不能一概而论。

推荐性标准主要包括：推荐性国家标准、行业标准（部分强制性标准除外）、地方标准（部分强制性标准除外）、团体标准、企业标准。随着国际标准在国内的融合，以及中国逐渐参与甚至主导国际标准的制定，中国企业承担的境外工程数量增加，国际标准（如ISO标准）的使用也越来越多。

推荐性标准不得与强制性标准相抵触。从标准数量和完整程度上讲，推荐性标准对支撑工程质量体系发挥更大的作用。这是全文强制性标准出台的重要原则，即只明确要求工程质量最基础的要求，其他放权给推荐性标准。这也是为了鼓励工程界脱离标准束缚，发挥创造性，提升科技创新能力。但从另一个方面来说，也增加了工程防控的风险，增加了工程质量鉴定的难度，使得工程质量鉴定不能简单照搬标准条款判定工程质量问题，而更多取决于鉴定人的综合专业能力。这也倒逼工程建设各方自行根据工程的性质、特点，选择采用相应的推荐性标准并在合同中明确约定，不再使用"符合国家、地方相关标准"等笼统约定。

### （三）工程建设标准化工作改革

与技术更新变化和经济社会发展需求相比，我国工程建设标准仍存在着标准供给不足、缺失滞后，部分标准老化陈旧、水平不高等问题，需要加大标准供给侧结构性改革，完善标准体制机制，建立新型标准体系。为此，住建部在2016年发布《关于深化工程建设标准化工作改革的意见》，要求改革强制性标准、构建强制性标准体系、优化完善推荐性标准、培育发展团体标准、全面提升标准水平、强化标准质量管理和信息公开，以及推进标

准国际化。工程建设标准化工作改革的总体目标是：到 2025 年，以强制性标准为核心、推荐性标准和团体标准相配套的标准体系初步建立，标准有效性、先进性、适用性进一步增强，标准国际影响力和贡献力进一步提升。

### （四）约定标准

1. 实务中常见的约定标准

（1）合同范本中的约定标准

①施工合同范本

2017 版《建设工程施工合同（示范文本）》分为合同协议书、通用条款、专用条款三个部分，都涉及质量条款。合同协议书第三条为质量标准，内容留空，由当事人自行约定。

通用条款第 5.1.1 条约定："工程质量标准必须符合现行国家有关工程施工质量验收规范和标准的要求。"强调工程质量必须符合国家强制性标准；同时，该条约定："有关工程质量的特殊标准或要求由合同当事人在专用合同条款中约定。"提示合同当事人就工程质量的特别约定应在专用合同条款予以明确。与之对应的专用条款第 5.1.1 条"特殊质量标准和要求"，内容留空，由当事人自行约定。

此外，通用条款第 13.1.1 条约定："分部分项工程质量应符合国家有关工程施工验收规范、标准及合同约定，承包人应按照施工组织设计的要求完成分部分项工程施工。"

②工程总承包合同范本

2020 版《建设项目工程总承包合同（示范文本）》也分为合同协议书、通用合同条件、专用合同条件三个部分，也都涉及质量条款。合同协议书第 3 条为质量标准，内容留空，由当事人自行约定。通用条款第 6.4.1 条"工程质量要求"与前述 2017 版《建设工程施工合同（示范文本）》一致。专用合同条件部分包括附件 1 发包人要求，其中第 5 条第 4 项为"质量标准"，但没有载明推荐内容。

（2）裁判中常见的约定标准

①奖项标准

实践中，对于工程质量，发包人常在竣工验收合格标准之外提出更高的要求，如取得工程领域的奖项。工程领域奖项分为国家奖项与地方奖项，其中，国家奖项可分为国优工程和国优专业工程，地方奖项可分为省优工程、市优工程及市级优质结构工程。

经梳理实践中常见的合同条款，将工程奖项明确约定为质量标准，有以下三种模式。第一，奖励式。约定工程获得相应奖项，承包人即可获得相应奖励对价，既可能是固定金额的奖励，也可能是工程总造价金额上浮一定比例计算。

第二，惩罚式。约定工程未获得相应奖项，发包人有权扣除工程款，扣款可能是固定金额，也可能是总工程款下浮一定比例计算。

第三，推荐式。约定工程争取或必须获得奖项，但没有约定奖项的明确后果。

工程奖项标准并非《标准化法》规定的标准，不能替代法定工程验收标准。工程获评奖项，不能推定工程质量验收合格或无缺陷。合同将奖项作为工程质量标准予以约定时，工程质量符合约定须经过两次评价：首先，判断是否符合法定验收标准，从而符合投入使用的强制性条件；其次，判断是否符合约定的工程奖项。两次评价分别产生相应不同的法律效果。

实践中，在执行奖励式或惩罚式的合同条款时，双方可能会发生争议。从法律属性的角度看，该等约定为附生效条件的约定，条件成就时即发生相应的法律后果。因此，实践中的常见争议即包括：未获得相应奖项，是发包人还是承包人的原因所致。双方将围绕有无申报、谁来申报、为何申报失败等提出主张和予以证明，而法律适用上将主要涉及条件是否视为成就等规定。

②规范标准

正如上述 2017 版《建设工程施工合同（示范文本）》所载明的，验收规范是对工程质量的全面的规制、检查要求，也是评价工程质量是否合格的基本依据，所以常见的工程质量标准约定援引的规范正是验收规范。

实践中，合同常约定工程质量须符合规范要求，或约定质量标准的评定以国家或行业的质量检验评定标准为依据①或仅约定合格②，而未对具体须符合何种规范、标准进行限定。此类不明确约定可能导致质量标准争议。此时，何种规范可作为质量评价标准，往往依据鉴定机构的专业意见确定：工程质量鉴定机构应当根据案涉工程的规模、功能、产能、性质、面积、结构、所处地区等，甄选最符合当事人真实意思的规范、标准。

③施工图纸及说明

《民法典》第799条规定："建设工程竣工后，发包人应当根据施工图纸及说明书、国家颁发的施工验收规范和质量检验标准及时进行验收……"施工图纸及说明书既是建设工程施工的基本依据，也是常见的合同约定的质量标准。无论是在合同范本，还是在具体项目的施工合同中，施工图纸通常都被约定为合同的组成部分，并成为质量评价的约定依据。

2. 约定标准的效力

（1）影响约定标准效力的一般因素

一般而言，合同因违反法律、行政法规效力性禁止性规定等原因而无效，其中的约定，如违约金条款，也属无效。而合同中关于质量标准的约定，并非法律规定的独立有效的清理结算条款，也应当同时认定无效。但在合同无效后，关于质量标准的约定能否参照适用，

① 具体参见最高人民法院民事判决书（2021）最高法民终 304 号。

② 具体参见江苏省淮安经济技术开发区人民法院民事判决书（2020）苏 0891 民初 1495 号。

下文将另行讨论。

（2）强制性标准对约定标准效力的影响

《八民会纪要》第30条规定："……当事人违反工程建设强制性标准，任意压缩合理工期、降低工程质量标准的约定，应认定无效……"《标准化法》第2条规定："……标准包括国家标准、行业标准、地方标准和团体标准、企业标准。国家标准分为强制性标准、推荐性标准，行业标准、地方标准是推荐性标准。强制性标准必须执行。国家鼓励采用推荐性标准。"第25条规定："不符合强制性标准的产品、服务，不得生产、销售、进口或者提供。"根据上述规定，合同约定的工程质量标准低于强制性标准的，应当认定无效。

但也有观点认为，强制性标准对合同约定的效力影响应区分强制性标准的内容而作不同处理。具体而言，强制性标准根据其规定内容，可分为技术标准、管理标准和工作标准三大类。技术标准，即对标准化领域中需要协调统一的技术事项所制定的标准，包括基础标准、产品标准、工艺标准、检测试验方法标准，以及安全、卫生、环保标准等。管理标准，即对标准化领域中需要协调统一的管理事项所制定的标准。工作标准，即对工作的责任、权利、范围、质量要求、程序、效果、检查方法、考核办法所制定的标准。严格而言，只有违反技术强制性标准，才会直接影响工程质量，而违反管理标准、工作标准并不会直接影响工程质量。因此，判断约定质量标准是否因违反强制性标准而无效，要考察强制性标准规定的内容，是否对工程质量产生直接的影响，进而作出最终效力判断。

（3）非强制性标准对约定标准法律效力的影响

非强制性标准是推荐适用的标准，不具有强制适用效力。从本身规范属性而言，非强制性标准均是规范性文件，不是影响合同效力的法律、行政法规，《标准化法》也无强制适用的规定及目的。因此，对非强制性标准的违反不影响合同约定标准的效力。换言之，合同约定的质量标准低于非强制性标准的，不应当认定无效。

3.约定质量标准无效的后果

（1）不能直接适用作为裁判依据

约定标准无效，为自始、确定无效，不具有法律约束力。当事人无权要求适用该约定标准继续履行；裁判者也不能直接适用该约定标准，作出强制履行或其他裁判。

（2）参照适用作为裁判依据

①参照作为折价补偿依据

若无效合同明确将约定的工程质量标准与工程价款计算挂钩，该约定就是关于计价方式的约定，可在结算过程中参照适用，并在适用过程实质发生约束力。

但若无上述明确约定，发包人能否要求参照适用约定质量标准，作为工程价款结算依据？根据《民法典》第793条的规定："建设工程施工合同无效，但是建设工程经验收合

格的，可以参照合同关于工程价款的约定折价补偿承包人。"有观点认为，此处规定准许参照的约定不包括工程质量的约定[①]。但是此观点仍有商榷空间。首先，验收合格既要求符合验收规范的要求，也要求符合合同约定的质量标准。其次，工程价款的约定与工程质量的约定是密切关联的，不同的质量标准当然会导致工程价款标准的不同，不参照适用工程质量约定而独立参照适用工程价款约定，割裂了两者的关系，导致承包人无须受合同约定质量标准的约束，因合同无效而获得相较于合同有效更高的利益，裁判的价值取向并不妥当。最后，根据《民法典》第793条的规定，合同无效后，发包人只就工程折价补偿承包人，即对承包人实际投入的、物化的成果给予补偿。该补偿应与工程质量相匹配，否则将导致投入与补偿不相符，违背等价补偿、不当得利返还的原则。因此，合同无效的情况下，若建设工程未达到约定的较高质量标准，发包人有权主张以实际工程质量标准为基础核减工程价款。

②参照作为损害赔偿依据

《施工合同司法解释（一）》第6条第2款规定："损失大小无法确定，一方当事人请求参照合同约定的质量标准、建设工期、工程价款支付时间等内容确定损失大小的，人民法院可以结合双方过错程度、过错与损失之间的因果关系等因素作出裁判。"据此，合同约定的质量标准可以参照适用作为损害赔偿的裁判依据。

值得一提的是，如约定标准低于强制验收标准，即此时建设工程无法验收合格。在此情况下，依据《民法典》第793条的规定，承包人不能获得折价补偿，只能依据《施工合同司法解释（一）》第6条第2款的规定，参照适用质量约定，就实际投入主张损害赔偿。

4. 无约定标准时的工程质量评价

实践中，有的工程在施工时并未签订合同，或合同过于简略而未约定明确工程质量标准，也无证据证明双方关于工程质量标准达成其他合意。在此情况下，工程质量应依据合同目的、工程性质、功能、产能、规模等因素综合确定，以相应施工期的验收规范作为评价标准。

### （五）建设工程质量标准约定不明的处理

根据《民法典》第511条第1项的规定，当事人对合同的"质量要求约定不明确的，按照强制性国家标准履行；没有强制性国家标准的，按照推荐性国家标准履行；没有推荐性国家标准的，按照行业标准履行；没有国家标准、行业标准的，按照通常标准或者符合合同目的的特定标准履行"。

例如，《北京市司法鉴定管理条例》（2021年1月1日施行）第21条第1款规定："司

① 刘力，禄劲松，杨劲禹. 论无效建设工程施工合同的折价补偿《民法典》第793条第1款评释 [J]. 法律适用，2022（2）：80-93.

法鉴定人进行司法鉴定；有国家强制标准的，应当采用国家强制标准；没有国家强制标准的，采用国家推荐标准、行业标准和技术规范；没有国家标准、行业标准和技术规范的，采用团体标准或者该专业领域通行的技术方法。"

因此，实践中关于工程质量标准约定不明时，可将《民法典》及相关法律对于标准选用的规定作为处理依据。

## 二、既有建设工程的可靠性评价与质量评价

### （一）既有建设工程的可靠性评价

1. 建设工程的可靠性定义

根据《建筑结构可靠性设计统一标准》（GB 50068—2018）第2.1.23条和第2.1.24条的规定，可靠性是指"结构在规定的时间内，在规定的条件下，完成预定功能的能力"；可靠度是指"结构在规定的时间内，在规定的条件下，完成预定功能的概率"。可靠性评价是以现行标准为基准，对结构能力的状况或发展趋势予以评价的活动。建设工程按专业一般划分为建筑、结构、给水排水、空调采暖通风、电气工程相关专业，建筑可靠性评价一般仅对结构专业。实施可靠性评价时应注意以下几点。

（1）广义的可靠性鉴定主要包括安全性鉴定及抗震鉴定。对结构安全性鉴定时分两种情况：一种为不考虑地震作用的鉴定，传统称为安全性鉴定；另一种为考虑地震作用的鉴定，称为抗震鉴定。

（2）狭义的可靠性鉴定仅指安全性鉴定。根据《民用建筑可靠性鉴定标准》（GB 50292—2015）第2.1.6条、《工业建筑可靠性鉴定标准》（GB 50144—2019）的相关规定，可靠性鉴定分为安全性鉴定和使用性鉴定。由于涉及结构安全的可靠性鉴定一般仅进行安全性鉴定，少有进行使用性鉴定的，因此狭义的可靠性鉴定仅包含安全性鉴定。

（3）根据2022年4月1日正式实施的全文强制性规范《既有建筑鉴定与加固通用规范》（GB 55021—2021）第2.0.4条的规定，既有建筑的鉴定应同时进行安全性鉴定（不考虑地震作用）和抗震鉴定（考虑地震作用）。由于我国既有建筑形式复杂、年代跨度大，具体如何实施，目前尚需时间验证。

（4）一般情况下，设计标准及验收标准中对工程质量的要求，高于实施可靠性鉴定时对工程质量的要求。在实施危险房屋鉴定时，主要基于工程使用验证有效原则，即认为工程存在不符合设计及验收标准的质量问题，但是经过使用验证可以安全使用，因此相关指标要求可以放宽。在实施工程可靠性鉴定时，只要满足规范要求（规范要求是底线要求）即可，如承载力抗力效应比大于等于1.0即可评为 $a_u$（可靠性鉴定的最高等级），但设计图纸中的承载力抗力效应比可能更高。由于可靠性鉴定降低了对质量的要求，对建设单位

可能不利。

（5）危房鉴定是另一种常见的安全性鉴定形式。主要依据标准包括《危险房屋鉴定标准》（JGJ 125—2016）、《农村住房危险性鉴定标准》（JGJ/T 363—2014）。危房鉴定时不考虑地震作用，针对已经出现或者可能出现的危险判定其危险程度，其可靠性指标和安全性要求会低于《民用建筑可靠性鉴定标准》（GB 50292—2015）、《工业建筑可靠性鉴定标准》（GB 50144—2019）及设计建造时的要求。实践中，很多法院和仲裁机构未注意到上述鉴定的区别而大量委托危房鉴定，其原因是危房二字更易引起非专业人士的重视。不加识别地委托危房鉴定可能会损害当事人的合法权益。

2. 安全性鉴定

安全性鉴定是对建筑静力作用下的安全性评估，其注重构件的承载力，鉴定结论也会明确到具体构件层次，属于可靠性鉴定的范围。安全性鉴定适用于建筑物大修前的全面检查、重要建筑物的定期检查、建筑物改变用途或使用条件、建筑物超过设计基准期继续使用、为制定建筑群维修改造规划而进行的普查、危房及各种应急鉴定等。

安全性鉴定主要依据《民用建筑可靠性鉴定标准》（GB 50292—2015）和《工业建筑可靠性鉴定标准》（GB 50144—2019）对构件按现行规范的可靠度水平进行分析。安全性鉴定采用层次鉴定的思想，将结构分为构件、子单元（地基基础、上部承重结构、围护系统）、鉴定单元（整幢建筑）三个层次，每一个层次分为四个安全性等级，按照规定的层次，从第一层次开始分层鉴定评级。除构件层次按照构件承载力、现状质量情况等进行评定外，子单元和鉴定单元两个层次的评定分别建立在前一层次评级的基础上，按照被评定等级的比例进行评定。此种评定方法虽然便于工程使用，但其理论依据不足，更偏重于人为经验评判。因此，在实际应用中对于复杂结构或重要工程应建立更为精确的计算分析模型进行可靠性评价。

3. 抗震鉴定

根据《建筑抗震鉴定标准》（GB 50023—2009）第2.1.4条的规定，抗震鉴定是指"通过检查现有建筑的设计、施工质量和现状，按规定的抗震设防要求，对其在地震作用下的安全性进行评估"。现有建筑是指"除古建筑、新建建筑、危险建筑以外，迄今仍在使用的既有建筑"，即能正常使用、可以满足静力作用，且在抗震设防区域内的建筑，其适用范围要小于安全性鉴定。抗震鉴定主要适用于抗震设防区下列情况的现有建筑：接近或超过设计使用年限需要继续使用的建筑、原设计未考虑抗震设防或抗震设防要求提高的建筑、需要改变结构的用途和使用环境的建筑、其他有必要进行抗震鉴定的建筑等。

抗震鉴定是对地震作用下的抗震能力的评估，不对每个构件按照规范逐个检查分析，也不要求每个构件都必须满足抗震能力，而是强调结构整体的综合抗震能力，包括结构抗震承载力、整体性和构件延性等。

相对于可靠性鉴定（安全性鉴定），抗震鉴定最大的特点是划分了既有建筑后续使用（工作）年限，按照后续使用年限30年、40年、50年分为A、B、C三类进行鉴定，相应鉴定要求也是从低到高。这一特点主要考虑的出发点，正是基于我国抗震设计水准的不断提升变化，此思路也被纳入了全文强制性标准《既有建筑鉴定与加固通用规范》（GB 55021—2021）中，但是其分类方法不同，在技术操作层面有很大区别。因此，在司法鉴定中关于抗震鉴定后续使用年限的确定，需要特别留意。

### （二）既有建设工程的质量评价

1. 既有建设工程可靠性评价与质量评价

既有建设工程，指的是已建成可以验收的和已投入使用的建设工程，同时包括已建成但不具备验收条件，以及未建成的"半拉子"工程。质量评价是为了判定施工质量是否满足施工验收规范及设计要求，可靠性鉴定是为查明结构的功能状态，是为了后续结构能够安全使用服务。实务中，对于工程质量纠纷一般先进行施工质量鉴定评价。为判定施工质量问题对建设工程结构安全性和功能适用性的影响时，再进行可靠性鉴定评价。二者既有联系也有区别。

确定存在施工质量缺陷时，为判定施工质量缺陷对工程功能状态的影响，包括安全性和使用性（包括适用性和耐久性）等，此时可以启动既有建筑可靠性鉴定，其中主要是安全性和抗震性能鉴定，部分包括使用性鉴定。可靠性的鉴定结果是给出评判等级，抗震鉴定的评判结果给出是否符合抗震要求的判断。

对于除了外观质量问题等可以直接针对构件层级的问题出具修复方案的情况外，对于其他一些涉及整体结构安全性和抗震性能的问题，也需要首先进行整体结构安全性和抗震性能鉴定，评估该质量问题对整体结构的影响程度，以整体结构为对象出具加固修复方案，而非"头疼医头脚疼医脚"。据此确定的修复工程造价也将更符合工程实际需求。

2. 既有建设工程质量评价应考虑的因素

首先需要关注的因素是选择适用的标准。建设工程领域的标准大致可以分为三类：第一类是勘察、设计类规范，可以用来衡量勘察、设计质量；第二类是施工质量验收规范，可以用来衡量施工质量；第三类是既有工程的鉴定标准，如在建筑工程中有《民用建筑可靠性鉴定标准》（GB 50292—2015）、《工业建筑可靠性鉴定标准》（GB 50144—2019）、《建筑抗震鉴定标准》（GB 50023—2009）、《危险房屋鉴定标准》（JGJ 125—2016）等，可以用来评价工程的现状安全性或使用性。

工程质量评定（鉴定）一般选用的评价标准应为施工时所适用的标准版本，而检测方法一般采用现行标准。目前我国尚无建设工程质量司法鉴定行业技术标准；司法鉴定时参照或者依据有关建设工程行业技术标准。

（1）施工质量鉴定的适用标准。工程建设时期适用的、相应的各专业工程施工质量验收规范以及工程设计资料。

（2）规划、勘察、设计质量鉴定的适用标准。工程建设时期适用的、相应的各类设计规范和勘察规范。

（3）环境变化对临近工程损害鉴定的适用标准。这类鉴定既涉及设计、施工规范，也涉及既有工程的鉴定标准。既要评价工程的现状，也要分析造成这类问题的原因。需要分别对施工前后被影响工程的现状作出评定，确定造成损害的程度。这类鉴定属于因果关系分析，涉及规范较多。

（4）工程质量事故鉴定的适用标准。除了分别对照勘察设计规范、施工验收规范以外，还要参考其他有关管理技术规定。

（5）既有工程质量性能鉴定的适用标准。此时应考虑两种情况：一种是不考虑既有工程建造时间，仅为评判既有工程现状的安全性或抗震性能，此时可以直接使用现行的鉴定标准；另一种为了评判既有建设工程质量是否符合工程建造时的安全性能，此时的鉴定标准则应选用当时的设计规范以及相应的鉴定标准。目前后者处理具有很大的技术风险，原因在于规范化的操作指引缺失，不同鉴定机构对标准的不同理解，可能会引起结论的偏颇。

（6）随着科学技术水平的提高和社会的进步，国家的规范、标准会定期进行修订，规范版本的不同有时也会导致结论的差异。一般来说，新规范比旧规范标准更高、要求更严。这意味着按旧规范满足要求建造的工程，按新规范可能评定为不满足要求。但也存在极少数相反的情况，如《混凝土结构工程施工质量验收规范》（GB 50204—2015）中柱、梁、板、墙等截面尺寸偏差允许值由2002版标准的"+8，−5"放宽到"+10，−5"。

当被鉴定项目刚好处于新、旧规范过渡时期，而双方的合同文件对依据的规范版本未作明确规定时，严格来说应该根据标准实施日期采用新标准，此类标准主要是施工质量验收类标准。设计质量鉴定时，一般以完成施工图出具的时间为界限。但是上述新旧标准的选择尚无明确的选择原则，司法鉴定实践要结合工程实际以及标准发布日期、实施日期、合同约定和标准性质等综合判定。在当事人无法达成一致时，可以由鉴定机构给出适用的标准建议及理由，再由人民法院或仲裁机构确定。

另外，对既有建设工程施工质量判定时，此时仅仅作施工质量评价，不涉及功能性判定，也需要注意各规范之间检测方法和抽样数量的区别。如，《混凝土结构工程施工质量验收规范》（GB 50204—2015）中规定的混凝土强度检测方法，与《建筑结构检测技术标准》（GB/T 50344—2019）中的规定不同。此种不同可能会产生有利或不利结果，具体需要结合工程施工质量控制等因素进行分析，尤其是对于检测结果临近判定值附近的，更应该关注。

既有建设工程质量评价应考虑的一个重要因素，是工程建造、使用时间长短问题，也即投入使用的时间长短以及使用本身等因素对工程质量的影响。目前的鉴定通常是以现状为准去评判工程质量，而部分工程的质量是随着时间而变化的；也就是说，现状不合格不一定能够直接推定施工时不合格。出现此种问题时应具体情况具体对待。如：

①鉴定的项目不受时间变化或者使用的影响，此时可以不用考虑时间或使用因素，根据检测结果直接判定是否存在施工质量问题。

②鉴定的项目虽然受时间或使用因素的影响，但是在合理使用期正常使用情况下不足以产生超过判定项的缺陷，也可直接判定是否存在施工质量问题。

③鉴定的项目虽然受时间或使用因素的影响，但检测分析数据不符合时间劣化等科学规律的，需要鉴定机构有足够的能力和经验去分析研判，综合判定是否存在原有施工质量问题。

④工程质量在保修期内出现了工程质量问题，可以按照工程质量施工验收标准进行判定，而不用考虑时间因素对工程质量的影响。

⑤鉴定的项目受时间或使用因素的影响，且超过了保修期，但通过检验发现是因为施工质量造成的，可以直接判定原有施工质量。如某屋面防水工程其使用是受年限影响的，防水层出现渗漏时已经超过防水工程 5 年保修期限，但现场勘验发现是因为原施工节点做法不当造成的，也可以直接判定原有施工质量，而不必局限于使用年限等问题。

⑥鉴定的项目性能劣化与时间和使用有直接关系的，则很难通过技术司法鉴定的方式解决。

## 三、违法建设工程质量的评价

### （一）违法建设工程质量评价的必要性

违法建设工程指的是违反法律法规的规定而建设的工程。依据《城乡规划法》《土地管理法》等法律规定，通常意义上的违法建设工程主要包括：①未取得建设用地许可的，或虽取得建设用地许可但是未按使用范围、内容施工的；②未取得建设工程规划许可，或虽取得建设工程规划许可但是未按批准范围、内容施工的；③未经批准进行临时建设，或未按批准内容进行临时建设，或逾期未拆除临时建设的；④违反法律法规的其他建筑物或者构筑物，如拆除原合法建设工程后重建，但未申请补办相关手续。根据《八民会纪要》第 21 条的规定，违法建筑包括未取得建设工程规划许可证或未按照建设工程规划许可证规定内容建设的建筑。《行政强制法》第 44 条第 1 句规定："对违法的建筑物、构筑物、设施等需要强制拆除的，应当由行政机关予以公告，限期当事人自行拆除。"不难看出，违法建设工程包括违法的建筑物、构筑物及设施。实践中，与违法建设工程（又称违法建

筑）相对应的还有违章建设工程（也称违章建筑），后者比前者的内涵和外延更广，主要区别在于违章建设工程通常还包括违反规章而建设的工程。

对于违法建设工程，是否有必要进行质量评价，实务中存在两种观点。

一种观点认为，由于违法建设工程多数是因为缺少用地规划许可等建设手续导致，故无须进行质量评价。此种观点的价值取向是为了维护我国社会主义市场经济秩序以及我国宪法、法律的权威。违法建设行为系运用非正当手段进行工程建设，扰乱了房地产市场秩序，导致国家土地财政收入流失，并对宏观调控造成较大的障碍。此外，违法建设工程通常伴随着偷工减料，容易造成"楼倒倒""楼歪歪"，容易导致安全事故的发生，导致人民群众生命财产受损。《民法典》《行政处罚法》《城乡规划法》《土地管理法》《建筑法》《刑法》《建设工程质量管理条例》《施工合同司法解释（一）》等法律法规、司法解释，从民事、行政、刑事等角度，均对违法建设行为予以否定。违法建设工程不具有物权属性，其本身无法正常进行市场交易。因此，工程建设需要在合法框架下进行。

另一种观点认为，对于可以进行"合法性"补正的违法建筑，存在质量评价的必要，不能对违法建筑一概而论，否则不符合社会经验逻辑，也不符合市场利益需求。国务院办公厅《关于认真做好城镇房屋拆迁工作维护社会稳定的紧急通知》（国办发明电〔2003〕42号）第4条指出："……对拆迁范围内由于历史原因造成的手续不全房屋，应依据现行有关法律法规补办手续……"由此可见，违法建设工程在某些特定情形下存在效力补正的可能，也即违法建设工程在质量合格的前提下有可能被肯定。

从实践角度来看，以下三种情形的违法建设工程质量有必要进行评价。

1. 行政领域中的违法建设工程质量评价

房地产开发过程中超规划许可范围的建设工程往往与合法建设工程相符合，无法分割。由于欠缺某项规划审批手续，即使违法建设工程符合国家质量标准，其质量也面临"无须评价"的现实尴尬。此类工程虽然违法情节较轻，但经论证认为补正规划批准后有利于维护社会稳定和购房人合法利益，又经规划部门审核后认为不需要拆除，且经质监部门验收通过并对合法建设工程未产生安全影响的，规划部门可以采用罚款等行政处罚方式对违法行为进行规制后予以效力补正，将违法建设工程补正为合法建设工程。江苏某仲裁机构于219年6月在处理江苏某地一楼盘群体性案件中就涉及违法建设工程质量已通过四方验收，案件主要争议焦点即加建工程是否影响整体项目验收。就该加建工程行为，仲裁机构与行政机关形成良性互动，将违法事宜转交住建部门，住建部门随之联合发改、规划、园林等部门进行了为期两个多月的联合执法，最终使加建工程得以合法化，从而成功化解了这起群体性案件。

2. 破产实践中的违法建设工程质量评价

违法建设工程不属于法律范围内的不动产，也不属于破产财产，但仍具有一定的使用

价值。依据"法秩序一致性"原则，既然公法领域对违法建设工程质量不作评价，那么私法领域也应对此不作评价，否则会造成公法与私法评价不一致的混乱状态。近年来，为了破产程序的正常进行以及保护债权人的债权，实践中出现了较多"认可"违法建设工程的规定和案例。《江苏省高级人民法院执行异议及执行异议之诉案件审理指南（二）》（现已失效）规定了法院可对违法建筑予以现状处置。最高人民法院（2016）最高法执监161号执行裁定书认为，基于相关主体对违法建设工程长期占有的状态，违法建设工程被拆除之前仍具有一定的使用价值，可以视为可供执行的财产。上述处理方式的原理在于占有人是基于对违法建设工程的占有而非所有权的排他性支配，从这个角度来讲，法院有权调整违法建设工程的占有状态，从而发挥违法建设工程的占有、收益、使用功能，而且违法建设工程还存在"程序违建"和"实质违建"两种情形。"程序违建"指的是手续违建，主要指的是规划手续不合法，"程序违建"的工程本身质量符合国家质量标准，不存在安全隐患，具有补正的可能性和可操作性。因此，可以采取上述柔性处理方式，使得破产程序更加灵活，符合现实利益原则。"实质违建"不仅可能存在规划手续不合法的问题，而且工程本身质量不符合国家质量标准，从而使得现状处置无法实现。通过分析违法建设工程处置方法发现，破产案件管理人一般会消除违法行为从而补正为合法建设工程，或者采取风险披露即瑕疵外显形式进行拍卖折价或由政府进行收购收储的方式进行处理等。经查淘宝网"司法拍卖"多个拍品信息，如果属于违法建设工程，法院通常会公告拍品瑕疵甚至是预警提示，提醒竞买人正视违法建设工程的法律后果。

3. 民事案件中的违法建设工程质量评价

即便违法建设工程质量经发包人、勘察人、设计人和施工人等多方主体验收通过，但因为未经工程质量监督部门监督并送主管部门备案，违法建设工程仍无法办理权证，并实现市场流通价值。司法实践中，特别是行政领域对违法建设行为进行了较为一致的否定评价，但是否定评价并不妨碍符合国家质量标准的违法建设工程使用、收益的意义。从民事审判角度来讲，《最高人民法院关于审理城镇房屋租赁合同纠纷案件具体应用法律若干问题的解释》第2条规定："出租人就未取得建设工程规划许可证或者未按照建设工程规划许可证的规定建设的房屋，与承租人订立的租赁合同无效。但在一审法庭辩论终结前取得建设工程规划许可证或者经主管部门批准建设的，人民法院应当认定有效。"第3条第1款规定："出租人就未经批准或者未按照批准内容建设的临时建筑，与承租人订立的租赁合同无效。但在一审法庭辩论终结前经主管部门批准建设的，人民法院应当认定有效。"第5条第1款规定："房屋租赁合同无效，当事人请求参照合同约定的租金标准支付房屋占有使用费的，人民法院一般应予支持。"从民事执行角度来讲，违法建设工程常在执行案件中得以处置，即可以成为强制执行的客体。实践中，执行案件中涉及违法建设工程主要集中在"无证建筑"，即未取得用地许可、质量和产权存有瑕疵的情形。法院亦会对这类

"无证建筑"予以特别披露，以提示竞买参与主体注意"无证建筑"可能存在的流转障碍。

### （二）建设工程违法原因及对工程质量评价的影响

建设工程违法原因主要包括未取得用地许可、规划许可，或者临时建设违法。工程质量评价集中于结构安全性、功能适用性、耐久性、环境健康安全性、观感质量五个维度的评价。基于上述特定领域的违法建设工程质量评价现状，以下将剖析建设工程违法原因，探究其对工程质量评价的影响。

1. 未取得用地许可对工程质量评价的影响

在我国，土地行政主管部门依法承担土地使用审批职责，基于不同的土地性质，分别向被许可人颁发建设用地批准书、宅基地批准书以及临时用地批准书。能否取得用地许可，与土地利用总体规划、城乡建设总体规划、控制性详细规划紧密相连。此外，用地许可还涉及我国耕地保护制度，涉及农用地批转、宅基地使用等方面。

实践中，选择在地质灾害或洪水淹没等危险地段从事建设工程活动的，会影响建筑的结构安全性、耐久性，甚至会损害财产安全和生命健康；选用一些不具备获得日照、天然采光、自然通风等条件的地段从事建设工程活动的，也会影响功能适用性、环境健康影响性。法律亦禁止在某些特定地域、区域范围内从事建设行为。《公路法》第56条第1款规定："除公路防护、养护需要的以外，禁止在公路两侧的建筑控制区内修建建筑物和地面构筑物；需要在建筑控制区内埋设管线、电缆等设施的，应当事先经县级以上地方人民政府交通主管部门批准。"《铁路法》第46条第3款中也规定，"在铁路弯道内侧、平交道口和人行过道附近，不得修建妨碍行车瞭望的建筑物"。《民用航空法》第58条第1款第7项中也有禁止在依法划定的民用机场范围内和按照国家规定划定的机场净空保护区域内，修建影响机场电磁环境的建筑物或者设施的规定。上述法律规定的禁止性行为均涉及用地许可问题，在上述地域范围内从事违法建设，将影响工程质量评价。

除了上述情形之外，未取得用地许可，建设单位违法选址从事建设活动，有可能导致违法建设工程整体造型、外观处理与周围环境无法协调，影响功能适用性、整体美观性。比如在城市住宅区违法从事墓地建设，一方面违反了《城乡规划法》总体规划和控制性详细规划的规定；另一方面违反了法律规定的公序良俗原则，将面临被拆除的风险。依据《殡葬管理条例》第8条、第9条的规定，任何单位和个人，不得擅自兴建殡葬设施；需兴建的，应依法经相关人民政府审批。

2. 未取得规划许可对工程质量问题评价的影响

在《城乡规划法》实施之前，《城市规划法》（现已失效）曾规定城市建设需要取得规划许可，与之配套的《关于统一实行建设用地规划许可证和建设工程规划许可证的通知》规定了取得用地规划许可、工程规划许可的程序事宜。《城乡规划法》的实施，统一了城

乡规划管理。依据《城乡规划法》第 35 条、第 38 条第 3 款的规定，城乡规划确定的铁路、公路、港口、机场、道路、绿地等用地，禁止擅自改变用途；城市、县人民政府城乡规划主管部门不得在建设用地规划许可证中，擅自改变作为国有土地使用权出让合同组成部分的规划条件。未取得规划许可，或未按规划许可范围和内容建设的，同样影响结构安全性、功能适用性。此外，规划许可与用地许可紧密相关，其中一类许可未取得或未按许可范围和内容建设的，则必将影响工程质量评价。

3. 临时建设违法对工程质量问题评价的影响

临时建设一般指的是在城市、镇规划区内经批准建造，并在规定期限内使用，期满必须拆除的建筑物、构筑物和设施。根据《城乡规划法》第 44 条的规定："在城市、镇规划区内进行临时建设的，应当经城市、县人民政府城乡规划主管部门批准。临时建设影响近期建设规划或者控制性详细规划的实施以及交通、市容、安全等的，不得批准。临时建设应当在批准的使用期限内自行拆除。"关于临时建设和临时用地规划管理的具体办法，由省、自治区、直辖市人民政府制定。此外，《施工现场临时建筑物技术规范》（JGJ/T 188—2009）还规定了临时建设的设计标准、施工安装标准以及质量验收标准。按照我国有关临时建设的法律规定，临时建设也需要办理用地许可、规划许可、施工许可。如果临时建设未办理上述许可手续，将面临建设违法和质量评价的问题。

临时建设还面临选址、设计使用年限等问题。就选址而言，临时建设不应建造在易发生滑坡、坍塌、泥石流、山洪等危险地段和低洼积水区域，应避开水源保护区、水库泄洪区、濒险水库下游地段、强风口和危房影响范围，且应避免有害气体、强噪声等对临时建筑使用人员的影响。一旦选址不当，可能影响临时建设的结构安全和使用年限。就设计使用年限而言，超期未拆除的临时建设和超批准范围的临时建设可能会影响使用耐久性。依据《建筑结构可靠性设计统一标准》（GB 50068—2018）第 3.3 条的规定，建筑结构的设计基准期为 50 年，同时规定了建筑结构的设计使用年限，如临时性建筑结构设计使用年限为 5 年，标志性建筑和特别重要的建筑结构设计使用年限为 100 年。就用材而言，考虑到临时建设使用年限较短、经济价值有限，且临时建设无法办理权证的因素，建设单位和施工单位往往存在偷工减料、以次充好的用材行为，再加上临时建设验收程序流于形式、质量监管真空，因此临时建设的质量事故频发。在施工管理方面，《施工现场临时建筑物技术规范》（JGJ/T 188—2009）规定应经过建筑构配件质量检验、建筑设备质量检验和质量验收流程，还受《建筑地基基础设计规范》（GB 50007—2011）、《建筑结构荷载规范》（GB 50009—2012）、《混凝土结构设计规范(2015 年版)》（GB 50010—2010）、《砌体结构设计规范》（GB 50003—2011）、《建筑抗震设计规范（2016 年版）》（GB 50011—2010）等国家强制性标准的约束。不可忽视的是，我国目前仍存在大量违法临时建设工程，如搭建的临时仓储中心、养殖场、活动板房。临时建设工程坍塌是建设工程领域的典型质量事故，不仅暴露

了工程质量违法违规，而且损害了人民群众生命财产利益。

### （三）违法建设工程质量评价应考虑的因素

对于合法建设工程，自 2000 年以来已经形成了以"政府监督、社会监理、企业自检"为核心的质量管理体系以及配套法律制度。新中国成立以来，违法建设工程持续存在，如今违法建设工程呈现出愈演愈烈的现象。评价违法建设工程质量应考虑以下几方面因素。

1. 违法建设工程补正的可能性

依据《民法典》《城乡规划法》《土地管理法》《建筑法》等法律的规定，合法建设工程质量评价仍是主流，对违法建设工程质量进行评价则是现实情况的应然之举。是否需要评价违法建设工程质量以及能否补正，必须弄清违法建设工程是否严重违反用地指标、是否与城乡规划存在根本冲突，是否存在质量的根本缺陷。对于是否违反用地指标，就要考虑是否占用农用地，是否违反土地利用总体规划，有无条件实现违法用地转为合法用地，是否能够补足土地出让金等。对于是否与城乡规划存在根本冲突，就要考虑是否可依法定程序调整现有规划，是否可以依违法建设现状设定规划条件。对于临时建设，如果存在影响近期建设规划或者控制性详细规划的实施以及交通、市容、安全等，也不得考虑赋予规划条件。对于违法建设工程，如果现状不符合规划条件，依据《城乡规划法》第 45 条第1 款的规定，建设单位不得组织竣工验收。对于是否存在质量的根本缺陷，就要考虑违法建设经鉴定复核是否符合安全要求，且是否会对周围已有建设产生不利影响。比如，政府主导的新农村整治、棚户区改造等背景下建造的房屋，这些建设工程由于产生于特定时期，暂时未取得用地手续、规划手续，因此需要考虑在客观评定其质量基础上做补正处理。

2. 违法建设工程与社会公共利益

第一，基于立法的滞后性以及所处的计划经济向市场经济转变的时期，某些涉及民生的违法建设工程存在多年且未产生质量缺陷、安全隐患，反而给利益方带来一定的利益，此种情形如不考虑社会公共利益进而对违法建设工程质量不作评价失之偏颇。原城乡建设环境保护部《关于房屋所有权登记工作中对违章建筑处理的原则意见》指出，对于历史遗留的违法建设工程，在经过一定的申报审批程序，并对相关责任主体批评教育或者适当罚款之后，相关部门可以补办手续，确认其所有权并发放产权证件。

第二，对于具有重大意义的生态屏障，则应适用社会公共利益原则严格处理违法建设。我国秦岭违建别墅曾一度登上了热搜，引起了社会广泛关注。秦岭素有"国家中央公园"之称，是我国南北气候的分界线，具有涵养水源、气候调节的重要作用，在维护全社会生态安全、实现天然屏障方面具有重要作用。违建别墅与社会公共利益严重不符，该类别墅也就失去了质量评价的必要性和可能性，最终均被拆除。

3. 违法建设工程能否准用合法建设工程质量验收的条件

第一，对于未批先建等合法建设手续暂时欠缺的工程，往往存在政府部门一路"开绿灯"的现象。此类违法建设工程往往能够通过竣工验收，甚至验收过程中均有质量监督单位参与。在落实用地指标、规划指标后，此类违法建设工程能够顺利转为合法建设工程。

第二，对于违法建设，通常要解决已建工程质量评价和使用后续质量评价。对于已建工程质量评价，除需要提交符合一般新建工程质量评价的文件外，建设单位还应提交：各参建主体作出的质量保证意见；质量监督机构核实工程质量并实施监督的书面意见；委托具有资质的检测机构对地基基础和主体结构是否符合质量标准出具鉴定意见，必要时应对鉴定意见委托第三方机构进行复核并出具复核意见。对于使用后续质量评价，应综合使用方意见，由施工单位对缺陷责任期、质量保修期范围内出现的各类质量问题进行处理，并委托有资质的检测机构对地基基础和主体结构作重点检测。对于质量评价过程中出现的不同检测机构鉴定意见不一、参建单位矛盾激化意见相左等问题，还可通过专家评审的方式解决。

4. 违法建设工程的现实价值

同前所述，破产实践和执行实践中违法建设工程处置极具现实意义。本着质量优先的原则，破产、审判实践中不得不面临违法建设工程质量问题。为解决此问题，消除违法行为，政府收储系最优方式，但实践中以风险披露现状处置的情况居多。需要说明的是，上述方式均无法避免违法建设工程质量评价的问题。依据《施工合同司法解释（一）》第3条、第24条的规定，未取得建设工程规划许可证等规划审批手续的，违法建设工程所涉施工合同无效，但发包人在建设工程质量合格的情形下应支付折价补偿款给承包人。法院或者仲裁机构在处理未取得建设工程规划许可证等规划审批手续的工程纠纷时，可以先听取主管部门的意见，了解工程建设的合法性缘由，在分析纠纷背景的情况下再判断合同是否有效、工程质量是否合格。发、承包人就建设工程质量评价达成一致意见的，则可采取折价补偿的方式处理；发、承包人无法就建设工程质量评价达成一致意见的，再通过司法鉴定、行政主管部门协调等方式解决。

# 第三节　建设工程质量的举证和查明

## 一、建设工程质量事实的举证

### （一）举证责任分配

1. 建设工程质量责任适用过错归责原则

关于民事责任的归责问题，学界通说认为，凡在归责的一般规定上未明示要求以过错

为条件的即为严格责任（无过错责任），在归责的一般规定上明示要求以过错为条件的即为过错责任。违约责任中的过错归责原则是指在当事人违反合同约定，不履行或者不适当履行合同义务时，应以过错作为确定违约责任的构成要件和责任范围的根据。

我国违约责任的归责一般以严格责任（无过错责任）为原则，但建设工程合同履行中因质量问题引起的民事法律责任，属于适用过错责任的例外情形。其依据在于《民法典》与《施工合同司法解释（一）》就建设工程质量责任的归责事由的一致规定，具体而言，《民法典》第800条勘察、设计人对工作成果的责任，第801条施工人的工程质量责任、第802条合理使用期限内承包人（可分为勘察人、设计人、施工人）和发包人的工程质量保证责任，以及第804条工程停缓建的发包人责任的规定中均有"施工人的原因""承包人的原因"或者"发包人原因"的表述。在《施工合同司法解释（一）》第13条的规定中，也明确以过错进行归责。从上述法律条文可以看出建设工程合同中认定质量问题的法律责任需要考虑当事人的过错，并以此作为认定责任的标准。

2. 工程质量问题的举证责任分配与举证责任转移

举证责任分配是民事诉讼制度的核心。举证责任一方面包括行为意义上的证明责任（举证行为），当事人对自己提出的主张有提供证据的责任，即"谁主张，谁举证"；另一方面也包括结果意义上的证明责任，即当案件事实真伪不明时由负有证明责任一方承担的不利风险。一般而言，举证责任分配通常不是行为意义上的举证义务，而是结果意义上的证明责任，即证明责任分配规则主要解决事实真伪不明时谁来承担不利后果的问题。通常来源于法律明确规定或者裁判者对法律规定的通识性解读，双方当事人应当通过完成行为上的举证义务促使裁判者就事实作出有利于自己的判断，如果案件事实仍处于真伪不明的状态，举证责任分配将指导裁判者对案件作出裁判。

具体而言，在工程质量问题纠纷中，举证责任分配应遵循的原则为：第一，依照实体法律规范（包括司法解释）明文规定，对"工程质量存在问题"这一法律事实由主张质量问题存在的一方承担举证责任，对"过错"这一法律事实首先由承包人举证证明其不存在过错。根据《建筑法》第58条第1款的规定，"建筑施工企业对工程的施工质量负责"，这是工程质量责任承担的一般性规则，即承包人施工、交付的工程如果经验收不合格时，工程质量的过错责任初步推定由承包人承担，承包人主张其没有过错，或者不可完全归责于承包人，提出减免责任抗辩的，需对此负举证责任。第二，当事人对举证责任的分配有明确约定的，只要该约定不违反法律禁止性规定，属当事人的意思自治，应尊重当事人之间关于举证责任的约定。例如，承包人可以在合同中与发包人约定，发包人自行或者委托承包人之外的第三方对承包人承包范围内的工程进行施工或者对承包人已经完成的工程进行改建的，承包人对他人的工作质量不承担责任，或者对于难以区分责任的施工内容减轻责任。

举证责任转移是指行为意义上的证明责任在双方当事人之间来回反复的现象。具体来

说，负有证明责任的一方当事人为了使裁判者作出对自己有利的裁判，需要根据证明责任分配规则对要件事实提供证据加以证明，不负有证明责任的一方当事人为了避免裁判者作出于己不利的判决，则需要对前者就这一要件事实提出的主张进行反驳并负有提供反证的责任。

具体到工程质量问题纠纷中，举证责任转移通常出现在以下情形。

（1）工程未经任何验收且也未使用情形下的举证责任分配，司法实践及理论中存在一定的争议。由于已完工程质量合格作为承包人主张工程款的积极要件，应当由承包人承担工程质量合格的初步举证责任。如果承包人能初步证明工程质量合格，那么裁判者心中会形成工程质量合格的临时心证，此时关于工程质量是否合格这一要件事实在行为上的举证责任就从承包人处暂时转移到发包人处，发包人主张存在工程质量问题的，应当对存在质量问题这一要件事实负有举证责任。

（2）对于工程经验收合格的情形，裁判者心中会形成工程质量合格的临时心证，发包人主张存在工程质量问题的，应当对存在质量问题这一要件事实负有举证责任，若发包人能够证明系竣工验收之前即存在的质量问题，则承包人需承担工程质量瑕疵担保责任；若系竣工验收之后出现的质量问题，则承包人承担缺陷修复责任或质量保修责任。无论哪种责任，承包人均可提出因他人过错减免自己责任的抗辩并对此承担举证责任。

## （二）证据形式

在建设工程质量纠纷进行诉讼或仲裁时，证据的整理和运用至关重要，向人民法院或仲裁机构提供哪些证据材料不仅决定了当事人能否帮助法官或仲裁员还原案件事实的真实状态，也决定了当事人能否初步证明自己的主张。《民事诉讼法》第64条第1款规定："当事人对自己提出的主张，有责任提供证据。"实践中常将其简称为"谁主张，谁举证"原则。《民诉法解释》第90条对这一规定进行了细化，该条第1款规定："当事人对自己提出的诉讼请求所依据的事实或者反驳对方诉讼请求所依据的事实，应当提供证据加以证明，但法律另有规定的除外。"无论是承包人请求发包人支付工程款，还是发包人认为工程质量有缺陷提出索赔，都需要向人民法院或仲裁机构提交证明工程质量合格或有缺陷的证据以证明己方的主张。

## （三）举证方式

### 1.当事人一方自行举证

《民事诉讼法》第64条规定将举证责任分配给提出主张的一方，《民诉法解释》第90条对这一原则进行了细化，当事人提出主张或反驳对方主张所依据的事实均应当提供证据。当事人一方自行举证，是履行行为意义上举证责任的最主要方式。自行举证时应按

照人民法院指定的举证期限及仲裁机构关于举证的程序安排及时举证，防止因举证迟延导致证据不被接收或采纳。同时，在自行举证时应当按照证明目的将证据材料顺序逐一进行分类、编号，填写证据目录，对证据材料的来源、证明对象和内容作简要说明，签名盖章，注明提交日期，并按对方当事人人数提交副本。书证、物证还应当在开庭时出示原件、原物。当事人从有关单位、部门摘录的证明材料，应说明材料的名称、出处，并由提供证明材料的单位、部门加盖公章。

当事人可以将单方或双方共同委托专业机构出具的工程质量专业意见，作为证据提交。在证据类型上，当事人自行委托专业机构出具的有关工程质量专业意见，属于书证，不属于鉴定意见。

2. 依一方或双方当事人申请，审判/裁决机关委托第三方鉴定

根据《民事诉讼法》第76条第1款的规定，当事人可以就相关问题在诉讼过程中向人民法院申请鉴定。对此，《民诉法解释》第121条第1款进一步提出了限制性条件：一是申请鉴定时间应在举证期限届满前提出；二是鉴定申请应同时满足申请鉴定的事项与待证事实有关联和对证明待证事实有意义两个条件。《证据规定》第31条第1款则要求当事人在人民法院指定期间内提出申请，同时强调了当事人预交鉴定费用同样属于鉴定申请的条件，不预交将发生放弃申请的效果。《施工合同司法解释（一）》第32条规定，需要工程质量鉴定时，如果对工程质量负有举证责任的当事人均不主动提出鉴定申请，人民法院可以对其释明，如果经释明仍不申请鉴定，或者虽提出申请但不预付鉴定费用、拒绝提供相关材料，致使鉴定不成，最终将承担举证不能的后果。

在实践中，在工程已竣工验收的情况下，一般由发包人申请工程质量鉴定。例如，承包人起诉主张发包人退还质保金，发包人对工程质量提出异议，并据此提出拒付或扣减质保金抗辩的，可就此专业性问题向人民法院或仲裁机构申请鉴定。人民法院或仲裁机构经初步审查，认为鉴定事项与待证事实有关联，可以准许。在建设工程质量案件的举证过程中应重视申请鉴定这一方式。

3. 特定情形下审判/裁判机关依职权委托第三方鉴定

《民事诉讼法》第64条第2款中规定："当事人及其诉讼代理人因客观原因不能自行收集的证据，或者人民法院认为审理案件需要的证据，人民法院应当调查收集。"《证据规定》第30条第2款规定："符合《最高人民法院关于适用（中华人民共和国民事诉讼法）的解释》第九十六条第一款规定情形的，人民法院应当依职权委托鉴定。"按此规定，人民法院或仲裁机构可以依职权启动鉴定程序，但一般仅限于可能损害国家利益、社会公共利益的情形。但在实践中，建设工程质量案件中，工程质量鉴定通常由当事人申请而启动，人民法院或者仲裁机构依职权启动的情形较为罕见。

4. 申请律师调查令

律师调查令是当前部分法院采用的保障律师依法调查取证权利的有益尝试，是人民法院在民事诉讼中调查收集证据权力的特殊应用形式。律师持法院签发的调查令可以向有关单位或个人调查收集证据。

根据各地法院颁布的试行规定，只有在当事人无法取得与案件有关的证据，且该证据足以影响案件的判决结果时，才可以申请律师调查令。律师调查令的适用对象一般为权利凭证、电子数据、档案材料、银行交易记录等客观证据，证人证言被排除在外。

律师调查令制度降低了当事人诉讼成本，助推司法效率的提升，保障了律师的调查权利，同时减轻了法院调取证据的压力。律师调查令制度的实施是帮助裁判者查明案件事实的重要方式。在建设工程质量案件中可以使用该种举证方式，如向工程质量监督站申请调取桩基检测报告，向建设工程的勘察、设计单位申请调取详勘报告、设计任务书等。

5. 申请证据保全

《民事诉讼法》第74条与《证据规定》第23条、第24条规定了证据保全制度。证据保全是指在证据有可能灭失或以后难以取得的情况下，人民法院根据当事人、利害关系人的申请或者依职权采取措施，对证据加以固定和保护的制度。在进行证据保全时，人民法院可以要求当事人或者代理人到场。对不同证据，需根据其特点采取不同保全方法，即应当根据物证、书证等证据的具体情况，采取查封、扣押、拍照、摄像、复制、鉴定、勘验、制作笔录等不同的证据保全方法。

在建设工程质量案件中，工程质量现状等客观证据具有无可替代的作用。实践中，如合同中约定承包人若不及时修复建设工程质量瑕疵，发包人有权自行修复，但产生的费用由承包人承担。因此，在出现工程质量问题而承包人未及时承担质量修复义务时，发包人在修复前应当对工程质量存在瑕疵的情况予以固定。若发包人在修复工作开工以后才进行证据保全，现场已被破坏，导致无法查明工程质量是否存在瑕疵，发包人则承担举证不能的法律后果。

证据是认定事实的根据，只有查明案件事实，才能正确适用法律，公平合理作出裁判结果。但是由于建设工程的周期较长，当出现质量纠纷，当事人向人民法院或仲裁机构提出维护自己权益的请求时，部分证据因为时间较长会发生物理或化学上的变化，抑或由于对方当事人的妨碍而无法取得证据，故在建设工程质量案件中可以将申请证据保全作为举证方式。

6. 书证提交命令制度

《民诉法解释》第112条中原则性地规定了书证提出命令制度，《证据规定》第45条至第48条在《民诉法解释》的基础上对证据提出命令制度进行了完善，增加关于该制度申请条件、审查程序、书证提出义务范围以及不遵守书证提出命令后果的规定，《证据规定》第99条将视听资料、电子数据纳入了书证提出命令的适用范围。其中，《证据规定》第

47 条中规定了控制书证当事人应当在五种情形下提交书证：①控制书证的当事人在诉讼中曾经引用过的书证；②为对方当事人的利益制作的书证；③对方当事人依照法律规定有权查阅、获取的书证；④账簿、记账原始凭证；⑤人民法院认为应当提交书证的其他情形。

在建设工程质量案件中，存在发承包一方利用优势地位隐匿或故意不提交不利于己方的书证，导致另一方无法获取而承担举证不能的不利后果。在承包人能够证明己方主张的证据保管在发包人处，且发包人不予提交的情形下，承包人可以运用书证提交命令制度维护自身权益。

7. 专家辅助人

建设工程质量案件存在专业性强、复杂疑难等特点，为更好阐明己方的观点，当事人可以考虑申请专家辅助人出庭。专家辅助人，是指"在科学、技术以及其他专业方面具有特殊的专门知识或经验的人员，根据当事人的申请并经法院准许，出庭辅助当事人对讼争的案件事实所涉及的专门性问题进行说明或发表专业意见和评论的人"。

《民事诉讼法》第 82 条限缩了专家辅助人的评议范围，只能针对鉴定意见或专业问题提出意见。《民诉法解释》第 122 条对专家辅助人制度的规定，明确了专家辅助人是代表当事人进行的质证，其意见被视为当事人的陈述。《证据规定》第 83 条、第 84 条规范了专家辅助人制度，强调了当事人申请专家辅助人出庭应当在申请书中载明其基本情况和申请目的。但具体应当提供何种基本情况说明，以及专家辅助人的认定资格、申请程序等，目前法律和司法解释中并没有明确。

建设工程质量纠纷案件专业技术性强、事实认定困难，加之当事人举证能力不足，常常导致一些案件进程多次拖延，进而导致纠纷无法快速有效地得以解决。专家辅助人制度正是在上述背景下，基于充分发挥当事人诉讼地位、帮助裁判者有效查明建设工程领域专业技术性问题的目标而创设的。虽然，专家辅助人制度在我国现行法律制度中存在定义模糊、申请程序与资格认定程序不具体等问题，但是申请专家辅助人出庭不失为一种解决疑难复杂建设工程质量案件的有效举证方式。

## 二、建设工程质量事实的查明

在工程建设的不同阶段，质量事实的表现形式和对应的项目资料均不相同。为查明质量事实，人民法院和仲裁机构应根据相应工程阶段的特点，采取不同的查明手段和方法，将关注重点放在对质量事实认定影响较大的主要证据上。

### （一）未竣工工程

未竣工阶段的工程包括在建工程、已完未竣工程。在建工程，是指已经开工但尚未完工的工程；已完未竣工程，是指已经完工但尚未通过竣工验收的工程。针对未竣工阶段发

生的工程质量争议，为避免影响项目进度和后续合作关系，各方主要是通过协商解决。若质量争议进入诉讼或仲裁程序，大多发生在项目暂停、合同解除、承包人退场或类似情形中，此时当事人往往已无须顾及项目进度和合作关系。

1. "半拉子"工程质量

"半拉子"工程指施工合同因故无法继续履行，仅完成部分施工任务的工程，可能具备也可能不具备工程项目的基本使用功能，其强调工程施工处于停止状态，停工面可以是工程开工后、竣工前的任何节点。

"半拉子"工程的质量，一般会影响在其基础上续建工程的质量，影响程度因工程部位不同而不同。例如，房屋建筑的底层主体结构工程质量缺陷，对于整个房屋建筑工程质量和安全的影响往往是决定性和全局性的；而某些工程部位（如自承重墙内填充墙）质量缺陷的影响，往往局限于其自身部位。

"半拉子"工程的质量检验往往不具备单位工程验收的工程实物基础，有时甚至不具备分部分项工程质量检验的实物工程量基础，其客观上无法达到竣工验收所要求的质量标准和要求，对其质量验收只能按照阶段性验收的标准进行。在该等情形下，承包人已完工程的质量合格可以对照检查工程质量是否符合施工设计文件、合同约定及相应的建设工程法定质量标准、技术规范，从合理性的角度考虑其质量程度上是否满足续建条件，而不必强求严格参照竣工验收标准判断工程质量是否完全符合合同约定。

如果发包人对"半拉子"工程质量不予认可，裁判者则应根据工程进度现状相对应的工程质量法定标准和约定要求，判断工程质量状况。实践中可能出现"半拉子"工程中的某些分部分项工程检验合格，而其他分部分项工程检验不合格的情形。对"半拉子"工程质量是否合格的认定，通常是处理工程款给付、优先受偿权等纠纷的关键。有试车、试运营等中间验收要求的工业工程、交通工程等特殊工程，由于中间验收阶段更接近竣工验收合格的工程实际交付时的状态，该等中间验收合格证明文件，较之工程施工过程中对进场材料设备等工程物资以及分部分项工程的检验、验收报告，对"半拉子"工程的质量合格具有更强的证明力。

"半拉子"工程质量不合格，主要有以下情形：①"半拉子"工程不符合合同约定的质量标准或强制性标准，如检验批、分部分项工程、单位工程等验收记录中存在不合格，施工质量未达设计要求、检测报告证明工作质量不合格等；②施工过程中的检测、验收合格记录，或者试车、试运行等中间验收报告存在伪造、不真实或签署检测、验收记录的人员不具有相应资格（权限）等；③施工或中间验收过程中的检测、验收程序、方法不符合有关工程质量检验规范、标准；④"半拉子"工程在施工或中间验收过程中已经检验、验收确认为不合格，需要整改，但承包人未完成整改，或者整改后仍不合格。

实践中对"半拉子"工程质量发生争议，多见于承包人请求发包人支付工程款而发包

人提出工程质量问题抗辩的情况，因涉及发承包双方的权利义务清理结算，故对工程质量事实不能仅进行表面形式的审查，还需根据产生"半拉子"工程质量纠纷的原因以及工程的具体物理状态，客观地作出判断。

相关证据主要包括：施工过程中依据有关施工质量检验规范、技术标准形成的各分部分项工程、单位工程检测验收合格证明；属于有试车、试运行、交工验收等中间验收要求的工业工程、交通工程等特殊工程的，依据合同约定、行业技术标准规定形成的试车、试运行、交工验收等中间验收合格证明文件；已完工程中所使用的全部建筑材料、构配件、设备进入施工现场时的产品质量合格证明文件；钢筋、混凝土等现场施工过程中各检验批的检验、检测合格的报告；施工设计文件、合同约定和施工技术规范要求的施工过程质量检查检验（包括承包人自检、试验室检验、监理人根据监理规程、工程质量标准、技术规范或者施工合同约定要求进行的质量项目检验）合格的证明文件，如施工中的无损检测报告、分部分项验收记录、主体结构验收记录等。

上述证据因不完备而难以证明工程质量合格的，承包人有义务提出申请，对已完工程是否符合施工设计文件、合同约定及建设工程技术规范委托质量鉴定机构进行工程质量鉴定。发包人对承包人的上述举证有异议的，可以提出反证。由于工程质量是否合格的认定，不仅影响施工合同双方当事人权益，更可能涉及建设工程的使用权人、不特定的消费者甚至社会公共利益，实践中裁判者应当特别谨慎地对工程作出质量合格或者不合格的推定。通常情形下，如无证据证明工程质量合格，裁判者仅能得出工程质量是否合格事实待定，以及承包人获得工程相应价款的条件尚未成就的结论；如无证据证明工程质量不合格，则裁判者仅能得出工程质量是否合格事实待定，以及发包人主张扣减工程相应价款的依据不足的结论。

案件审理过程中，裁判者常见的困惑是对"半拉子"工程质量是否合格的举证及其责任应当如何合理分配。无论基于何种原因出现"半拉子"工程质量纠纷，提供合规、合约的工程都是承包人的法定义务和合同义务，也是承包人获取相应工程款的前提条件，故承包人请求发包人付款时，工程质量合格的举证责任应首先分配给承包人。如，已查明"半拉子"工程存在质量问题，承包人主张"半拉子"工程质量问题系由发包人原因造成，则应由承包人承担举证证明责任。

2. 交由第三方续建工程质量

工程建设过程中，可能出现因各种原因交由第三方续建的情况，如施工途中承包人撤场，发包人将后续工程交由第三方施工；发承包双方协商一致由第三方替代承包人施工等。工程交由第三方续建前处于未完状态，因第三方承接后续工程施工，给裁判者认定质量缺陷带来不小的难度。若工程交由第三方续建，最终经过竣工验收，则可推断续建前工程质量合格。困难在于：工程最终未通过竣工验收时，如何认定交接时承包人已完工部分质

量是否合格。可区分不同情况予以处理。

（1）发包人单方将后续工程交由第三方施工的，基于发包人有责任对续建前承包人施工部分的工程质量情况进行确认、验收，故若无法根据现有证据确定工程质量，则应由发包人承担续建前承包人施工部分质量是否合格无法查明的不利后果。

（2）发承包双方协商一致由第三方继续施工的，应根据双方协商情况判断续建前承包人施工部分质量情况，如果无证据证明协商过程中发包人曾提出异议，则可初步认定续建前承包人施工部分质量合格。

（3）如果原承包人不配合提供资料，发包人与第三方承包人委托鉴定单位根据施工界面划分进行质量鉴定，能够达到固定证据的效果，则可据此认定续建前承包人施工部分的质量。

该情形下的举证责任分配与"半拉子"工程质量并无二致，相关证据主要包括：①书证。例如，通过第三方的施工合同文本查明续建情况；通过对会议纪要、往来函件内容查明施工交接情况；通过质量控制文件、施工记录文件查明施工质量情况。②物证。例如，通过已封存样品、取样痕迹查明检查、试验情况；通过现场材料、设备、机器状态查明施工条件和进程。③现场勘验。例如，通过笔录、照片、测绘图样反映施工现场情况。④视听资料。例如，通过拍摄的视频查明交接时施工界面情况。⑤电子数据。例如，通过相关人员的微信聊天记录了解施工过程。⑥当事人陈述、证人证言。例如，要求相关主体的主要负责人直接说明情况、对施工人员进行调查了解相关事实。⑦必要时对专门问题进行鉴定。

3. 已完未竣工程质量

工程完工与竣工并非同一概念。完工一般指工程已经施工完毕，且承包人已经自检合格。已完未竣工程，则指已经完工但尚未通过竣工验收的工程。

已完未竣工程质量事实的查明，主要通过质量鉴定和事实推定的方式。已完工程即使因为种种原因尚未进行竣工验收，但基于承包人已经完成施工工作，工程状态已经确定、完整，不宜仅以未通过竣工验收为由径行认定工程质量不合格。由于建设工程具有按工序分步验收的特点，已完工程大多经过分部分项验收，否则不能进入下一道工序，如果已完工程有分部分项验收记录，且发包人无证据证明存在质量问题，则认定其质量合格较为妥当。如果承包人未能提供任何验收记录，则可以通过工程质量鉴定查明事实。如果发包人在没有对已完工程进行验收的情况下安排第三方继续施工，造成工程质量问题无法区分责任主体，则应由发包人承担不利后果。因竣工验收应由发包人组织，如果工程已具备申请竣工验收的条件，且承包人已经提交竣工报告，但发包人拖延验收，则相关情形应适用《施工合同司法解释（一）》第9条的规定。

为查明已完未竣工程质量事实，需关注的证据资料主要包括：监理日志，分部分项验收手续，中间验收报告，工程使用的主要建筑材料、建筑构配件和设备进场试验报告，工程质量检测和功能性试验资料等。

4. 隐蔽工程质量

隐蔽工程指将被下道工序所遮盖或者封闭，而无法或者很难再进行检查的工程。一般包括以下三种形式：第一，上道工序结束，被下一道工序掩盖，属于工程本身工序中间环节隐蔽，如地基验槽、钢筋砼中的钢筋工程，码头工程中的基床、棱体和倒滤层等，防腐、防锈涂漆前的钢结构工程，以及设备密封前的内部构件安装工程等；第二，建筑物或构筑物本身一个部位或者全部被回填掩盖，涉及被隐蔽工程部位自身质量验收和回填材料及施工质量的要求，一般系属地下工程，如建筑物基础工程、地下管网工程、轨道梁等工程；第三，边施工边隐蔽的工程，如地下砼灌注桩、深层水泥搅拌桩、地基加固中的碎石振冲桩等工程[①]。隐蔽工程一旦覆盖，难以再行检查，若因未依法、依约施工导致质量问题，难以及时发现，事后采取补救措施也存在重重困难，为此，在隐蔽工程被隐蔽以前强制要求对工程质量情况进行检查，是最为经济、有效的质量控制手段。对已经覆盖隐蔽工程质量事实的查明，除需审查该隐蔽工程覆盖前检查的情况外，必要时还需要对隐蔽工程揭露，进行质量鉴定。

《民法典》第798条规定："隐蔽工程在隐蔽以前，承包人应当通知发包人检查。发包人没有及时检查的，承包人可以顺延工程日期，并有权请求赔偿停工、窝工等损失。"该条规定属于强制性规范，规定了承包人的通知检查义务以及发包人的及时检查义务。承包人未能履行通知检查义务，应就此承担违约责任，该违约责任的范围应考虑该消极行为与损失之间的因果关系。监理人也应当在隐蔽时履行旁站义务。发包人未能履行及时检查义务，应就此承担违约责任，该种责任属于严格责任，法律后果包括顺延工期和赔偿停工、窝工的损失。至于能否据此视为隐蔽工程质量合格，根据法条内容并不足以得出其属于拟制规范的结论。隐蔽工程如果属于主体结构部分，其质量问题事实具有历史性和经验性，应着眼客观证据作出准确判断。

隐蔽工程覆盖以前通知、检查情况的查明应关注以下要素：通知的对象、通知的时间节点、检查的时间节点、检查的范围内容、检查的手段、检查的后续事宜。对于强制监理的工程项目，因监理内容通常包含隐蔽工程检查项目，故监理人检查的结论一般对发包人具有约束力。

相关证据主要包括：

（1）通过双方签订的施工合同查明。《建设工程施工合同（示范文本）》（2017版）通用合同条款第5.3条载明"隐蔽工程检查"具体包括："5.3.1 承包人自检""5.3.2 检查程序""5.3.3 重新检查""5.3.4 承包人私自覆盖"[②]。隐蔽工程检查作为施工阶段的重要环节，一般在施工合同中都会对相关事宜作出明确约定。例如，覆盖前承包人的自检义

---

① 常设中国建设工程法律论坛第八工作组. 中国建设工程施工合同法律全书：词条释义与实务指引（第2版）[M]. 北京：法律出版社，2021：797-798.

② 详见《建设工程施工合同（示范文本）》（2017版）"通用合同条款"第5.3条。

务、承包人通知检查的时间节点、监理人实施检查的程序、检查不合格的处理方法、重新检查和延误工期的损失承担、延期检查要求的提出时间、承包人私自覆盖的责任承担等。

（2）通过质量控制的文件资料查明。《建设工程质量管理条例》第30条，《2013版质量验收统一标准》第3.0.6条第5项及附录H单位工程质量竣工验收记录，《2013版建设工程监理规范》第4.2.3条第6项、第5.2.14条，以及《建设工程监理规范（GB 50319—2000）条文说明》第2.0.16条等，①对隐蔽工程验收作出规定。验收记录、验收意见、隐蔽工程报验表等文件资料直接记载隐蔽工程验收的情况，是认定隐蔽工程验收事实的直接证据，具有较高的证明力，一般能够反映隐蔽工程是否未经验收、具体验收时间以及是否验收合格。只要确定了相关文件资料的真实性，其记载事实则难以用反证动摇、推翻。

（3）通过施工过程的记录资料查明。工程施工过程的记录资料通常能够有效反映相关事实，如监理检查记录、发包人委派的工地代表或者项目负责人的工地出入记录可以反映检查时间；单独制作或双方签认的检查项目登记表可以反映验收内容；针对检查情况所形成的会议纪要、工程联系单、工期顺延签证、整改（停工）通知书、复工报审表以及往来函件等可反映承包人是否通知检查以及发包人是否曾经基于检查结果提出处理意见，组织进行研究，委托检测、检验、重新检查或发出相关指令。

（4）通过相关物证及现场勘验查明。物证具有较强的客观性，其本身特征以及其联系外界的规律通常指向事实真相，如果发包人在工程施工过程中实施了对隐蔽工程的检查，可能会留下相关物质痕迹，如工程质量管理中若建立了样品报送和封存制度，封存的样品即可作为典型的物证；取样、抽检的实施可能在工程实体中留下钻孔、拆装的痕迹。现场勘验与物证的发现及固定息息相关，如果物证难以当庭呈现，则可通过现场勘验对工程实物界面情况予以查明，进而制作勘验笔录、图表或视听资料固定相关事实。

（5）通过视听资料和电子数据查明。

（6）通过当事人陈述和证人证言查明。

---

① 《建设工程质量管理条例》第30条规定："施工单位必须建立、健全施工质量的检验制度，严格工序管理，作好隐蔽工程的质量检查和记录。隐蔽工程在隐蔽前，施工单位应当通知建设单位和建设工程质量监督机构。"《建设工程施工质量验收统一标准》（GB50300-2013）第3.0.6条第5项及附录H单位工程质量竣工验收记录规定，隐蔽工程在隐蔽前应由施工单位通知监理单位进行验收，并应形成验收文件，验收合格后方可继续施工。建筑与结构、给水排水与供暖、通风与空调、建筑电气、智能建筑、电梯均须将隐蔽工程验收记录作为单位工程质量控制资料接受核查。《建设工程监理规范》（GB20319-2000）第4.2.3条第6项、第5.2.14条，《建设工程监理规范（GB 50319—2000）条文说明》第2.0.16条规定，隐蔽工程验收是专业监理工程师的职责；专业监理工程师应根据施工单位报验的隐蔽工程，提出验收意见；对验收不合格的隐蔽工程，项目监理机构应拒绝签认，并严禁施工单位进行下一道工序施工，隐蔽工程报验表应符合附录格式；项目监理机构应依据建设工程监理合同约定，加强对建设工程的隐蔽工程的"平行检验"；项目监理机构应按规定对施工单位自检合格后报验的隐蔽工程及相关文件和资料进行审查和验收，符合要求的，签署验收意见。

（7）通过工程质量鉴定查明。

## （二）竣工验收交付阶段工程

### 1.竣工验收

工程竣工验收是工程项目建设完工之后和投入使用之前，政府部门和建设单位通过验收制度对工程质量实现最后控制和把关的阶段，因此该阶段也是工程质量管理特别关键的环节。[①]竣工验收合格是工程交付使用的前提条件，同时是确定工程款支付、质量保修期、竣工日期确定的主要因素[②]。

在查明工程竣工验收合格相关事实时，建议重点关注以下资料。

（1）工程竣工验收报告

竣工验收报告，又称竣工验收鉴定书，是指发包人在工程竣工验收合格后向承包人出具的证明建设工程验收合格的报告[③]。

针对房屋建筑和市政基础设施工程，《房屋建筑和市政基础设施工程竣工验收规定》第7条规定："工程竣工验收合格后，建设单位应当及时提出工程竣工验收报告。工程竣工验收报告主要包括工程概况，建设单位执行基本建设程序情况，对工程勘察、设计、施工、监理等方面的评价，工程竣工验收时间、程序、内容和组织形式，工程竣工验收意见等内容。工程竣工验收报告还应附有下列文件：……（四）验收组人员签署的工程竣工验收意见……"根据上述规定，竣工验收报告的内容中应包括工程竣工验收时间，且应附有验收组人员签署的工程竣工验收意见等文件。

视不同工程类型，类似文件也称为竣工验收鉴定书。例如，对于公路工程，根据《公路工程竣（交）工验收办法》第24条，对通过验收的建设项目，由交通主管部门签发《公路工程竣工验收鉴定书》。而对于煤矿工程，根据《煤矿建设项目竣工验收管理办法》第13条，煤矿建设项目竣工验收合格后，项目建设单位应当通过全国投资项目在线审批监管平台报送项目竣工信息，并将《煤矿建设项目竣工验收鉴定书》报送省级煤炭行业管理部门。

在查明工程是否竣工验收合格及竣工验收合格的时间时，竣工验收报告是首先需要关注的文件。虽然竣工验收报告是由发包人出具，但其中列明的竣工时间，是来自附件"验收组人员签署的工程竣工验收意见"。而在该附件"工程竣工验收意见"中，会有五方验

---

①　彭永芳，吕景刚，吴秀宇.基于利益相关者视角的建筑工程质量保障机制研究[M].北京：经济科学出版社，2018：69.

②　常设中国建设工程法律论坛第八工作组.中国建设工程施工合同法律全书：词条释义与实务指引（第2版）[M].北京：法律出版社，2021：818.

③　常设中国建设工程法律论坛第八工作组.中国建设工程施工合同法律全书：词条释义与实务指引》（第2版）[M].北京：法律出版社，2021：823.

收单位（建设单位、勘察单位、设计单位、施工单位、监理单位）的签字和盖章。因此，工程竣工验收报告上载明的竣工时间，通常可认定为工程竣工验收合格的时间。如果报告上没有注明竣工时间，则以五方验收单位中最后一方签字和盖章的时间作为竣工时间。

（2）单位工程质量竣工验收记录

《质量验收统一标准》（GB50300-2013）第6.0.6条规定："建设单位收到工程竣工报告后，应由建设单位项目负责人组织监理、施工、设计、勘察等单位项目负责人进行单位工程验收。"针对该项规定，条文说明中规定："单位工程竣工验收是依据国家有关法律法规及规范、标准的规定，全面考核建设工作成果，检查工程质量是否符合设计文件和合同约定的各项要求。"

单位工程质量竣工验收记录，即五方验收单位（建设单位、勘察单位、设计单位、施工单位、监理单位）对建筑工程单位的施工质量进行竣工验收后形成的意见。

在单位工程质量竣工验收记录中，会列明单位工程的"完工日期"，若该日期与竣工验收报告所列的竣工时间不一致，应以竣工验收报告为准。该日期可能与竣工验收报告所列的竣工时间相同，也可能早于后者；若两者冲突，应以竣工验收报告为准。理由在于：

其一，一个工程可能包括多个单位工程，需要每个单位工程均完工后，才能进行工程竣工验收。

其二，单位工程质量竣工验收记录的文件格式来自《建设工程施工质量验收统一标准》（GB50300-2013）附录H，从文件表述上看，其所列的是"完工日期"。而在工程竣工验收报告中，所列的是"竣工日期"。

其三，若工程仅包括一个单位工程，单位工程质量竣工验收合格，也仅是工程竣工验收合格的重要条件，但不是全部条件。根据《北京市房屋建筑和市政基础设施工程竣工验收管理办法》第4条、第5条、第6条，建设单位应当先组织单位工程质量竣工验收，再组织工程竣工验收；关于工程竣工验收的条件，除了单位工程质量竣工验收合格外，还包括施工单位签署的工程质量保修书、住宅工程质量分户验收合格等诸多条件。该文件第8条还规定："工程竣工验收合格后，应当及时形成经验收组人员共同签署意见并加盖各单位公章的工程竣工验收记录，作为工程竣工验收合格的证明文件。工程竣工验收记录中最迟签署意见的日期为工程竣工时间。"在单位工程质量竣工验收记录和工程竣工验收报告所附工程竣工验收意见中，均有五方的签字盖章，但因为工程竣工验收意见的签署时间在后，可认为是五方关于竣工验收合格时间新的意思表示。

而关于竣工验收鉴定书，则是规范性文件直接规定其作为工程竣工验收合格的认定依据，例如，《公路工程竣（交）工验收办法》第24条和《煤矿建设项目竣工验收管理办法》第13条。若单位工程质量竣工验收记录（如有）所列时间与竣工验收鉴定书不一致，也应以后者确定竣工日期。

（3）建设工程竣工报告

与竣工验收报告不同，建设工程竣工报告是承包人在工程完工后，组织有关人员对工程质量进行自检，确认工程质量符合有关法律法规、设计文件、技术标准及合同的要求而形成的报告。此建设工程竣工报告，实质意义上是承包人向发包人提交的竣工验收申请书。

承包人提交竣工报告，是竣工验收程序的第一步。《建设工程质量管理条例》第16条第1款规定："建设单位收到建设工程竣工报告后，应当组织设计、施工、工程监理等有关单位进行竣工验收。"《房屋建筑和市政基础设施工程竣工验收规定》第6条规定："工程竣工验收应当按以下程序进行：（一）工程完工后，施工单位向建设单位提交工程竣工报告，申请工程竣工验收……"

虽然"竣工报告"与"竣工验收报告"是两个截然不同的概念，但有时会被混用。例如，在《施工合同司法解释（一）》第9条、第17条中提及的承包人提交的"竣工验收报告"，实际指的是"竣工报告"，即竣工验收申请书。

而在国家颁布的施工合同范本中，则使用"竣工验收申请报告"的概念，实际也是指"竣工报告"，如《标准施工招标文件（2007版）》通用合同条款第18.2条和《建设工程施工合同（示范文本）》（2017版）通用合同条款第13.2.2条。

如前所述，应当以竣工验收报告认定竣工验收合格的时间。但在实践中，存在工程已具备竣工验收条件，且承包人也提交了竣工报告，但发包人拖延验收的情形。针对该种情形，《施工合同司法解释（一）》第9条规定①，如果当事人对建设工程实际竣工日期有争议，应以承包人提交竣工报告之日作为竣工日期。如果承包人以发包人拖延竣工验收为由，主张以提交竣工报告之日作为竣工日期，则人民法院或仲裁机构应查明以下事实：①承包人提交竣工报告的时间。②合同约定的发包人应在收到竣工报告后组织竣工验收的期限。③发包人实际组织竣工验收的时间。④发包人未在合同约定期限内组织竣工验收的原因（如是否因为工程不具备竣工验收条件）。事实查明可依据的资料包括：双方提交的书证（如竣工报告的提交和签收记录、合同文件、证明竣工验收时间的资料、往来函件、会议纪要、关于竣工报告提交时工程具备或不具备竣工验收条件的证明资料）、电子数据（如电子邮件、聊天记录）、当事人的陈述等。

另外，通过竣工验收，一般指工程完成了竣工验收流程，形式上具备了竣工验收的手续和文件，据此可以推断工程质量经过检验认定其符合要求。但如果竣工验收的程序存在疏漏，致使一些严重质量问题在验收时未被发现或遭受忽视，又或是相关主体采取了不法手段通过竣工验收，如串通虚假验收、伪造资料验收等，在发承包双方对竣工验收情况发

---

① 《施工合同司法解释（一）》第9条规定："当事人对建设工程实际竣工日期有争议的，人民法院应当分别按照以下情形予以认定：……（二）承包人已经提交竣工验收报告，发包人拖延验收的，以承包人提交验收报告之日为竣工日期……"

生争议时，或验收后严重质量问题得以暴露和显现时，仍可根据证据和事实推翻竣工验收合格的结论。例如，虽然经过竣工验收，但仍明显可见工程建设情况与图纸设计严重偏离等。

因为工程竣工验收是工程质量控制的最后阶段，也是从整体上对工程质量进行全面检查并作出终端评价的阶段，故经过竣工验收无疑是认可工程质量合格的标志。此时发包人主张工程实体质量实际不合格，应承担举证证明责任。对工程质量问题的查明，可通过视听资料如照片、视频，并结合现场勘验等方式，必要时组织专家论证或委托鉴定。

2. 甩项验收

甩项验收，是指发包人为了尽快将工程交付使用，与承包人签订协议，把施工合同中要求承包人完成，但承包人尚未完成的某些工程项目甩下，而对其他工程先行竣工验收。前述甩下的工程项目，即甩项工程。

甩项验收在实践中并不鲜见，国家颁布的施工合同范本中即有提及。根据《标准施工招标文件(2007版)》通用合同条款第18.2条及条款释义的规定，"承包人在提交竣工验收申请报告时，经监理人同意，可将某些不影响工程使用的尾工（甩项）工程留待缺陷责任期内完成，使工程尽早发挥效益"。而《建设工程施工合同（示范文本）》（2017版）第14.3条"甩项竣工协议"中则明确规定"发包人要求甩项竣工的，合同当事人应签订甩项竣工协议"。

除承包人应在双方约定的时间内继续完成甩项工程外，甩项验收合格与竣工验收合格的法律效果基本相同。在工程甩项验收合格后，发承包双方均不得以工程未经竣工验收作为不履行相关义务的抗辩理由。同样，关于发包人在甩项工程完成并验收合格前对整体工程的接收，也不构成《施工合同司法解释（一）》规定的"擅自使用"。又因为在甩项验收合格时，甩项工程尚未通过验收，所以除合同另有约定外，保修期的起算时间应当分别考虑：（1）针对除甩项工程之外的工程，保修期自甩项验收合格时起算；（2）针对甩项工程，保修期自甩项工程通过发包人验收时起算。

在查明甩项验收事实时，相关证据主要包括：甩项协议、施工图纸、施工记录、验收记录、会议纪要、相关签证、往来函件等包含甩项内容以及相关施工界面等重要内容在内的书证。必要时，也可通过鉴定予以查明。

3. 竣工验收备案和联合验收

关于竣工验收备案，《建设工程质量管理条例》第49条第1款规定："建设单位应当自建设工程竣工验收合格之日起15日内，将建设工程竣工验收报告和规划、公安消防、环保等部门出具的认可文件或者准许使用文件报建设行政主管部门或者其他有关部门备案。"

基于上述条款和《房屋建筑工程和市政基础设施工程竣工验收备案管理办法》第5条规定，工程竣工验收合格是竣工验收备案的前提之一，为办理竣工验收备案，除提交竣工

验收报告外，建设单位还需要向备案机关提交规划、公安消防、环保等部门出具的认可文件或者准许使用文件等资料。又根据该办法第 6 条第 1 款，"备案机关收到建设单位报送的竣工验收备案文件，验证文件齐全后，应当在工程竣工验收备案表上签署文件收讫。"

工程竣工验收合格，主要是五方民事主体（尤其是建设单位）对工程质量的认可；而工程竣工验收备案完成，则表明工程已经取得了规划、消防、环保等行政监管部门的认可。取得竣工验收备案表，是工程完成竣工验收备案的标志。

值得关注的是，竣工验收备案正在被联合验收逐步替代。在《国务院办公厅关于开展工程建设项目审批制度改革试点的通知》（国办发〔2018〕33 号）和《国务院办公厅关于全面开展工程建设项目审批制度改革的实施意见》（国办发〔2019〕11 号）中，即提出规划、国土、消防、人防、档案、市政公用等部门和单位实行联合验收。2021 年，针对首批试点城市（北京、上海、重庆、杭州、广州、深圳），《国务院关于开展营商环境创新试点工作的意见》（国发〔2021〕24 号）进一步简化实行联合验收的工程建设项目竣工验收备案手续，"对实行联合验收的工程建设项目，可在通过联合验收后现场出具竣工联合验收意见书，政府部门直接备案，不动产登记等相关部门通过系统数据共享获得需要的验收结果，企业无需再单独办理竣工验收备案。"

对于实施联合验收的项目，联合验收意见书替代工程竣工验收备案表，联合验收通过后即视为完成工程竣工验收备案。

4.工程交付使用

对工程质量责任的认定，也涉及工程交付使用事实的查明，如根据工程交付使用的情况，考虑发包人是否明知或接受质量瑕疵、放弃相关权利，能否请求施工人修复、保修等。根据《民法典》第 799 条、《建筑法》第 61 条和《建设工程质量管理条例》第 16 条的规定，建设工程竣工经验收合格后，方可交付使用；未经验收或者验收不合格的，不得交付使用。建设工程未经竣工验收，发包人即擅自使用的，除包括罚款在内的行政责任外，发包人还将承担《施工合同司法解释（一）》第 14 条规定的不利后果。

需要留意的是，视不同建设工程的特点，在工程竣工验收之前，可能会存在试运营环节，其法律效果与"擅自适用"存在一定的区别。

而在查明工程的交付使用时，人民法院或仲裁机构可以关注以下证据：①发包人拟使用工程的通知、协议等；②工程移交记录，包括钥匙交接单等；③发包人实际使用工程的照片、摄像，以及有关工程项目投产、点火、销售、开业等网络信息、新闻报道等。

### （三）保修期限内工程

发包人因保修期限内质量缺陷，向人民法院或仲裁机构诉求承包人履行保修义务或承担修复费用时，人民法院和仲裁机构可依次进行下述要件事实的查明：①质量缺陷是否存

在；②质量缺陷是否属于保修范围内；③质量缺陷是否发生在保修期限内；④质量缺陷有无在保修期限内通知；⑤施工单位保修义务履行状况；⑥产生质量缺陷的原因；⑦修复质量缺陷所需的费用。

**1. 质量缺陷是否存在**

当发包人因为保修期限内的质量缺陷提出诉请时，首先需要查明的事实是质量缺陷是否存在。如果质量缺陷不存在，或者虽然之前存在但已被施工单位修复，则发包人关于承包人承担保修责任的主张将失去本源，难以成立。而在查明质量缺陷是否存在时，需要区分尚未修复和已经修复两种情形。

（1）质量缺陷尚未修复事实的查明

如果发包人主张保修期限内已通知承包人的质量缺陷尚未修复，其须证明当前仍存在未修复的质量缺陷，相关证据包括：①书证（一方或双方委托专业机构出具的质量专业意见、往来函件、会议纪要）；②视听资料（照片、视频）；③电子数据（电子邮件、聊天记录）；④当事人陈述；⑤检测报告。

除当事人提供的证据外，法院和仲裁机构还可通过现场勘验、工程质量鉴定的方式，取得勘验笔录和鉴定意见，查明质量缺陷的现状。

（2）质量缺陷已经修复事实的查明

针对质量缺陷已经由发包人自行或委托第三方修复的情形，人民法院和仲裁机构可以通过书证（维修合同、修复方案、维修记录、银行付款凭证、发票、一方或双方委托专业机构出具的质量专业意见、往来函件、会议纪要）、视听资料（修复前的照片、视频）、电子数据（电子邮件、聊天记录）、当事人的陈述等证据查明，必要时可通过司法鉴定确认质量问题的成因、修复方案合理性以及修复费用金额。

**2. 质量缺陷是否属于保修范围内**

《建设工程质量管理条例》第41条规定："建设工程在保修范围和保修期限内发生质量问题的，施工单位应当履行保修义务，并对造成的损失承担赔偿责任。"从上述规定来看，工程质量问题属于工程保修范围，是施工单位履行保修义务的前提。

《建设工程质量管理条例》第39条第2款规定："建设工程承包单位在向建设单位提交工程竣工验收报告时，应当向建设单位出具质量保修书。质量保修书中应当明确建设工程的保修范围、保修期限和保修责任等。"因此，无论"保修期限"还是"保修范围"，通常都会在保修书或其他合同条款中约定，可通过合同文本进行查明。

那么，"保修范围"具体指什么？《建筑法》第62条规定："建筑工程实行质量保修制度。建筑工程的保修范围应当包括地基基础工程、主体结构工程、屋面防水工程和其他土建工程，以及电气管线、上下水管线的安装工程，供热、供冷系统工程等项目；保修的期限应当按照保证建筑物合理寿命年限内正常使用，维护使用者合法权益的原则确定。具体的保

修范围和最低保修期限由国务院规定。"

《建设工程施工合同（示范文本）》（2017版）附件3工程质量保修书中约定："质量保修范围包括地基基础工程、主体结构工程，屋面防水工程、有防水要求的卫生间、房间和外墙面的防渗漏，供热与供冷系统，电气管线、给排水管道、设备安装和装修工程，以及双方约定的其他项目。"该示范文本的约定与《建筑法》规定并不完全一致。且均并未涵盖全部的建设工程范围。就房屋建筑工程而言，根据《建设工程施工质量验收统一标准》（GB20300-2013）附录B建筑工程的分部工程、分项工程划分，建筑工程包括十大分部工程：①地基与基础；②主体结构；③建筑装饰装修；④屋面；⑤建筑给水排水及供暖；⑥通风与空调；⑦建筑电气；⑧智能建筑；⑨建筑节能；⑩电梯。

并非施工单位承包的全部工程，均当然属于保修范围。在查明保修范围时，需要结合合同、保修书和法律法规的规定。

保修范围针对的应是一个个客观的工程实体，而不涉及质量问题的原因和责任。建设工程之所以实行质量保修制度，就是因为以往建设工程竣工以后，一旦出现质量缺陷，由于质量责任不明确，建设单位、勘察设计单位、施工企业以及材料供应等单位扯皮现象比较严重；保修履行责任人不明确，保修不及时。而质量保修的逻辑是："在规定的保修期限内，因勘察、设计、施工、材料等原因造成的质量缺陷，应当由施工承包单位负责维修、返工或更换，由责任单位负责赔偿损失。""因使用单位使用不当造成的损害问题，先由施工单位负责维修，其经济责任由使用单位自行负责。"

基于此，《房屋建筑工程质量保修办法》第17条将因使用不当、第三方、不可抗力原因造成的质量缺陷排除在"保修范围"之外，与保修制度的意图不符，并不妥当。因上述原因造成的质量缺陷，仍应属保修范围，由施工单位进行保修，但保修费用由责任方承担。

在查明保修范围后，下一步需要查明质量缺陷是否发生在相应保修范围内。可以通过书证（一方或双方委托专业机构出具的质量专业意见、往来函件、会议纪要）、视听资料（照片、视频）、电子数据（电子邮件、聊天记录）、当事人陈述进行查明。如果仍有争议，可再通过现场勘验、质量鉴定的方式。

3. 质量缺陷是否发生在保修期限内

（1）质量问题发生在保修期限内，是施工单位履行保修义务的前提

《建设工程质量管理条例》第41条规定："建设工程在保修范围和保修期限内发生质量问题的，施工单位应当履行保修义务，并对造成的损失承担赔偿责任。"根据上述规定，质量问题发生在工程保修期限内，也是施工单位履行保修义务的前提。而为查明此项事实，又须查明：①保修期的起算时间；②保修期限；③质量缺陷发生的时间。

（2）保修期起算时间和保修期限查明

《建设工程质量管理条例》第40条第3款规定："建设工程的保修期，自竣工验收

合格之日起计算。"据此，保修期的起算时间为工程竣工验收合格之日。关于竣工验收合格之日，可以结合施工合同约定的竣工验收合格条件、竣工资料等查明。

关于保修期限，通常会在施工合同或保修书中约定，可通过合同查明。即使合同未作约定，法律法规对最低保修期限也有强制性规定。《建筑法》第62条规定："……保修的期限应当按照保证建筑物合理寿命年限内正常使用，维护使用者合法权益的原则确定。具体的保修范围和最低保修期限由国务院规定。"针对最低保修期限，《建设工程质量管理条例》第40条规定："在正常使用条件下，建设工程的最低保修期限为：（一）基础设施工程、房屋建筑的地基基础工程和主体结构工程，为设计文件规定的该工程的合理使用年限；（二）屋面防水工程、有防水要求的卫生间、房间和外墙面的防渗漏，为5年；（三）供热与供冷系统，为2个采暖期、供冷期；（四）电气管线、给排水管道、设备安装和装修工程，为2年。其他项目的保修期限由发包方与承包方约定。建设工程的保修期，自竣工验收合格之日起计算。"需要特别注意的是，保修期限并非针对全部工程的单个期限，而是区分保修范围内的不同项目，对应不同的保修期限。

最低保修期限是行政法规的效力性强制性规定，如果合同约定的保修期限低于法定期限，应按法定期限执行。在国务院法制办等编著的《建设工程质量管理条例释义》针对第40条的释义中，即写明"如建设单位和施工承包单位另有保修约定合同，其合同中保修期限可以长于所规定的最低保修期限，但不应低于本条所列的最低年限，否则视作无效"。所以，相比法律法规规定的最低保修期限，双方可以在合同和保修书中约定更长的保修期限。

（3）质量缺陷发生时间查明

当质量缺陷发生并被发包人发现时，通常会有关于质量缺陷现场情况的记录单。记录单上记录的发生时间，可作为裁判者查明质量缺陷发生时间的依据。同时，在发包人发出的维修通知中，通常也会写明缺陷发生时间。如果施工单位在收到维修通知后，从未对质量缺陷的发生时间提出异议，维修通知也可作为重要的事实查明依据。

在查明保修期起算时间、保修期和质量缺陷发生时间之后，关于质量缺陷是否发生在保修期限内，也就一目了然。

4.质量缺陷有无在保修期限内通知

（1）发包人在保修期限内发现质量问题时，应当先通知承包人维修

在保修期限内，因为工程已经竣工移交，发现质量问题的通常是发包人或其物业管理单位。如果发包人在发现质量问题后不通知施工单位，施工单位将因不知晓质量问题而无法履行维修义务。

《房屋建筑工程质量保修办法》第9条规定："房屋建筑工程在保修期限内出现质量缺陷，建设单位或者房屋建筑所有人应当向施工单位发出保修通知。施工单位接到保修通

知后，应当到现场核查情况，在保修书约定的时间内予以保修。发生涉及结构安全或者严重影响使用功能的紧急抢修事故，施工单位接到保修通知后，应当立即到达现场抢修。"

在住建部《建设工程施工合同（示范文本）》（2017 版）通用合同条款第 15.4.3 条"修复通知"中，也规定："在保修期内，发包人在使用过程中，发现已接收的工程存在缺陷或损坏的，应书面通知承包人予以修复，但情况紧急必须立即修复缺陷或损坏的，发包人可以口头通知承包人并在口头通知后 48 小时内书面确认，承包人应在专用合同条款约定的合理期限内到达工程现场并修复缺陷或损坏。"

根据上述规定，发包人在保修期限内发现质量问题时，应当先通知施工单位维修。虽然上述规定仅针对房屋建筑工程，但对于其他建设工程，也宜参照适用此等原则。

（2）发包人维修通知的查明

在查明发包人是否就质量缺陷在保修期限内通知过施工单位时，需要查明发包人有无发出维修通知、发出维修通知的时间、维修通知对应质量问题的范围、通知送达情况，具体可以通过双方提交的书证（如维修通知单、往来函件）、电子数据（如电子邮件、聊天记录）和当事人的陈述等。

在对维修通知进行查明后，再结合已查明的保修期限和质量问题范围，即可查明发包人是否就质量缺陷在保修期限内通知过施工单位。

5. 施工单位保修义务履行状况

（1）施工单位未妥当履行保修义务是发包人自行或委托第三方修复的前提

《房屋建筑工程质量保修办法》第 12 条规定："施工单位不按工程质量保修书约定保修的，建设单位可以另行委托其他单位保修，由原施工单位承担相应责任。"

住建部《建设工程施工合同（示范文本）》（2017 版）通用合同条款第 15.4.4 条"未能修复"规定："因承包人原因造成工程的缺陷或损坏，承包人拒绝维修或未能在合理期限内修复缺陷或损坏，且经发包人书面催告后仍未修复的，发包人有权自行修复或委托第三方修复，所需费用由承包人承担。但修复范围超出缺陷或损坏范围的，超出范围部分的修复费用由发包人承担。"

根据上述规定，发包人自行或委托第三方修复的前提，是施工单位未妥当履行保修义务。保修制度将施工单位设定为保修主体，除了施工单位本就应该对质量问题承担责任外，还有时间经济成本方面的考虑。因为施工单位最了解其施工的工程，由其进行维修，所需花费的时间和投入的成本也相对较低。除非出现施工单位不履行或不当履行保修义务情形以及发包人存在其他合理事由，否则发包人不应自行或委托第三方进行维修，人民法院和仲裁机构也不宜直接裁判施工单位支付修复费用。

（2）施工单位保修义务履行状况查明

如前所述，无论是质量缺陷尚未修复的情形，还是已经由发包人自行或委托第三方

修复的情形，均应查明施工单位接到维修通知后保修义务的履行状况，具体包括：①施工单位有无拒绝维修；②施工单位有无在合同或保修书要求的期限或其他合理期限内维修；③施工单位是否存在因为其自身能力不足，或为了节省成本，存在偷工减料、治标不治本、屡修不好的情形等。

查明前述事实时，法院和仲裁机构可以通过书证（如施工合同、保修书、维修通知单、维修方案、维修记录、往来函件）、电子数据（如电子邮件、聊天记录）、视听资料（如照片、视频）和当事人的陈述等。

### 6. 质量缺陷原因查明

（1）质量缺陷原因查明是裁判修复费用的前提

如前所述，质量保修制度的逻辑是施工单位先维修，再由责任单位承担费用。《房屋建筑工程质量保修办法》第13条规定："保修费用由质量缺陷的责任方承担。"因此，在判断发包人主张的修复费用应否支持时，法院和仲裁机构应查明质量缺陷的原因（是勘察问题、设计问题、施工问题、使用问题抑或其他问题）。

（2）质量缺陷尚未修复和已经修复的查明

针对质量缺陷尚未修复的情形，关于质量缺陷原因的书证（如合同文件、往来函件、会议纪要、一方或双方委托专业机构出具的质量专业意见）、视听资料（如照片、视频）、电子数据（如电子邮件、聊天记录）、当事人的陈述等，均可作为查明事实的依据。

针对质量缺陷已经由发包人自行或委托第三方修复的情形，前述提到的书证、视听资料、电子数据、勘验笔录、当事人的陈述等，也可作为查明事实的依据。但因为缺陷已经修复，较难通过现场勘验、质量鉴定的方式进行查明。

### 7. 质量缺陷修复费用查明

经查明，如果质量缺陷发生在保修范围和保修期限内，发包人已经在保修期内通知施工单位保修，而施工单位未妥当履行保修义务，且质量缺陷的原因在于施工单位时，则修复费用应由施工单位承担。在查明质量缺陷修复费用时，同样应区分缺陷尚未修复和已经修复两种情形。

（1）质量缺陷尚未修复情形时的查明

针对质量缺陷尚未修复的情形，修复费用通常通过鉴定的方式确定，人民法院或仲裁机构可以先委托一家有资质的设计院编制修复方案，再委托一家造价鉴定机构根据修复方案鉴定修复费用。

（2）质量缺陷已经修复情形时的查明

在质量缺陷已经由发包人自行或委托第三方修复的情形下，针对发包人主张的修复费用，可以通过书证（发包人与第三方签订的维修合同、收付款凭证、第三方提供的修复方案）和电子数据（发包人与第三方之间的电子邮件、聊天记录）等进行查明。若施工单位

对修复方案和修复费用的合理性质疑（如修复标准高于合同标准、修复费用过高等），而人民法院或仲裁机构对此不能确定时，也可委托设计院和造价鉴定机构，由其就相关问题提供专业咨询意见。

### （四）保修期限届满后工程

保修期限届满，并不意味着施工单位对工程质量问题的免责。针对保修期届满后施工单位仍需承担质量责任的情形，有如下三种。

一是施工单位在保修期内接到维修通知，但在保修期届满时仍未修复的；

二是因施工单位原因，致使建设工程在合理使用期限内造成人身损害和财产损失的；

三是施工单位知道或应当知道的质量问题，在保修期限届满后发现的。

围绕这三种情形，下文将讨论施工单位在相应情形下应承担的质量责任，以及相关质量缺陷事实的查明。

1. 保修期限届满时尚未修复的质量问题

（1）保修期限内通知但未修复的质量问题，应继续承担保修责任

针对发包人在保修期内已通知承包人维修的质量问题，在保修期届满时未修复的，承包人应继续承担保修责任。

经由发包人通知，施工单位承担保修责任，上述规定要求建设工程在保修期限内"发生"质量问题，但未明确要求发包人必须在保修期限内"通知"质量问题。如果质量问题"发生"在保修期限内，但发包人通知的时间已经超过了保修期限，承包人是否应承担保修责任？此等问题可以参照买卖合同瑕疵担保责任的规定，如果仅是将保修期限作为质量问题"发生"的期限，而对发包人通知保修的时间不加限制，则不利于督促发包人及时行使保修权利，且可能出现大量发包人在保修期限过后通知承包人保修但主张质量问题发生在保修期限内的争议，因此发包人"通知"质量问题的期限应受到该保修期限的约束。

（2）保修期内通知但未修复的质量缺陷的查明

针对该种情形，首先需要查明：对于保修期限届满后仍存在的质量缺陷，与发包人在保修期限内通知施工单位的缺陷，是否为同一缺陷。如果不是同一缺陷，则属于保修期限届满后新出现的质量问题，不适用前述分析。

其中，关于发包人在保修期限内通知施工单位的缺陷，可以参考前述"（三）保修期限内工程质量事实的查明"的内容进行查明。而关于保修期届满后仍存在的质量缺陷，可以基于书证（如一方或双方委托专业机构出具的质量专业意见、往来函件、会议纪要）、视听资料（如照片、视频）、电子数据（如电子邮件、聊天记录）、当事人的陈述等证据，结合现场勘验等方式查明。如果通过前述方式，人民法院或仲裁机构仍难以判断是否属于同一缺陷，则可以委托一家质量鉴定机构，听取其专业意见。

2. 建设工程在合理使用期限内造成人身损害和财产损失的

（1）合理使用年限内质量问题造成的人身损害和财产损失仍应赔偿

根据《民法典》第 802 条、第 1252 条第 1 款、第 1253 条，《施工合同司法解释（一）》第 18 条等规定，无论是否超过保修期，只要是在合理使用年限内，如果因为工程质量问题造成人身损害或财产损失，承包人均应承担赔偿责任。

但在该情形下，区分违约责任和侵权责任，承担主体和方式会有所区别。

①违约责任。《民法典》第 802 条规定了加害给付的违约责任，其针对的主体为"承包人"，既包括施工单位，也包括勘察、设计单位。前述"违约"，是指施工单位、勘察单位、设计单位对施工合同、勘察合同、设计合同的违反。

②侵权责任。《民法典》第 1252 条、第 1253 条规定了侵权责任。根据第 1252 条，在合理使用期限内，如果因为工程质量缺陷导致建筑物、构筑物或者其他设施倒塌、塌陷造成他人损害，由建设单位与施工单位承担连带责任。建设单位、施工单位赔偿后，质量缺陷有其他责任人的（如勘察、设计单位），有权向其他责任人追偿。

而根据《民法典》第 1253 条规定："建筑物、构筑物或者其他设施及其搁置物、悬挂物发生脱落、坠落造成他人损害，所有人、管理人或者使用人不能证明自己没有过错的，应当承担侵权责任。所有人、管理人或者使用人赔偿后，有其他责任人的，有权向其他责任人追偿。"

（2）合理使用期限的查明

在查明合理使用年限时，首先需要关注设计文件。根据《建设工程质量管理条例》第 21 条的规定，设计文件上应当注明工程合理使用年限。

除设计文件外，合理使用年限主要规定在规范标准中。在法律法规层面，除"合理使用期限"外，还有"合理使用寿命"（《建筑法》第 60 条）、"合理寿命年限"（《建筑法》第 62 条）、"合理使用年限"（《建设工程质量管理条例》第 21 条）的表述。

而根据《建设工程质量管理条例》第 21 条的释义，"合理使用期限""合理使用寿命""合理寿命年限"与"合理使用年限"均为同一概念，是指"从工程竣工验收合格之日起，工程的地基基础、主体结构能保证在正常情况下安全使用的年限"。"具体各类建设工程的合理使用年限，要根据建筑物、设备的结构、使用功能、所处的自然环境等因素，由有关技术部门作出判断"。

又根据《工程结构可靠性设计统一标准》（GB 50153—2008）第 2.1.5 条，"设计使用年限"是指"设计规定的结构或结构构件不需进行大修即可按其预定目的使用的年限"。《建筑结构可靠度设计统一标准》（GB 50068—2001）第 2.1.7 条的定义也与此基本相同，仅是将末尾的"期限"改为"时期"。

需要关注的是，"合理使用期限"或"设计使用年限"的概念，均是针对"结构或结

构构件",而不是建筑物中的门窗、隔断、屋面防水、外墙饰面等非承重建筑部件和水、暖、电等建筑设备的使用年限。后者的使用寿命一般较短,需要在建筑物的合理使用寿命期内更新或大修。

（3）质量缺陷状况和原因的查明

关于前述情形下质量缺陷的查明,可以参考"（三）保修期限内工程"的内容。但当质量问题造成人身损害和财产损失时,可能同时会构成工程质量事故。而针对工程质量事故的状况和原因,会有事故调查组进行调查并形成事故调查报告。该报告可作为认定事实的重要依据,针对该报告的审查和认定,详见下文（五）5."行政机关组织的工程质量事故调查报告的司法审查与认定"。

### （五）需要关注的问题

1. 工程质量事实的查明应慎用推定和自认

"法律推定"包括事实推定和权利推定,指遵循法定规则作出事实认定或权利义务认定的过程,这些规则包括:诉讼法的证明规则,免证事实的推定规则和自认制度,实体法中的举证责任规则、解释规则和拟制规则。总之,其概念射程不能脱离法律规定这一路径。然而,实践中对"推定"一词的使用并不规范,对证明活动层面而言,一般所谓"推定"并不指代"法律推定",在广义语义上与"推论""推断""推理"趋同,其内涵通常与对法律规定的适用并无关联,而是强调和侧重对逻辑思维和推理结构的描述,是指通过已知证据或其他既定事实的存在,推导判断待证事实真伪的论证过程;事实查明及认定中狭义的"推定",特指裁判者的心证形成偏于依赖裁判者的经验、认知、感情和价值倾向等主观因素,而缺乏客观证据作为认证基础的情况。

工程质量事实具有以下性质和特点。

（1）工程建设是一种社会活动。工程建设需要遵循一整套规范的流程,虽然工程实体由具有自然属性的工程材料组成,但工程实体的形成并非材料的简单堆砌,而主要依靠科学技术支撑,即工程质量以工程实体为载体呈现,工程质量事实自然体现其社会属性,也就包含了技术内容。

（2）工程建设是一个繁复的过程。从准备、实施到完工、竣工,需要经历众多环节,既要遵循科学规律,也要遵循管理要求,因此需要从业人员具有专门的经验才能进行有效的质量控制。工程质量即是这些环节的物化呈现,无论合格与否,均包含了复杂的成因,不足以从外观上一目了然。

（3）工程质量合格的最低标准是法定标准。法定标准并非一个简单的概念,其在制定时就经历了调研分析、比较评估,是一种符合特定利益的价值判断标准。这种价值衡量包括了对生命财产安全和国家公共利益的考虑。能够对该标准的界限进行准确把握,超出

了一般常识范畴。

简言之，即工程质量事实问题专业性强、原因复杂，且涉及生命财产安全和国家、公共利益。

由于职业的分工在客观上造成的认知限制，裁判者如果不借助专门的手段和方式，一般难以直接认定事实，事实论证的过程需要遵循逻辑，无论是最底层的证据分析，还是对中间事实的认定，都无法脱离技术层面的要求，况且工程质量事实的证明活动本来就是一种科学行为，并不存在自由裁量的余地。即使裁判者在处理工程质量纠纷上具有丰富的经验，较之于一般人具有明显的认知优势，但仍不能轻易将该认知程度等同于专业人员。因此，裁判者无论是适用免证事实的推定规则，还是运用逻辑推理，对于工程质量事实的认定应慎用经验法则，这既是对客观规律的尊重，也是对职业道德的要求。

自认即一方当事人对不利于己事实的承认，自认被采纳的效果是使对方当事人对该事实的证明责任得以免除。《证据规定》第10条将免证事实划分三个层次：第一层次是不能被推翻的"自然规律以及定理、定律"；第二层次是相对容易被反证动摇的"众所周知的事实""根据法律规定推定的事实""根据已知的事实和日常生活经验法则推定出的另一事实""已为仲裁机构的生效裁决所确认的事实"；第三层次是难以被推翻的"已为人民法院发生法律效力的裁判所确认的基本事实"和"已为有效公证文书所证明的事实"。基于工程质量事实的上述特点，工程质量免证事实一般属于上述第二、三层次。

对自认规则的适用，应注意不能随意扩大自认的范围，如本案当事人在另案中的表态，仅能依托另案文书、材料形成本案书证，而不能直接作为当事人在本案中的自认予以采纳；得以采纳的自认内容必须是明确、具体的、能够被直接援引而无须主观修饰的，模糊的表态并不能构成自认。对于拟制自认的适用，应注意严格把握要件，"经审判人员说明并询问"是不可缺失的前提，即经过充分提示仍不予争辩的，才能构成拟制自认。限制自认原则上不能称之为自认，因为其并不满足"不利于己"的条件，需要区分具体情况考量对事实认定的影响，避免断章取义。

实践中有观点认为，根据《证据规定》第8条第1款规定自认排除规则，即对于涉及可能损害国家利益、社会公共利益的事实不适用有关自认的规定。而工程质量是否合格的事实属于"涉及可能损害国家利益、社会公共利益的"事实，故不能适用自认的规定。对工程质量是否合格的认定，通常不仅涉及单一的事实，故应区别查明。

综上所述，基于工程质量事实的显著特征，对工程质量事实的认定需强调客观性，对工程质量相关事实的判断往往涉及专业性较强的内容，工程质量依托工程实体存在，自然属性决定其无法被当事人的认识改变，故不能忽略对质量事实的专业性、技术性要求和对基础证据的审查。即使作为直接利益相关者的当事人对工程质量合格予以认可，但这不是对客观情况的纯粹描述，未必与客观真实相符，与其说是当事人对质量事实的自认，毋宁

称为当事人对该事实状态所导致法律效果的自愿接受，是双方当事人在诉讼上的合意。诉讼证明活动本质上是一种科学探知活动，法律真实应当竭力接近客观真实，故而如果基于在案其他证据足以排斥自认的内容，也不应径行采纳自认。

具体而言，在对生效仲裁文书、裁判文书和公证文书此类既认事实的采纳上，仍需进行初步的合理性审查，以及形式上的依据审查；在对证据内容进行分析，以及对基础事实进行查明时，需要侧重客观证据；对于事实作出的评价性判断，需以充分的客观证据为基础；对相关反证的采纳应侧重于考虑证据的客观性，宜将免证事实限缩于基本事实范畴，不宜径行以一种主观认识否定另一种主观认识。在对当事人自认事实审查时，应关注自认事实的范围和内容，对带有评价性质的事实不能轻易径行采纳，必要情况下应探究当事人自认的目的，判断是否涉及恶意串通、虚假诉讼，抑或仅是双方当事人在权利义务层面达成诉讼合意。对关乎国家利益、社会公共利益的事实，如作为重要公共场所的工程建设项目相关质量事实，依法本属可依职权调查取证的范围，应当审慎对待当事人自认。总之，在工程质量纠纷中，涉及事实层面的认定，应谨慎适用自认规则。

2. 工程整体（综合）验收质量与工程局部质量的区别与联系

工程质量以工程项目为载体，工程建设过程就是工程质量形成的过程。工程施工是一种现场建设，只有在工程项目实体化后，工程质量问题才可能有所体现。工程建设并非一蹴而就，各阶段流程包括工程准备阶段、工程实施（施工）阶段、工程竣工阶段，因此，工程质量也是分段形成的。施工质量控制贯穿工程建设的整个过程。工程建设不同阶段对施工质量控制有着不同的标准和要求，工序之间既存在单一性、专门性，也体现整体性、过程性，工序之间功能迥异、操作有别却又环环相扣、承上启下。

工程质量是工序质量到分项工程质量、分部工程质量、单位工程质量的系统体现。工程建设是由一道道工序完成，上一道工序质量不合格的，则不能进入下一道工序，只有每一道工序的质量都符合要求，整个工程项目的质量才能得到保证。工程项目由分项工程、分部工程和单位工程组成，从工程项目的涵盖关系看，单项工程＞单位工程＞子单位工程，在单位（子单位）工程中，又包含了分项工程和分部工程，而专项工程则相对独立。分项工程质量评定是分部工程、单位工程质量评定的基础，分项工程质量不合格，分部工程、单位工程的质量也不可能合格，分项工程质量评定的正确与否直接影响分部工程和单位工程质量评定的真实性和可靠性。

工程质量纠纷中，对质量事实认定的场景复杂，法律上的事实认定并不能等同于技术上的验收评价。在逻辑关系上，局部与整体的关系自然不是简单的叠加，而是存在内在的有机联系。工程建设的目的是投入使用、实现项目的预期功能，因此关于工程局部质量的评价，也需着眼整体质量评价的要求，工程质量具有多阶段形成、过程性和多方参与的特点，但最终不能脱离整体性的要求。尽管分部、分项工程质量合格是判断工程整体质量合

格的事实基础，但从实用的角度出发，竣工验收应有一定程度的容错率，即在工程整体已经经过竣工验收的情况下，如果分项、分部工程后续显现了质量瑕疵，则需综合考虑项目整体质量是否仍然能符合要求、达到安全使用的条件，由于分项、分部工程并不具备功能上的独立性，因此也不能机械地认为分项、分部工程显现质量瑕疵则可当然否定已经经过验收的工程整体质量。

3. 施工合同中工程质量与房屋买卖合同中房屋质量的区别与联系

（1）施工合同中工程质量与房屋买卖合同中房屋质量的区别

比较施工合同中的工程质量与买卖合同中的房屋质量，区别主要在于以下几点。

第一，承担质量责任的主体不同。在施工合同项下，承担工程质量责任的主体是施工人；而在买卖合同项下，承担房屋质量责任的主体是出卖人。针对商品房买卖合同，出卖人既是房地产开发企业，也是工程的建设单位。在出卖人向买受人承担质量责任后，如果责任在施工人，可以再依据施工合同向施工人主张。

第二，保修期的起始时间不同。关于建设工程的保修期，如前所述，自工程竣工验收合格之日起算。

而关于商品房的保修期，《房屋建筑工程质量保修办法》第 16 条规定："房地产开发企业售出的商品房保修，还应当执行《城市房地产开发经营管理条例》和其他有关规定。"根据《城市房地产开发经营管理条例》第 30 条和《商品房销售管理办法》第 33 条，商品房的保修期从交付之日起计算。

第三，最低保修期限不同。关于商品房，区分商品住宅和非住宅商品房，其最低保修期限有所差异。针对商品住宅，根据《商品房销售管理办法》第 33 条第 2 款，商品住宅的保修期限既不得低于质量保修书中保修期的存续期，也不得低于《商品住宅实行住宅质量保证书和住宅使用说明书制度的规定》中确定的最低保修期限。

根据《商品住宅实行住宅质量保证书和住宅使用说明书制度的规定》第 5 条的规定，各部位最低保修期限如下：①地基基础和主体结构为合理使用寿命年限；②屋面防水 3 年；③墙面、厨房和卫生间地面、地下室、管道渗漏 1 年；④墙面、顶棚抹灰层脱落 1 年；⑤地面空鼓开裂、大面积起沙 1 年；⑥门窗翘裂、五金件损坏 1 年；⑦管道堵塞 2 个月；⑧供热、供冷系统和设备 1 个采暖期或供冷期；⑨卫生洁具 1 年；⑩灯具、电器开关 6 个月。

此外，商品住宅各部位的保修期，是在房地产开发企业提供的住宅质量保证书中约定。而针对住宅质量保证书，除前述国家层面的规定外，地方层面也会颁布规范性文件、出台地方标准或示范文本等，作进一步具体要求。例如北京，既有地方标准《住宅工程质量保修规程》（DB11/T 641—2018），又有北京市住房建委于 2020 年 9 月印发了《北京市住宅工程质量保证书示范文本（试行）》。

而关于非住宅商品房，根据《商品房销售管理办法》第 33 条第 3 款的规定，其保修

期限仅需不得低于施工单位向建设单位出具的质量保修书约定保修期的存续期，不受《商品住宅实行住宅质量保证书和住宅使用说明书制度的规定》的约束。

（2）施工合同中工程质量与房屋买卖合同中房屋质量的联系

就联系而言，房屋买卖合同中的出卖人，在施工合同中是作为建设单位。虽然出卖人需要向买受人承担质量责任，但如果质量问题的原因在于施工单位或其他承包人，出卖人可凭借建设单位的身份，向相关承包人主张权利。

而针对保修责任，就买受人能够向出卖人主张的保修责任，不会低于施工人和建设单位在质量保修书中的约定。工程质量保修责任是房屋质量保修责任的基础，而在此之上，视不同房屋类型，出卖人可能需要提供更多更全的质量保障。

4. 对当事人自行（单方和合意）委托专业机构出具的工程质量专业意见的司法审查与认定

（1）关于当事人单方委托专业机构出具的工程质量专业意见

在证据类型上，当事人自行委托专业机构出具的工程质量专业意见，属于书证，不属于鉴定意见；而在司法鉴定程序中，人民法院或仲裁机构委托的鉴定机构出具的质量鉴定报告，属于鉴定意见。

关于当事人单方委托专业机构出具的质量专业意见，相比通过鉴定程序形成的鉴定意见，其主要差距在于：①专业意见依据的材料未经质证确认。当事人自行委托专业机构出具的专业意见，由于是当事人单方委托，其依据的材料没有经过双方当事人的质证。②专业机构的选任未经商定或法定程序选定。专业机构的选任未经双方当事人的确定、人民法院或仲裁机构的选定，其中立性没有经过程序的约束①。

根据《证据规定》第41条的规定，对于一方当事人委托专业机构形成的质量专业意见，如果另一方当事人有证据或者理由足以反驳，可以申请鉴定。

而在审查当事人单方委托专业机构出具的质量专业意见时，人民法院或仲裁机构可以重点审查以下方面。

①对专业机构的资格、资质进行审查。

②对专业意见依据的证据材料进行审查。对于当事人单方委托专业机构出具的专业意见，其所依据的证据材料虽然在移交前未作质证、认证，但在对专业意见进行质证时可以弥补。如果经过质证发现，专业意见所依据的证据材料的合法性、真实性、关联性并无问题，也符合司法鉴定对鉴定材料完整性的要求，则对专业意见的科学性是很好的支持。

③对专业意见形成过程进行审查。审查专业意见的形成过程是否符合行业规范、鉴定措施及流程安排是否合理、所得结论性意见是否符合逻辑和科学等。

---

① 潘华明.民事诉讼证据新规实战指南：规则综述与经验提炼 [M]. 北京：人民法院出版社，2020：456.

④审查专业意见与案件的其他证据有无矛盾①。

⑤审查当事人在单方委托专业机构之前、之中、之后，有没有告知对方当事人、对方当事人有没有提出异议及异议意见是否合理等。

此外，人民法院或仲裁机构还可以鼓励当事人聘请专家辅助人出庭，通过庭审质证的方式直接验证上述审查要点，不能仅仅因为相关意见系因当事人单方委托所作出，提出异议的一方当事人即可以此为由启动司法鉴定②。

同时，区分质量缺陷尚未修复和已经修复的不同情形，具体认定时会有差异。对于质量缺陷尚未修复的情形，可通过现场勘验、质量鉴定等方式查明质量缺陷的原因，所以如果对方当事人在申请鉴定时，其提供的证据能够证明该质量专业意见可能存在不实之处，人民法院或仲裁机构即可考虑启动司法鉴定程序。

而对于质量缺陷已经修复的情形，难以通过现场勘验、质量鉴定等方式查明，质量专业意见作为对过去状况的记录和评估，如果一方提供的质量专业意见由具有相应资格的机构和人员作出、程序合理、方法科学，经质证对方未提出足以反驳的相反证据，且在委托专业机构时已告知对方但对方未提异议，人民法院或仲裁机构可考虑采纳。

（2）关于当事人合意委托专业机构出具的工程质量专业意见

关于当事人合意委托专业机构出具的质量专业意见，分为两种情形：一是当事人共同选定了专业机构，且明确表示受其出具的质量专业意见的约束；二是当事人共同选定了专业机构，但未明确表示受其出具的质量专业意见的约束。

针对第一种情形，该专业意见具有很高的证据效力。除非一方提出非常确凿充分的反对证据，否则人民法院或仲裁机构原则上不应予以推翻，或重新进行质量鉴定。根据《施工合同司法解释（一）》第30条，当事人在诉讼前共同委托有关机构、人员出具工程造价咨询意见，且明确表示受该意见约束的，如果一方当事人不认可该咨询意见申请鉴定的，人民法院不应允许。该规定虽然是针对造价专业意见，但对质量专业意见的认定也有参考意义。

针对第二种情形，当事人合意委托专业机构所出具质量专业意见的证据效力也强于当事人单方委托，原因在于：①该专业机构是双方共同选择的；②该专业意见所依据的证据材料一般也是双方认可的。因此，对其的审查重点主要在于对专业意见形成过程的审查，以及该意见与案件的其他证据有无矛盾。相比单方委托形成的专业意见，人民法院或仲裁机构在判断是否推翻合意委托情形下专业意见的效力或启动质量鉴定时，应当秉持更加审慎的态度。

---

① 最高人民法院民事审判第一庭.最高人民法院新民事诉讼证据规定理解与适用（上）[M].北京：人民法院出版社，2020：404.

② 最高人民法院民事审判第一庭.最高人民法院新民事诉讼证据规定理解与适用（上）[M].北京：人民法院出版社，2020：405.

5. 行政机关组织的工程质量事故调查报告的司法审查与认定

工程质量事故调查报告，根据《关于做好房屋建筑和市政基础设施工程质量事故报告和调查处理工作的通知》（建质 [2010]111 号）第 4 条第 2 款，应当包括：（1）事故项目及各参建单位概况；（2）事故发生经过和事故救援情况；（3）事故造成的人员伤亡和直接经济损失；（4）事故项目有关质量检测报告和技术分析报告；（5）事故发生的原因和事故性质；（6）事故责任的认定和事故责任者的处理建议；（7）事故防范和整改措施。

《民诉法解释》第 114 条规定："国家机关或者其他依法具有社会管理职能的组织，在其职权范围内制作的文书所记载的事项推定为真实，但有相反证据足以推翻的除外。必要时，人民法院可以要求制作文书的机关或者组织对文书的真实性予以说明。"

工程质量事故调查报告，是由国家机关组织的事故调查组，严格按照《生产安全事故报告和调查处理条例》（国务院令第 493 号）、《关于做好房屋建筑和市政基础设施工程质量事故报告和调查处理工作的通知》（建质 [2010]111 号）等文件规定的事故调查程序所形成的报告，其在性质上属于公文书证，应适用《民诉法解释》第 114 条的规定。除非有足以推翻的相反证据，否则工程质量事故调查报告所记载的事项推定为真实。必要时，人民法院可以要求事故调查组对文书的真实性予以说明。

具体审查时，就工程质量事故调查报告中的事故发生的原因、事故责任的认定，在技术层面可作为认定质量问题责任划分的依据。但是，在法律层面，质量事故调查报告是认定法律责任的重要依据，而不是唯一依据。

如，在广东省中山市中级人民法院（2021）粤 20 民终 6903 号案件中，二审法院认为："生产安全事故报告和调查处理，其针对的对象是从事生产经营活动的单位，目的系落实生产安全事故责任追究制度，防止和减少生产安全事故。从调查报告的名称及内容看，其显然系专就安全生产的监管对象，即……公司在涉案事故中的责任及处理而作出的报告，其不能完全代替民事侵权法律关系中关于侵权主体和过错责任的认定，该调查报告仅应作为本案认定侵权责任主体和侵权责任的重要依据，而非唯一依据。"

# 第八章 建设工程实际施工人权益保护实务

# 第一节　实际施工人的法律界定

## 一、实际施工人的内涵

实际施工人的概念是从司法实践中总结出来的。最高人民法院于 2004 年发布的《原司法解释》，其第 1 条第 2 款、第 4 条分别规定了借用资质、违法分包、非法转包等三种类型的实际施工人。后来 2018 年发布了《司法解释（二）》，对 2004 年的解释进行了完善。后于 2020 年 12 月底发布了《司法解释（一）》，该规定整合了前面两部司法解释的相关规定，其中第 1 条第 2 款规定了借用资质的实际施工人，第 44 条规定了违法分包和非法转包关系中的实际施工人。在（2021）最高法民申 5427 号判决书中，法院认为实际施工人是通过组织钱、人员、机械、材料等进场施工，在竣工后独立结算的自然人、法人或者其他组织。

实际施工人在内涵上应当包含三个方面：第一，实际施工人是实际进行施工的人，将工程倒手挣取差价的转包方、分包方不属于实际施工人；第二，实际施工人自己投入施工，由自己承担经营风险和收取利润；第三，在承揽工程时，实际施工人并非以自己的名义。根据《司法解释（一）》，我们可知实际施工人应包含借用资质、违法分包、非法转包等三种类型。

在司法实践当中，除以上三种主体之外，还存在内部承包人、包工头、班组、劳务分包、中间转承包等主体，在这些主体是否属于实际施工人的问题上存在争议。笔者在下文将实际施工人与几个概念进行比对，分析其是否属于实际施工人，以准确界定实际施工人的范围。

## 二、实际施工人与相关概念的辨析

### （一）内部承包人与实际施工人

在实践中，常存在以内部承包之名，实则为非法转包、非法分包等法律所禁止的行为。内部承包与非法转包、分包之间确实难以区分，这是因为其在特征上存在一定的相似之处，都为施工企业将项目转给另一方，收取一定的管理费。那么，内部承包与非法转包、分包之间有何区别，内部承包人是否可以认定为实际施工人呢？

首先，内部承包机制是施工企业内部为了提高项目运作效率，提升员工的积极性，将项目分包给内部职能机构部门或者分支机构的行为。内部承包机制没有违反我国《民法典》对于民事法律行为的效力性强制性规定，是我国法律未禁止的行为。根据法无禁止即可为

的原理，既然法律没有明确径直禁止，则内部承包人合同应为有效合同。反观非法转包、分包和挂靠，其违反了我国《民法典》《建筑法》《建筑工程质量管理条例》《建筑工程施工发包与承包违法行为认定查处管理办法》等法律规定。《建筑法》第 13 条、第 26 条、《建设工程质量管理条例》第 25 条、《建筑业企业资质管理规定》第 3 条对建设工程施工主体的资质作出了规定；《建筑工程施工转包违法分包等违法行为认定查处管理办法（试行）》第 11 条规定了几种挂靠的类型；《建筑法》第 28 条、第 29 条、《民法典》第 791 条、第 806 条、《建设工程质量管理条例》第 7 条、《司法解释（一）》第一条规定了不得违法转包、分包，违法转包分包的合同无效。

其次，挂靠、非法转包、分包等与内部承包人在主体上也有差别。内部承包人是建设施工企业的内部职能机构、部门或者分支机构或者发包单位在册的项目经理，内部承包人与建设施工企业签署了劳动合同，与建设施工企业之间具有劳动或隶属管理关系，建设施工企业需要为其提供社保等，也没有独立法人资格，不能独立对外承担责任。至于企业员工是否可以为内部承包人，应以员工能够承受的风险以及企业的薪酬激励为基准点来判断，内部承受的风险应在员工的可承受风险之内，且企业应当给予一定的薪酬激励措施。而与内部承包人相比，挂靠方、非法转承包方、分承包方等与建设施工企业之间不存在权属关系，不属于建设施工企业的机构，具有独立法人资格，可以独立对外承担责任。

另外，建设施工企业需要对内部承包人机构的工作内容承担监督、管理职责。但是对于非法转承包方、分承包方、挂靠方，建设施工企业只收取一定的管理费，不对其工作过程承担监督、管理责任。

综上所述，内部承包人合同是合法有效的合同，但内部承包人不属于实际施工人的范畴。

### （二）包工头与实际施工人

实际施工人投入资金、劳动力、材料、设备进行施工[①]。在实际情况中，包工头有多种形式。其中一种是由包工头招揽一部分农民工，自己独立经营，独自承担经营利润与风险，向农民工支付工资。这种传统意义上的包工头应认为属于实际施工人。另外一种形式是包工头作为施工企业的内部职工，不负责独立经营管理，仅负责招揽以及管理农民工，农民工的工资也不由包工头而是由施工企业发放。这种情况下，施工队伍就不属于实际施工人，而属于施工企业的内部施工单位，施工队伍的组成人员与施工企业之间构成劳务关系。

---

① 最高人民法院民事审判第一庭.最高人民法院新建设工程施工合同司法解释（一）理解和适用 [M].北京：人民法院出版社，2021：445.

### （三）农民工与实际施工人

农民工是指户口留在农村，在本地从事非农产业或外出从业 6 个月及以上的劳动者。我国农民工数量庞大。

农民工和实际施工人之间是否可以等同？实际施工人通常为"包工头""小老板"等雇主，并不包含施工人员（农民工）。

第一，从法律关系上看，实际施工人是进行施工的真正主体。实际施工人与发包人、分包人等地位平等。实际施工人与农民工之间属于劳动关系或劳务关系。

由此可知，农民工与实际施工人不同。

第二，从工作内容上看，在具体施工过程中，农民工只提供劳动力，而实际施工人系对建设工程投入劳动力、材料、设备资金的个人、法人、非法人组织。由此可见农民工并非实际施工人。

第三，为了根治拖欠农民工工资问题，最高人民法院 2004 年颁布的《原司法解释》，其中第 26 条给予实际施工人向发包方直接主张价款的权利，其目的在于解决相对人处于下落不明、破产、资信状况恶化等情况下，为实际施工人提供的一种救济方式。从这句话很明显可以看出，实际施工人和农民工分属于两个不同的概念。

### （四）劳务分包与实际施工人

劳务分包，一般指的是建设施工企业将其部分建筑工程的劳务部分分包给具备劳务资质的承包人进行施工的行为。劳务分包就是将对以上行为以及所引发的权利义务协议一致所形成的权利义务关系。建设工程施工合同纠纷项下包括劳务分包合同纠纷，《司法解释（一）》第 5 条规定了劳务分包合同的效力。但是，在实践中出现了诸如名为劳务分包实为转包或分包，在广大农民工的权益保护出现障碍的背景下，需要分清楚劳务分包的诸多样态的实质，以便更好地保护农民工权益，规范建设工程行业，维护社会稳定、社会秩序以及居住安全。

在实践中，对于劳务分包可以大致分为以下三种样态：第一种是包工不包料的单纯劳务分包模式，即俗称的"包清工"，在这种模式下劳务承包方仅承担建设工程的施工任务，不负责施工所需的建筑材料、机械设备等；第二种是包工包部分料模式，即不仅包工，也负责采购部分施工材料、租赁机械设备等，如小型机具、低值易耗品及部分辅材的承包。此种模式接近于专业分包，值得注意；第三种是"包工包料模式"，即既承包建设工程的施工也承担主要施工材料的采购、重大机械设备的租赁等，此种模式已经不是单纯的劳务分包，与专业分包无异，司法实践中也将其作为专业分包予以对待。

对于名为劳务分包实为转包或者分包的情形，即为上述第三种模式。根据《建筑法》第 26 条关于建设施工企业的资质的规定，该种类型的合同违反了法律的强制性规定，应

当认定为无效。如，大连涌城机电环境工程有限公司、大连桥漾安电子安全科技有限公司建设工程施工合同纠纷再审民事判决书 ,[（2020）辽 02 民再 85 号 ] 中，案涉合同约定"工程承包范围及承包方式"中"工程承包范围"约定：所有弱电系统工程，完成深化设计方案和施工图，本工程的所有材料设备（除网络设备外，详见清单）由乙方采购，人工、机械全部由乙方提供……法院据此认定该合同为专业分包合同。

在实践中还有一种劳务分包合同类型为《建设工程扩大劳务分包合同》。包含上述三种类型的扩大劳务分包样态在实践中均存在。值得注意的是，包工包部分料以及包工包料的扩大劳务分包合同。扩大劳务分包合同的实质为专业承包分包合同，非劳务分包合同，因承包方具备相关资质而不为无效合同。对于由劳务承包企业签订的扩大劳务分包合同，包工包部分料的合同为有效合同，如在石嘴山市远达建筑有限公司、西安满平建筑劳务有限公司建设工程分包合同纠纷再审民事判决书（（2018）最高法民再 333 号）中，再审法院推翻了一审法院认为合同是专业分包合同的观点，认为是劳务分包合同，并不因满平公司不具备相应资质而合同无效。

结合上述案例以及法律基础理论,我们可以尝试分析劳务分包与专业分包之间的区别。一是从标的来看，建设工程是将建设施工企业的人力、物力物化到建筑工程中的过程，劳务分包的标的是建设工程中人的劳务，不包括其他材料设备等。专业分包的标的是除主体结构之外的分部分项工程。二是从报酬计算标准来看，劳务分包计取的仅仅是劳务报酬及人工管理费，专业分包工程计取的是工程价款，包括直接费用、间接费用、利润和税金等。综上，不论是在标的还是报酬计算标准方面来看，劳务分包与专业分包均有所不同。

有学者也提出实际施工人不包括劳务作业承包方。所以，总的来看，在劳务分包是否属于实际施工人的问题上，应认为劳务分包不属于实际施工人。

## 三、实际施工人的界定原则

司法实践中在实际施工人的认定方面多有分歧,理论界对于实际施工人的认定也是众说纷纭。集中于在内部承包人和实际施工人之间的区别、项目负责人是否可以认定为实际施工人、多层转包情形下如何认定实际施工人、包工头是否可以认定为实际施工人等问题上。实际施工人在起诉时往往会将发包方列为共同被告，如果任由所有自称为实际施工人的被告方提起诉讼，则会使得发包方陷入诉讼的泥潭，一方面影响发包方的声誉；另一方面也会影响发包方的财务资金能力，进而影响发包方的正常经营，影响建筑市场的正常允许秩序。笔者认为，应当从以下几个方面认定实际施工人。

### （一）以实际施工内容为参考依据

实际施工人一般指，对于相对独立的单项工程，通过筹集资金、组织人员、机械等进

场施工，在工程竣工验收合格后，与业主方、被挂靠单位、转承包人进行单独结算的自然人、法人或者其他组织。在实践中，经常存在多层转包、多层分包的情况，中间转包分包的单位或个人并不承担具体工程的施工建设，不履行建设工程合同规定的义务，不对工程进行监督管理，也不提供技术支持，仅仅收取一定的管理费。但也有部分承担部分的施工任务，情况各有不同。所以，应确立标准以准确认定实际施工人。《河南省高级人民法院发布的关于实际施工人的10个司法解答意见》中认为，应审查是否存在组织工程管理、购买材料、租赁机具、支付水电费等实际施工行为；审查是否享有施工支配权，如对项目部人财物的独立支配权，对工程结算、工程款是否直接支付给第三人（材料供应商、机具出租人、农民工等）的决定权等。在安丘市华安建筑有限责任公司、××建设工程施工合同纠纷再审一案中，法院认为实际施工人的主体判断条件应以是否实际投入资金、材料和劳力进行工程施工来进行判断。《最高人民法院新建设工程施工合同司法解释（一）理解与适用》认为实际施工人是实际履行承包人义务的人。综上所述，实际施工人应是实际参与工程施工的人，对建设工程实际投入了资金、材料、劳力，并最终将资金、材料、劳力物化到建设工程中。法院在认定时，应当依据实际的施工记录、工程签证、材料、设备的购买使用记录等涉及工程的记录来认定，如在郭云云、江苏通源房地产开发有限公司等申请执行人执行异议之诉其他民事裁定书中，当事人虽提交了部分施工协议等材料，但未能提供案涉工程项目的施工记录、工程签证单、领款单、工程请款单、月进度款支付申请单、材料报验单、工程验收单等施工过程中产生的凭证材料，以证明其进行施工、请款并与业主方、被挂靠单位、转承包人独立进行工程结算等事实的，无法认定其系实际施工人。

### （二）区别于内部承包人和劳务分包

实际施工人与内部承包人在表现形式上难以区分。内部承包人与实际施工人均以项目经理的名义承揽工程，进行施工获取利润，但是实际施工人与内部承包人在于承包方的关系上有所不同，内部承包人与承包方之间属于劳动合同关系，双方签有劳动合同，内部承包人属于承包人的职工，在人身和财产上受承包人管理。承包人只收取实际施工人的管理费，对实际建设工程施工不提供管理和技术支持，也不对建设工程进行监督，与实际施工人之间更不存在劳动合同关系。

首先应当明确实际施工人不包括承包方的履行辅助人、合法的专业分包工程承包方、劳务作业承包方。实际施工人与劳务分包也有所不同。由前所述，实践中劳务分包大概可以分为三种模式，即单纯的劳务分包、包工包部分料以及包工包料模式。除了包工包料模式可以认为属于专业分包之外，劳务分包的定义应当只是包括前述两种。与实际施工人对建设工程投入资金、材料、劳力、机械设备等不同，劳务分包仅投入劳力，在本质上与实际施工人存在差别，应认为劳务分包不属于实际施工人。

### （三）以是否实际签订建设工程施工合同为依据

《司法解释（一）》第1条规定，没有资质的实际施工人借用有资质的建筑施工企业名义、承包人转包、违法分包签订的建设工程施工合同无效。从上述规定可以看出最高院对实际施工人持否定态度。实际施工人与发包人没有直接的合同关系，实际施工人与发包人签订合同必须借用有资质的建设施工企业的名义。直接与发包人签订合同的为承包人。

根据《司法解释（一）》第46条的规定，在满足一定条件下，实际施工人即可以直接向发包人主张权利。与建设工程施工合同的相对方发包人和承包人相比，实际施工人属于独立的第三方，未直接与发包人签订建设工程施工合同。

## 第二节　实际施工人的工程价款债权保护

### 一、实际施工人工程价款债权保护的条件

根据《司法解释（一）》第1一条的规定，借用资质、转包、违法分包的实际施工人与他人签订的建设工程合同无效。实际施工人不能依据合同请求支付建设工程价款。《中华人民共和国民法典》第157条规定，民事法律行为无效后，行为人应当返还由此取得的财产；不能返还或者没有返还必要的，应折价补偿。本条规定为实际施工人请求建设工程价款提供了依据。因建设工程标的不适宜返还原物，无法移动，只能将其折价补偿。在实际施工人完成工程建设后，可以请求承包人或者发包人将该工程折价补偿。补偿的依据可以参照已签订的建设工程合同、已结算的工程量清单、验收报告等。

《民法典》第793条规定，建设工程经竣工验收合格的，发包人应当支付工程价款。在建设工程经程序验收合格之后，依照该款规定，实际施工人可以向发包方或者承包人主张支付建设工程价款。我国《民法典》第799条规定，建设工程未经竣工验收或者经竣工验收不合格的，不得交付使用。但是在司法实践中，多存在发包人或业主在未经竣工验收即进驻施工场地，擅自开始使用未交付的工程。根据《司法解释（一）》第9条规定，发包人擅自使用未经竣工验收的建设工程的，应以发包人占有该建设工程之日为竣工日期。在发包人擅自占有工程之后，即使该工程未竣工验收，也应视为该建设工程价款已经具备结算的条件。根据《司法解释（一）》第14条规定，建设工程未经竣工验收，发包人擅自使用后，又以使用部分质量不符合约定为由主张权利的，人民法院不予支持；但是，承包人应当在建设工程的合理使用寿命内对地基基础工程和主体结构质量承担民事责任。如，发包人或业主擅自进驻未交付的工程，发包人或业主在进驻涉案工程后，如发现墙面、地面、屋面或者消防系统存在漏水等质量问题，向法院申请质量鉴定，欲提起质量抗辩的，法院将不予支持发包方请求。另外，在发包方擅自占有涉案工程情况下，如实际施工人向

法院请求支付工程价款，应负有举证证明其所施工工程质量合格的责任。如，拒绝向法院提交相关施工资料的，则法院将驳回其请求。

除工程质量外，实际施工人主张工程价款的条件还应该包括其施工范围。在当前司法实践中，对于实际施工人主张的施工范围，发包人或承包人往往并不认可。

在实践中，实际施工人为了多赚取利润，会将未在合同中约定的部分工程如装饰装修、门窗、窗帘等一并施工，导致实际施工人所施工的范围大于原合同中约定的范围，或者在签订合同之后，发包人将合同之外的工程一并指示实际施工人施工。此时，实际施工人向发包人或承包人请求支付工程价款的，应当对其施工的范围承担举证责任，包括经实际结算的工程量清单、补充协议、会议纪要、往来函件、工程日志等。另外，对于超出工程范围的工程，是否由发包人承担建设工程价款支付责任，应当依照相应法律来进行判断。在上海盈投实业发展有限公司与浙江长兴天工建设有限公司建设工程分包合同纠纷案[（2016）浙05民终1283号]中，郭某系发包人的项目负责人，其对实际施工人所指示的超出承包范围外的工程属于超越代理权限的行为，是否构成表见代理即是否应由发包人承担超出承包范围的工程款支付责任，应结合《民法典》第172条关于表见代理的规定，认定是否属于表见代理行为进行判断。如果实际施工人施工的工程符合质量标准，则可以要求发包人或承包人支付工程价款。但是，根据《司法解释（一）》第6条的规定，如果实际施工人施工的工程不符合合同约定的质量标准或者有其他违约行为，则发包人和承包人可以提起质量抗辩，请求实际施工人赔偿损失。发包人和承包人只在欠付的工程价款范围内承担责任，不应加重发包人或承包人的责任为宜。

## 二、实际施工的人工程价款债权行使

《司法解释（一）》第44条规定对合同相对性原则进行了突破，给予了实际施工人代位行使建设工程价款的权利，给予了实际施工人特殊的债权保护。实际施工人可以请求与其没有合同关系的发包人在其欠付工程价款范围内行使代位权，但有疑问的是发包人所承担的责任是否是连带责任。《民法典》第178条第3款规定："连带责任，由法律规定或者当事人约定。"我国法律法规并没有明确规定发包人应对实际施工人的建设工程价款债权承担连带责任。我国《建筑法》第66条、第67条明确规定了承担连带责任的情形及主体，发包方并无相关规定。连带责任意味着对于责任的加重，以充分保护债权人的合法权益。与实际施工人签订合同的往往是转包方或者分包方，在其怠于行使债权时，才赋予实际施工人以代位权，实际施工人应首先向转包方或者分包方请求支付建设工程价款。

并且法律为了保护农民工权益，也已赋予了实际施工人代位行使债权的权利，由发包方在欠付工程价款范围内承担责任，此时不宜再加重发包方责任。

限于实际施工人向发包人代位行使建设工程价款债权的条件，在多重转包、分包的场

合，实际施工人往往将所有的转包方、分包方列为被告起诉。如，发包方将工程承包给总承包方 A，A 将部分工程承包给 B，B 将其工程承包给 C。根据合同相对性原则，作为次承包方的 B 应承担建设工程价款支付责任，自不待言。那么，作为总承包方的 A 是否应承担责任？通常根据合同相对性原则，在实际施工人与转包人不属于合同双方主体的情况下，实际施工人向转包人主张支付建设工程价款的请求不应得到支持。在当前司法实践中，此问题仍然存在较大的争议。

有相关案例支持实际施工人向转包人请求支付工程款。如，在发达控股集团有限公司、吴先进建设工程施工合同纠纷再审 [（2021）最高法民申 3670 号] 中，法院认为由转包人对实际施工人欠付的工程价款承担连带责任并未实际损害其利益。在泉州市六方工程机械有限公司大亚湾分公司与中交广州航道局有限公司、广州合海疏浚工程有限公司建设工程施工合同纠纷二审民事判决书 [（2016）粤 13 民终第 1767 号]，法院类推适用《司法解释（一）》第 43 条的规定，将总承包方作为下位转包关系中的发包人处理，认为作为总承包人应对欠付实际施工人的工程款承担连带责任。在辽河石油勘探局有限公司、朱兵建设工程合同纠纷二审民事判决书，法院也支持转包方承担连带责任的观点。

也有相关案例对转包方承担责任持否定态度。如，张支友与中天建设集团有限公司、汪国民建设工程施工合同纠纷申诉、申请民事裁定书 [（2016）最高法民申 3339 号]、杨兴川、陕西省城乡建设综合开发公司等建设工程施工合同纠纷其他民事裁定书 [（2021）最高法民申 4495 号]、娄望祥与孙国生、浙江中成建工集团有限公司建设工程施工合同纠纷再审复查与审判监督民事裁定书 [（2015）浙民申字第 487 号] 等。法院不支持的理由为，一是由转包人承担建设工程价款支付责任没有法律依据；二是转包人不是建设工程合同的相对方。

笔者对此问题持否定态度，认为在多重转包关系中，转包人不应对欠付的工程价款承担责任，理由如下。第一，由转包人承担建设工程价款支付责任没有充分的法律依据。《司法解释（一）》第四十三条只规定了发包人在欠付工程价款范围内的责任，并未规定承包人，该规定的主旨在于将发包方引入诉讼程序以便更好地查清工程款的结算情况，以保护实际施工人的权益，而非设定转包人、分包人的责任。第二，应当严守合同相对性，不能对其随意突破。法律突破合同相对性给予实际施工人以代位权是因为发包方或业主系实际施工人投入劳动力、财力等的最终受益者，与转包方、分包方等有着本质上的不同。转包方或分包方既非受益者，也非合同相对方，不应将其类比为发包方加重其责任，《全国法院民商事审判工作会议纪要》也强调类推适用应尽可能避免类推适用的泛化和滥用，以充分体现社会效果和法律效果的有机统一。第三，应当尊重转包方或者分包方的权利，其常作为总承包方角色存在，对于实际施工人的姓名、内容、工程量等均不知情，难以进行有效抗辩；另外，在一定程度上加重了其负担，减轻了次承包人的负担。

# 参考文献

[1] 劳东燕 . 刑法体系中立法与司法的关系重构 [J]. 法律科学（西北政法大学学报），2024（2）：1-13.

[2] 卢超 . 包容审慎监管的行政法理与中国实践 [J]. 中外法学，2024，36（1）：143-160.

[3] 孙南翔 . 法律域外适用体系建设中的管辖权：演化规则与关联结构 [J]. 法学，2024（1）：175-192.

[4] 陈金钊 . 作为法治原则之法律的体系性 [J]. 济南大学学报（社会科学版），2024，34（1）：124-136.

[5] 王彬 . 结果导向的法律解释及其控制 [J]. 济南大学学报（社会科学版），2024，34（1）：137-149.

[6] 江辉 . 论法律自公布之日起施行的含义 [J]. 中国政法大学学报，2024（1）：44-54.

[7] 高秦伟 . 论行政法上人身自由限制的体系化 [J]. 中国政法大学学报，2024（1）：87-105.

[8] 查云飞 . 论行政法上的认错认罚从宽 [J]. 中国政法大学学报，2024（1）：137-149.

[9] 皋华萍 . 行政法与行政诉讼法课程思政教学探索 [J]. 现代商贸工业，2024，45（3）：167-169.

[10] 支振锋 . 科学构建网络暴力法律规制体系 [J]. 中国党政干部论坛，2024（1）：65-70.

[11] 金成波 . 行政法总则中的"党的领导"规范：入法必要性及其展开 [J]. 行政法学研究，2024（2）：95-108.

[12] 李江艳 . 法律解释方法位阶规则的体系化建构 [J]. 法律方法，2023，43（2）：137-157.

[13] 苏宇 . 数字时代的行政法学：议题、变革与展望 [J]. 数字法治，2023（6）：29-41.

[14] 黄锘 . 数字行政法的兴起：学科定位与研究结构 [J]. 行政法学研究，2023（12）：1-13.

[15] 范治斌，李宁 . 大数据时代个人信息行政法保护的路径优化 [J]. 河北开放大学学报，2023，28（6）：53-56.

[16] 罗程文，张新阳 . 比较法视野下我国行政法法典化研究的路径思考 [J]. 现代商贸

工业，2024，45（1）：166-168.

[17] 杨泽健 . 行政法视角下公民个人信息安全问题研究 [J]. 法制博览，2023（34）：25-27.

[18] 陈慧，胡晓航 . 数字法治政府背景下个人信息的行政法保护研究 [J]. 科技创业月刊，2023，36（11）：121-126.

[19] 关保英 . 行政法典制定中中国行政法优良基因的存续 [J]. 法学，2023（11）：42-56.

[20] 郭文涛 . 公共数据共享的新行政法基础 [J]. 北方法学，2023，17（6）：98-110.

[21] 任艳芬 . 大数据时代视阈下公民个人信息的行政法保护思考 [J]. 法制博览，2023（32）：54-56.

[22] 邓嵘 . 物业交接问题的行政法治理——基于双重行政责任的探讨 [J]. 成都大学学报（社会科学版），2023（6）：87-98.

[23] 王贵松 . 中国行政法学的涅槃重生 [J]. 法治社会，2023（6）：92-106.

[24] 查云飞 . 算法的行政法属性及其规范 [J]. 法制与社会发展，2023，29（6）：168-185.

[25] 吴亮亮 . 行政法的基本原则及作用探究——评《我国行政法基本问题研究》[J]. 科技管理研究，2023，43（20）：248.

[26] 翟翌，杨曦 . 行政法视阈下我国"不可靠实体清单"的问题及规范完善 [J]. 政法学刊，2023，40（05）：114-119.

[27] 严晓燕 . 现代行政法中的平等原则与选择性执法研究 [J]. 法制博览，2023（29）：58-60.

[28] 周学文，郑彧 . "全面注册制"下交易所发行上市审核权限的行政法审视 [J]. 中国法律评论，2023（5）：20-33.

[29] 王万华 . 行政法典的法律规范体系定位与立法选择 [J]. 比较法研究，2023（5）：71-86.

[30] 余朝阳 . 行政法视野下的劳动监察制度研究 [J]. 中国人力资源社会保障，2023（10）：43-45.

[31] 黄辉 . 行政法中例示性规定的司法适用 [J]. 法律方法，2023，42（1）：490-507.

[32] 黄宇骁 . 基本权利在行政法上的效力 [J]. 中外法学，2023，35（5）：1264-1283.

[33] 张振文 . 大数据时代个人信息行政法保护路径研究 [J]. 大陆桥视野，2023（9）：42-44.

[34] 王煜康 . 我国行政法中"私人"法律性质探析 [J]. 滁州职业技术学院学报，2023，22（3）：81-83.

[35] 赵杨根．我国行政法法典化的研究 [J]．法制博览，2023（26）：69–71．

[36] 魏庄．行政法上的善意履职原则分析 [J]．法制博览，2023（24）：51–53．

[37] 林如苗．巧借专家辅助人提高工程质量纠纷代理效果 [J]．建材发展导向，2022，20（12）：25–27．

[38] 罗仲达，谢春光，杨学华．建设项目全过程工程咨询招标行为的法律风险探讨 [J]．法制与经济，2019（9）：73–74+84．

[39] 文飞，申文伟，陈奕虹．建设项目全过程工程咨询服务合同的法律风险探讨 [J]．法制与社会，2019（22）：44–45．

[40] 曹安，武文宽．建设工程质量司法鉴定管理探讨 [J]．中国司法鉴定，2018（3）：92–95．

[41] 杨萌．建设工程合同常见纠纷及解决方法 [J]．居业，2018（1）：168–169．

[42] 常琦．未经竣工验收的建设工程质量风险转移问题研究 [D]．西南政法大学，2017．

[43] 董伟，邵元纯．建设工程法规 [M]．重庆：重庆大学出版社：2015：410．

[44] 王雅兰．建设工程全过程造价审计与造价控制策略探讨 [J]．山西建筑，2015，41（11）石家庄：230–231．

[45] 时建厅．施工总承包项目管理全过程法律风险防控对策研究 [D]．石家庄：石家庄铁道大学，2015．

[46] 周浪．建筑工程质量司法鉴定若干关键问题探讨 [J]．工程质量，2014，32（5）：5–8．